Werner Giessing
Erwecke die Kraft des Handlesens in Dir

Nichts wird so oft unwiederbringlich versäumt wie eine Gelegenheit

Marie von Ebner-Eschenbach

Werner Giessing

Erwecke die Kraft des Handlesens in Dir

Artha

ISBN 978-3-89575-148-6
1. Auflage
Copyright by Artha Verlag
D 87466 Oy-Mittelberg

Umschlag und Gestaltung: Rolf Mihm
Lektorat: Sonja Fischer
Layout: Rolf Mihm
Internet Verlag: www.artha.de
Druck: freiburger graphische betriebe, 79108 Freiburg

Inhaltsverzeichnis

Vorwort

Liebe Leserin, lieber Leser,

dieses Buch habe ich geschrieben, um Ihnen die Gelegenheit zu geben, sich mit der Handlesekunst vertraut zu machen. Nutzen Sie die Kunst, die Sie hier erlernen können, zu Ihrem eigenen Wohl und zu dem Ihrer Mitmenschen.

Über das Handlesen existiert schon eine Menge Literatur. Einige dieser Werke kann man aus fachlicher Sicht ohne Übertreibung als Standardwerke bezeichnen. Leider habe ich aber stets ein grundlegendes Lehrwerk für den Laien vermisst. Viele meiner Klienten, die sich dafür interessieren, das Handlesen auch selbst auszuüben, erzählten mir, dass sie zwar viele Bücher besitzen, aber die wenigsten bis zum Schluss gelesen haben. Der Stoff ist einfach zu umfassend, zu komprimiert und manchmal leider auch recht trocken.

Mein Ziel ist es nun, Ihnen Schritt für Schritt den Weg zu zeigen, der Ihnen Orientierung auf dem „weiten Feld" des Handlesens bietet - und zwar nach Themen geordnet, die in Ihrem alltäglichen, emotionalen und spirituellen Leben eine entscheidende Rolle spielen dürften.

Das vorliegende Buch ist die Zusammenfassung und auch Essenz meiner Buchreihe über Handlesen, welche mittlerweile restlos vergriffen ist. Die Hauptthemen des Buches sind:

> Gesundheit und Wohlergehen
> Partnerschaft und Liebe
> Karma, Charakter und Seele
> Kinderhände
> Lebensweg und Beruf

Sie sehen: Eine breite Palette von Themen. Es wäre dennoch vermessen von mir, mit meinem Buch einen Anspruch auf absolute Vollständigkeit oder gar auf Allwissenheit zu erheben. Schließlich lerne auch ich jeden Tag dazu.

Das Wissen, das in diesem Buch enthalten ist, habe ich zum einen aus alter Literatur, zum anderen durch Befragung erfahrener Handleser, in der Hauptsache aber durch eigene Erfahrung mit Menschen gesammelt. Wenn Sie irgendwann einmal daran denken sollten, diese Tätigkeit an Ihren Nächsten auszuüben, dann denken Sie bitte daran: In meinen Büchern kann ich Ihnen zwar viele Informationen und Tipps geben, gerne können Sie auch einen Kurs besuchen, aber letztendlich zeichnen einen erfolgreichen Handleser nur drei Dinge aus: Verantwortungsbewusstsein, Sorgfalt und Erfahrung.

Natürlich wird es auch hier manchmal recht fachlich und trocken zugehen müssen. Um ernsthaftes Lernen werden Sie selbstverständlich nicht herumkommen. Leider bekommt man auch auf dem Gebiet der „Geheimwissenschaft" nichts geschenkt. Doch wenn Sie bereit sind, sich auf dieses Abenteuer einzulassen, kann ich Ihnen versprechen, dass Ihr Leben nachher um einiges reicher sein wird und Sie viele Situationen in Ihrem Leben besser werden meistern können.

Einleitung

Zuvor noch eine Bitte an Sie: Sie werden in diesem Buch viel von Verantwortung und Gewissen lesen. Manchmal drücke ich mich auch ein wenig heftig aus, doch das geschieht mit Absicht: Handlesen ist in erster Linie ein Dienst am Nächsten, eine Möglichkeit, viel Sinnvolles und Gutes für sich und andere zu tun. Handlesen ist ein Akt der Liebe zu den Menschen. Sie darf auf keinen Fall dazu missbraucht werden Menschen zu manipulieren, ihnen Angst zu machen oder den Versuch zu machen, sie - womöglich gegen ihren Willen - zu „durchschauen", um das gewonnene Wissen gegen sie zu verwenden.

Der Einfachheit halber habe ich mich dazu entschieden, dieses Buch in der männlichen Form zu schreiben. Da ich der Überzeugung bin, dass wir alle gleichermaßen einen männlichen und einen weiblichen Seelenanteil besitzen, halte ich dies für legitim, zumal ich in die deutsche Grammatik kein drittes - neutrales - Geschlecht einführen kann.

Wenn Sie nach der Lektüre dieses Buches mehr über sich selbst erfahren haben oder einem anderen Menschen durch das vermittelte Wissen auf seinem Lebensweg helfen konnten, dann hat sich der Wunsch erfüllt, den ich von Anfang an mit diesem Buch verbunden habe.

Geben wir uns nun im wahrsten Sinne des Wortes die Hände, und begleiten Sie mich auf eine faszinierende Reise in ein Land voll geheimnisvoller Berge, Täler, Gräben und Furchen - eine Welt, die uns so nahe liegt und deren Rätsel doch die wenigsten Menschen in ihrer ganzen Tiefe zu entschlüsseln wagen. Sie werden diese Reise mit Sicherheit nicht vergessen.

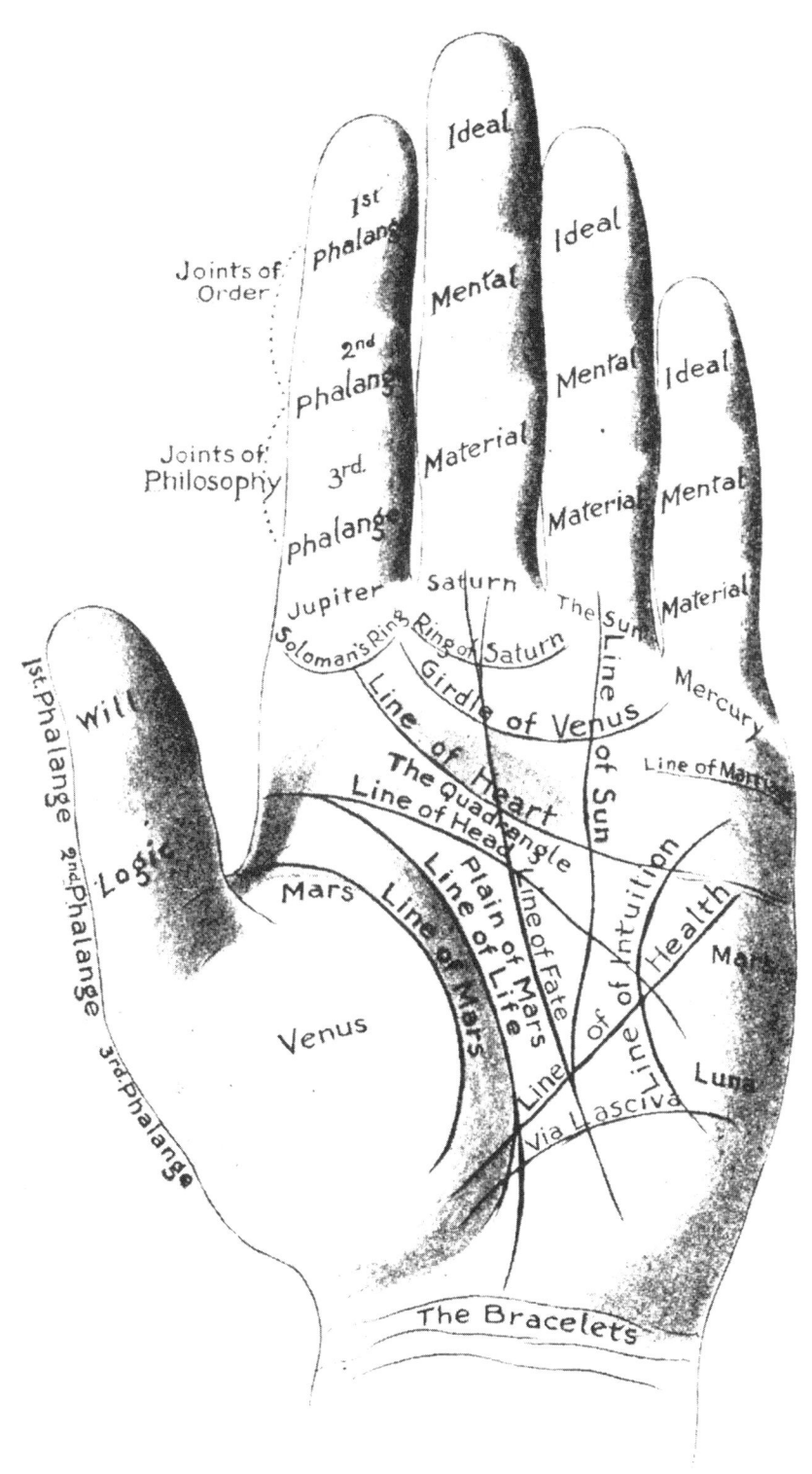

Die Geschichte der Handlesekunst

In diesem Kapitel möchte ich Ihnen einen kleinen Abriss der Geschichte der Handlesekunst mitgeben.

Es ist schon erstaunlich, wie lange diese Kunst schon existiert. Dabei berufe ich mich lediglich auf die Informationen, die uns heute noch zugänglich sind. Unabhängig davon muss es die Handlesekunst schon seit den Anfängen des menschlichen Bewusstseins gegeben haben.

Gott tut nichts ohne Grund. Warum hätte er sich sonst überhaupt die Mühe machen sollen, das Schicksal jedes einzelnen Menschen lesbar in seine Hände zu schreiben? Sicherlich ist diese Form, den Lebensplan des Menschen in seinem Körper verschlüsselt darzustellen, nicht erst durch die evolutionäre Entwicklung entstanden. Ich kann mir auch nicht vorstellen, dass Gott zu einem bestimmten Zeitpunkt in der Entwicklung des Menschen den Entschluss fasste, den Lebensplan jedes einzelnen Menschen in seine Hand „einzugravieren". Viel wahrscheinlicher ist es, dass dies von Anfang an schon bei der Erschaffung des Menschen zielgerichtet geplant war.

Erste Hinweise sind aus China überliefert, wo bereits vor 4000 Jahren die Papillarzeichnungen auf den Fingern (Fingerabdrücke) als Grundlage für Studien des Charakters genutzt wurden.

Kurz gesagt, die Handlesekunst ist uralt. Bei meinen Recherchen über ihre Geschichte musste ich mich natürlich zum Großteil auf die noch verfügbare Literatur stützen. Das war ein einziges Abenteuer, denn viele Autoren haben zu den Fakten noch ihre subjektive Meinung hinzugefügt, wodurch natürlich auch Widersprüche ohne Ende entstanden.

Hinweise in der Bibel

Die Bibel stellt heute nach wie vor eines der wichtigsten spirituellen Werke der westlichen Welt dar. Natürlich muss man dabei berücksichtigen, dass die Bibel mehrmals umgeschrieben wurde und dadurch mehrere Textpassagen nicht mehr dem Original entsprechen. Die Behauptung, dass die Bibel mehrmals umgeschrieben wurde (aus welchen Gründen auch immer), ist keine einfache Behauptung! Schauen Sie doch mal in Ihre Bibel, auf der zweiten oder dritten Seite steht: „Überarbeitete und genehmigte Ausgabe". Trotzdem finden wir heute noch Textpassagen, die auf die uralte Kunst des Handlesens hinweisen. Richtig interessant wird es jedoch, wenn wir uns eine etwas ältere Bibel anschauen. Im Folgenden beziehe ich mich auf eine Ausgabe von 1872.

Die folgenden Zitate sprechen für sich:

Buch Hiob, Kapitel 11, Vers 14:

Wenn du die Untugend, die in deiner Hand ist, von dir tätest, dass in deiner Hütte kein Unrecht bliebe.

Kapitel 21, Vers 16:
Aber siehe, ihr Glück steht nicht in ihren Händen, darum soll der Gottlosen Sinn ferne von uns sein.

Kapitel 37, Vers 7:
Gott schuf Zeichen und Siegel in den Händen aller Söhne der Menschen, auf dass die Söhne der Menschen ihre Werke kennen.

Einen weiteren interessanten Text finden wir bei
Jesaja, Kapitel 49, Vers 14 bis 18:

14. Zion aber spricht: Der Herr hat mich
verlassen, der Herr hat meiner vergessen.

15. Kann auch ein Weib ihres Kindleins
vergessen, dass Sie sich nicht erbarme über
den Sohn ihres Leibes? Und ob sie desselben
vergäße, so will ich doch Deiner nicht vergessen.

16. Siehe, in Deine Hände habe ich Dich gezeichnet;
Deine Mauern sind immerdar vor mir.

17. Deine Baumeister werden eilen, aber
Deine Zerbrecher und Zerstörer werden sich
davon machen.

18. Hebe Deine Augen auf umher und
siehe, alle Diese kommen versammelt zu Dir.
So wahr ich lebe, spricht der Herr, Du sollst
mit diesen Allen, wie mit einem Schmuck
angetan werden; und wirst sie um Dich legen wie eine Braut.

Wenn wir uns diesen Textauszug genauer ansehen und ein wenig auf uns wirken lassen, dann liegt die folgende Interpretation doch sehr nahe. (Wie ich im Religionsunterricht gelernt habe, sind es ja alles Gleichnisse!)

Hier wird nichts anderes gesagt, als dass, auch wenn wir uns unglücklich und verlassen vorkommen, wir keineswegs verzweifeln müssen. Denn der Herr hat unseren Lebensplan für jeden Einzelnen individuell in jedes Menschen Hände gezeichnet.

Man könnte diesen Bibeltext auch anders formulieren:

Auch wenn Du Dich einsam und verlassen von allem fühlst, schau doch einfach in Deine Hände. Dort habe ich alles gezeichnet was Dein Leben betrifft. Und Du kannst Dich darauf verlassen, dass letztendlich doch noch alles gut wird. Wenn Du dies erst einmal erkannt hast, dann wirst Du dieses Wissen in Deiner Hand immer bei Dir haben und nutzen können.

Übertriebene Interpretation? ....

Wenn Sie sich ernsthaft mit der Kunst des Handlesens auseinander gesetzt haben, werden Sie erkennen, dass es einfach so ist!

Wenn wir uns diesen Text genauer ansehen, kommen wir unweigerlich zu dem Schluss, dass hier klar gesagt wird, dass die Persönlichkeit eines Jeden in die Hände geschrieben wird. Und dass die Mauern in diesem Fall das Menschliche Dasein bezeichnen.

Denn das menschliche Dasein wird in dem Augenblick der Geburt zur Hülle der Seele, auf die wir dann normalerweise keinen direkten, bewussten Zugriff mehr haben. So muss der biologische Körper für die feinstoffliche Seele wie eine Hülle, die man nicht verlassen kann, fungieren. Die Bezeichnung Mauer liegt ja nun wirklich nicht mehr fern.

Die Grundaussagen der Astrologie dürften den meisten Lesern bekannt sein. Ein direkter Zusammenhang zwischen astrologischen Aspekten und Einflüssen und dem Schicksal und der Bestimmung des Menschen ist mittlerweile weithin anerkannt. Da die Hand uns eigentlich dieselben Informationen gibt, nur eben in einer anderen „Sprache", liegt natürlich die Vermutung nahe, dass auch das aktive Handlesen so alt sein müsste wie die Astrologie. Von dieser Vermutung ausgehend finden wir die ersten Hinweise darauf bereits mutmaßlich im Jahre 2600 vor Christi Geburt.

Von dem Schluss ausgehend, dass die Astrologie sehr viel über den Menschen und seine Grundzüge sowie den wahrscheinlichen Weg aussagt und wir von der Handanalyse das Selbe behaupten, so ist der folgende Schluss zwingend!

Menschen, die unter einem bestimmten Sonnenzeichen geboren sind, müssen Hände haben, die denen ähnlich sind, von Menschen die unter demselben Sonnenzeichen geboren wurden. Nicht nur das Sonnenzeichen, auch der Aszendent findet sich wieder.

Prüfen Sie es nach. Es ist so.

Beweisbare Fakten

Erste fundierte und beweisbare Informationen über das Wissen aus der Hand finden wir etwa 400 v. Chr. Zu Plato und zu Aristoteles Zeiten wusste man bereits über das Wissen in der Hand.

Hippokrates wandte zwar nicht die Handlesekunst an wie wir heute es tun, jedoch wissen wir, dass er die Chirodiagnostik bereits kannte und anwandte. Chirodiagnostik = Diagnose aus der Hand

Zur Zeit des römischen Weltreiches wurde die Handlesekunst von den Herrschaften der ersten Kreise praktiziert. Sogar Julius Cäsar soll über erstaunliches Wissen des Handlesens verfügt haben.

Um ca. 400 n.Chr. wurden von der römischen Kirche die ersten Weisungen gegen die offene Ausübung der Handlesekunst erlassen.

Dadurch, dass sich die römische Kirche zu einer Weltmacht mauserte, (ich spreche hier von der Institution, dem Gewerbunternehmen Kirche, und nicht von dem Christentum als solches) wurde natürlich auch ihr Einflussbereich entsprechend groß, so dass die Handlesekunst proportional zur Zunahme der Kirchenzugehörigen immer mehr abnahm und immer mehr in Vergessenheit geriet.

Letztendlich war es so, dass nur noch im geheimen aus der Hand gelesen wurde und natürlich diese Kunst den Hexen und Zauberern angedichtet wurde. Je weniger man darüber wusste, desto mystischer wurde davon berichtet. Natürlich gab es auch mehr als genug schwarze Schafe, die die Handlesekunst nur zur persönlichen Bereicherung nutzten. Solche gibt es auch heute noch. Die Kunst dieser schwarzen Schafe bestand und besteht jedoch nicht im Handlesen, sondern wohl eher im Kassieren.

Erst um 1200 n. Chr. wurde die Handlesekunst wieder in Europa bekannt.

Zwischen dem 15. und dem 18. Jahrhundert verbreitete sich die Chirologie, die Handlesekunst, in ganz Europa. Dr. Johannes Hartlieb (seines Zeichens Mönch) veröffentlichte um 1448 in Augsburg *„Die Kunst Chiromantia"* und legte damit den Grundstein für eine neue Ära der Handlesekunst. Es folgte Dr. med. et phil. Rodolphus Coclenius (Rudolf Göckel), der 1604 die *„Physiognomica et Chiromantica"* und 1620 das Werk *„Besondere Physiognomische und Chiromantische Anmerkungen"* herausbrachte. Letzteres wurde um 1692 aus dem Lateinischen ins Deutsche übersetzt.

Weitere Bahnbrechende Werke waren 1674 Johannes Höpings *„Chiromantia Harmonica"* sowie M. G. Griessbachs *„Abhandlung von den Fingern, deren Verrichtungen und symbolische Bedeutung"* (Leipzig 1756).

Ab Mitte des 17. Jahrhunderts bis Ende des 18. Jahrhunderts wurde in Deutschland die Chirologie, die Lehre von der Hand, an deutschen Universitäten gelehrt (!).

In Marburg, in Halle, Jena und Dresden wurde explizit die *Wissenschaft* der Hand gelehrt. Dadurch wurde dieses Wissen auch vielen Persönlichkeiten der Zeitgeschichte, darunter Goethe, Schiller und Mesmer, nahe gebracht.

Leider litt die Chirologie unter dem heraufdämmernden „Zeitalter der Aufklärung". In dieser Zeit gewann die so genannte Schulwissenschaft immer mehr an Bedeutung. Dagegen ist auch prinzipiell nichts einzuwenden, sofern diese Wissenschaft auch andere funktionierende Systeme neben sich gelten ließe. Wie sich damals aber sehr bald herausstellte, duldete das auf Rationalität und beweisbaren Fakten gegründete wissenschaftliche Paradigma „keine anderen Götter neben sich". Wie wir alle wissen, hat sich dies bis heute kaum geändert.

Durch die immer absoluter werdende Vorherrschaft *eines* Wissenschaftszweiges wurde die seriöse Handlesekunst im wahrsten Sinne des Wortes in die Verbannung geschickt.

Aufgrund der damals sehr ausgeprägten Wissenschafts- und Obrigkeitshörigkeit, „fraß" die breite Öffentlichkeit auch beinahe jeden „Happen", der ihr von den Chefideologen des wissenschaftlichen „Mainstream" vorgesetzt wurde. Ob sich dies in der heutigen Zeit wirklich grundlegend geändert hat, mag der Leser aufgrund seiner Erfahrung selbst beurteilen. Wenigstens gibt es im Ansatz so etwas wie den „mündigen Patienten" (oder Klienten).

Da das Berufs- und Lehrfeld des Handlesens im Gefolge jener „Hexenjagd" bald aufhörte zu existieren, wurden die *seriösen* Chirologen nach und nach immer weniger. Dafür machte sich allerhand Scharlatanerie und Humbug in dem entstandenen Vakuum breit. Kein Wunder also, dass das Handlesen in Misskredit kam.

Ab Mitte des 19. Jahrhunderts bahnte sich dann wieder eine Renaissance an. Durch neue Studien wurde der Handlesekunst ihr mystischer Schleier vom Gesicht gezogen und die wissenschaftliche Handlesekunst gewann - zwar langsam, aber stetig - wieder an Substanz.

Nachdem das Handlesen als Kunst (was sich von „Können" herleitet) in der Zeit von 1800 bis fast 1900 - besonders in Deutschland - immer mehr an Bedeutung verloren hatte, wurden 1889 von Gustav. W. Gessmann im Siegismund Verlag einige kleine Büchlein aufgelegt. Diese Reihe nannte sich *„Gessmanns Okkultistische Handbücher"*.

Besonders interessant ist hier der *„Katechismus der Handlesekunst"*. Mit diesem Büchlein, wie auch anderen von W. Gessmann, wurde eine neue Ära der seriösen Handlesekunst eingeleitet. Viele nachher erschienene Werke der Chirologie bauten darauf auf.

1900 wurde dann in England und Amerika *Cheiro´s Guide to the Hand* verlegt. Hinter dem Pseudonym Cheiro verbarg sich ein Graf Hammond. Seine Bücher kann man ohne weiteres als Standardwerke bezeichnen. Sie sollten in keiner Sammlung fehlen.

1922 erschien im Anthroposoph Verlag in Prien/Oberbayern ein *Chirologisches Lehrbuch* von Margret Naval. Zu diesem Buch sei angemerkt, dass ich nicht in allen Aussagen mit ihm konform gehe. Es aber erfrischend kritisch und auch zweifelnd geschrieben ist, und insofern durchaus lesenswert.

Neben den eben genannten Werken sind natürlich auch noch unzählige andere Bücher zum Thema veröffentlicht worden, die mit Sicherheit ebenfalls Ihre Daseinsberechtigung haben.

Leider gibt es aber auch mehr als genug Bücher, in denen zunehmend persönliche Interpretationen und schwammige Gauklerweisheiten als Tatsachen verkauft werden sollen. Dadurch läuft die Handlesekunst - wie zuvor schon zur Zeit der Aufklärung - Gefahr, heute wieder in einen entsprechend unseriösen Ruf zu kommen.

Noch ein Hinweis zu der Frage, ob es möglich ist, der Handlesekunst auch heute noch grundlegend neue Erkenntnisse hinzuzufügen. Dies ist generell durchaus denkbar und jeder, der über reichhaltige Erfahrung und gute Beobachtungsgabe verfügt, kann der Geschichte des Handlesens ein kleines, mehr oder weniger wichtiges Kapitelchen hinzufügen. Wenn Sie selbst Hände lesen und dies gewissenhaft dokumentieren, um diese Kunst um weiteres Wissen zu bereichern, dann machen Sie jedoch bitte niemals den Fehler, den schon so viele vor Ihnen gemacht haben.

Zu oft bekommt man es mit einem Menschen zu tun, der ein ganz besonderes Schicksal oder außergewöhnliche Charakterzüge aufweist. Passend dazu findet man dann in seiner Hand auch noch ein entsprechend außergewöhnliches Zeichen. Zu sehr kommt man nun in Versuchung, dieses Zeichen mit dem besonderen Schicksal gleichzusetzen. Dies ist natürlich erst einmal grundsätzlich mit Skepsis zu bewerten. Natürlich ist es möglich, dass man hier spontan das Richtige erraten hat, nur entbehrt eine solche Eingebung zunächst jeglicher Grundlage.

Wenn Sie einmal etwas Besonderes entdecken, dann halten Sie es schriftlich fest, und immer, wenn Ihnen diese Besonderheit wieder begegnet, notieren Sie alles Wissenswerte dazu. Wenn Sie dieses Zeichen dann 30 oder 50 mal gesehen haben und dabei immer wieder auf dasselbe charakterliche oder gesundheitliche Thema stießen, dann, aber auch wirklich *nur dann*, können wir von einem Zusammenhang zwischen dem Zeichen in der Hand und dem betreffenden Ereignis sprechen

Scharlatanerie,
Wissenschaft oder ganz etwas anderes?

Handlesen, Hellsehen, Wahrsagen. Solche Begriffe üben auf viele Menschen eine eigenartige Faszination aus. Seit eh und je sind sie im Bewusstsein der Menschheit verankert, sie locken, verführen, provozieren Spott und Ablehnung. Und seit jeher hat all dies einen „irgendwie unseriösen" Beigeschmack.

Da Sie dieses Buch nun in Händen halten, kann ich wohl zunächst einmal davon ausgehen, dass Sie an der Handlesekunst grundsätzlich interessiert sind. Vielleicht sind Sie auch ein wenig skeptisch, aber in Bausch und Bogen lehnen Sie das Handlesen mit Sicherheit nicht ab. Das ist auf jeden Fall schon mal eine vernünftige Basis für die Lektüre dieses Buches.

Gesetzt den Fall, Sie beschäftigen sich näher mit der Kunst des Handlesens, und Sie finden Gefallen daran, mit Liebe anderen Menschen auf Ihrem Weg zu helfen. Nehmen wir weiter an, Sie machen das Handlesen zu Ihrem Hobby oder gar zum Beruf ... Und nun stellen Sie sich einmal vor, Sie sind auf einer Feier eingeladen und lernen dort neue Menschen kennen. Im Laufe der Unterhaltungen kommt man mit Sicherheit irgendwann auf Ihren Beruf zu sprechen. Und dann erklären Sie, dass Sie Handleser oder Hellseher sind. Die Reaktionen, die nun folgen, stürzen Sie fast schon in ein kleines Abenteuer, über das man problemlos ein ebenso lustiges wie trauriges Buch schreiben könnte. Ein Großteil der Anwesenden wird Sie mitleidig belächeln, andere fragen Sie unverblümt danach, ob man davon überhaupt leben könne und wie viel man denn so dabei verdiene. Wieder andere werden peinlich betreten das Thema wechseln.

Ich für meinen Teil halte es in einer solchen Situation wie folgt:

Möchte ich auf der Feier im Mittelpunkt stehen, dann bin ich Handleser von Beruf. Wenn ich jedoch einfach meine Ruhe möchte, dann bin ich halt Autor.

Interessanterweise werden Sie feststellen, dass sehr viele Menschen Ihnen als Handleser sofort eine Hand hinstrecken und voller Erwartung die eigene Zukunft erfahren wollen. Wenn Sie nun nicht die Absicht haben, unbedingt den ganzen Abend im Mittelpunkt zu stehen, sollten Sie nun schnellstens reagieren. Fragen Sie Ihr Gegenüber einfach in freundlich-humorvollem Tonfall, wie er wohl reagiert hätte, wenn Sie Arzt wären. Ob er sich dann wohl gleich zur Untersuchung entkleidet hätte. Das macht zwar keine Freunde aber hilft meistens.

Ich habe dieses Beispiel nicht ohne Grund angeführt. Es passiert viel zu oft, dass man sich zu einer Handlesung vor den Augen anderer Menschen verleiten lässt. Das Ganze kann natürlich auch recht harmlos und positiv verlaufen. Aber in solchen Situationen gehen Sie sehr schnell das Risiko ein, unglaubwürdig zu erscheinen - und das hat nicht einmal grundsätzlich etwas mit Ihrem Können zu tun.

Vor Beginn einer Analyse wird Ihnen jeder neue Klient ehrlichen Herzens beteuern, dass Sie ihm ohne Scheu alles sagen sollen und auch Unangenehmes ansprechen könnten. Falls Sie jedoch bei der Handlesung dennoch einen wunden Punkt berühren, z. B. Partnerschaftsprobleme oder gesundheitliche Schwierigkeiten, Dinge also, die man nicht gern in aller Öffentlichkeit ausbreitet, dann kann es Ihnen ganz schnell passieren, dass die Person aus Gründen des Selbstschutzes auf einmal alles abstreitet. Sie stehen dann als Nichtskönner oder Scharlatan da. Und so geschieht es nicht zum ersten Mal, dass jemand aus bloßer Angst, der Wahrheit ins Auge zu sehen, behauptet, dass das Handlesen eigentlich nur Leuteverdummung sei (oder bestenfalls der Unterhaltung diene).

Merken Sie sich also: Handlesen ist eine ernste und vor allem eine sehr intime Sache, die nicht vor anderen Menschen stattfinden sollte. Bei einer guten Handlesung kommen sehr oft Themen zur Sprache, die weder der Lebenspartner noch die Familie oder irgendein anderer Vertrauter kennen. Daher sollten Sie auch in Ihrer Praxis nach Möglichkeit nur Einzelberatungen durchführen. Bitte seien Sie sich auch im Klaren darüber, dass eine Handlesung keine oberflächliche Angelegenheit ist, die für Showeffekte oder zur Selbstdarstellung missbraucht werden darf.

Viele Menschen verbinden mit dem Begriff „Handlesen" eher etwas Negatives. Es hängt ihm ein wenig der Geruch des Okkulten, des Mysteriösen, des schnell und unseriös verdienten Geldes an. Man belächelt es, gibt vor, es nicht wirklich ernst zu nehmen, und dennoch hat man irgendwie Respekt davor. Leider gibt es unter den Handlesern, wie in jeder vergleichbaren Berufssparte, auch Scharlatane, die schlicht und ergreifend keine Ahnung von der Materie haben. Diese Leute haben sich irgendwann einmal einige Grundkenntnisse angeeignet und verstehen es mit viel Geschick, den Ratsuchenden mit Banalitäten und Selbstverständlichkeiten abzuspeisen und dafür auch noch teueres Geld zu verlangen.

Und wenn Sie Pech haben, treffen diese auch noch einen „Wunden Punkt" bei Ihnen und schlachten das skrupellos für sich aus.

Es gibt auch einige unter ihnen, die zwar sehr fähig sind, aber aufgrund von Erfolg und Gewinnsucht den wirklichen Sinn ihrer Kunst und auch das Gespür für Menschen verloren haben. Solche Handlese-Artisten teilen Ihnen dann anhand der Lebenslinie genauestens den Zeitpunkt Ihres Ablebens mit; anhand der Beziehungslinien erfahren Sie, wann Sie wen heiraten werden; die Schicksalslinie verrät Ihnen gar, wann Sie wie viel Geld von wem erben werden. Dies ist zum Großteil Quatsch und Leuteverdummung.

Da darf man sich wirklich nicht wundern, dass das Handlesen keinen allzu guten Ruf genießt. Es ist unverantwortlich, wenn nicht gar gefährlich, dem Ratsuchenden sein Todesjahr vorauszusagen. Zum einen gehören zu einer solchen Diagnose sehr viele Anzeichen, die sich obendrein noch gegenseitig bestätigen müssen. Zum anderen entscheidet über Leben und Tod letztendlich nur Gott (wen oder was wir auch immer darunter verstehen mögen). Vor solchen dubiosen Handlesern kann ich nur warnen.

Aber natürlich gibt es auch einige wirklich gute Handleser. Nur seien Sie sich im Klaren darüber, dass Sie diese nicht an jeder Straßenecke finden werden. Wie in jedem Spezialgebiet sind wirklich gute Fachleute eher in der Minderheit. Nun drängt sich natürlich die Frage auf, wie man einen guten Handleser erkennt. Hier muss ich leider passen. Es gibt keine verlässlichen Erkennungsmerkmale, an denen man einen guten Handleser erkennt. Man sieht es ihm von außen nicht an. Mir selbst sind auch nur einige wenige bekannt.

Einige Tipps kann ich Ihnen jedoch geben. Wenn Sie in eine Beratung gehen, achten Sie als erstes auf die Umgebung. Sind Sie dort mit Ihrem Handleser wirklich ungestört? Verfügt er über eine Räumlichkeit, wo man in Ruhe beraten kann? Es muss nicht ein ganzes Zimmer sein, eine gemütliche Ecke tut es auch.

Eine interessante Ausnahme bilden die so genannten Esoterik-Messen. Hier hat man zwar nicht die absolute Ruhe, aber man kann auf verhältnismäßig preiswerte Art einen Handleser wenigstens so weit kennen lernen, dass man sich ein Bild von seinen Fähigkeiten machen kann. Danach kann man dann eine ausführliche Beratung buchen.

Womit wir jetzt natürlich beim Preis angelangt wären. Hierzu kann ich Ihnen kaum Anhaltspunkte geben. Sie müssen für sich selbst persönlich entscheiden, was Ihnen eine Beratung wert ist. Die Höhe des Preises ist dabei keineswegs mit der Qualität der Beratung gleichzusetzen. Man kann hier wirklich keine für alle Fälle zutreffende Auskunft geben. Natürlich müssen Sie sich darüber im Klaren sein, dass Sie „für n'Appel und n'Ei" keinen professionellen Handleser engagieren können. Auch hier herrscht das Gesetz der so genannten Marktwirtschaft: alles hat seinen Preis. Sonderangebote haben meistens einen Haken. Oder anders gesagt: Wer billig kauft, bekommt meist auch Billiges.

Weitere Kriterien für Seriosität sind:

Ist der Handleser bereit, über seinen Werdegang Auskunft zu geben?

Was bekommen Sie für Ihr Geld? Eine Stundenberatung, welche dann nachher eine 45-Minuten-Beratung ist, wo auf die Sekunde genau der Schlussgong ertönt?

Ein guter Handleser sollte Ihnen zu Beginn einer Beratung erst einmal zeigen, was er kann. Er sollte Ihnen ohne größeres Vorgespräch zumindest sagen können, wie Ihr derzeitiger Allgemeinzustand ist - gesundheitlich, geistig und seelisch. Wenn dies geschehen ist, dann ist auch eine Vertrauensbasis geschaffen, auf der man vernünftig miteinander weiterarbeiten kann.

Misstrauisch sollten Sie werden (und dies gilt nicht nur für Handlese-Beratungen, sondern auch für alle anderen Formen esoterischer und psychologischer „Dienstleistungen"), wenn ...

......Ihr Handleser mehr Fragen stellt als Antworten gibt.

......von Ihnen Vorkasse verlangt wird (Anzahlungen bei Kursen sind allerdings selbstverständlich) und Ihnen womöglich die Bankfinanzierung gleich mit angeboten wird.

......Sie über Ihre finanziellen Verhältnisse und Ihre geheimsten Wünsche ausgefragt werden. (Wenn Sie darüber Auskunft geben, sind Sie im Grunde selbst schuld). Natürlich ist es etwas vollkommen anderes, wenn Sie bereits ein Vertrauensverhältnis zu Ihrem Berater aufgebaut haben.

......Sie sich vertraglich langfristig binden sollen. (Bei einer Ausbildung ist das selbstverständlich o. k.)

......der „Meister" um seine Person einen Kult aufbaut und mit dem Akt des Handlesens einen riesen Zirkus veranstaltet. (Geht es Ihnen um Fakten und Qualität oder aufgeblasenes Entertainment?)

Ein seriöser Handleser braucht weder Vorkasse noch Anzahlung; er verspricht Ihnen auch nicht, Sie gegen Bezahlung von all Ihren Problemen zu befreien. Diese Aufgabe kann Ihnen leider niemand abnehmen, aber eine gute Beratung kann Ihnen dazu eine gute Hilfestellung sein. Ein seriöser Handleser braucht weder Ihre finanziellen Verhältnisse zu kennen, noch muss er eine Show abziehen. Das einzige, was er benötigt, ist ein ruhiger Ort mit der passenden Arbeitsatmosphäre, viel Erfahrung - und Ihr Vertrauen.

Wenn Sie sich für eine Beratung oder für Kurse interessieren, richten Sie bitte Ihre Anfrage direkt an mich oder an den Verlag. Ich werde Ihnen dann, soweit mir das möglich ist, weiterhelfen.

Handlesen ist weder okkult noch mysteriös. Vergessen Sie diese Vorurteile am besten gleich wieder. Auch wenn einige fehlgeleitete Religionen das Handlesen und die Zukunftsdeutung als Teufelswerk verwerfen - sie verfolgen damit mit Sicherheit bestimmte Interessen. Bei vielen Glaubensgemeinschaften handelt es sich um institutionalisierte Religionen. Ursprünglich tief empfundene Glaubensinhalte sind zu starren Strukturen geronnen, deren Zweck es ist, einer bestimmten Ideologie mit allen Mitteln Geltung zu verschaffen und Machtpositionen aufrecht zu erhalten. Der einzelne Mensch wird meist nur akzeptiert, solange er sich anpasst.

Menschen lassen sich nun einmal besser lenken und beeinflussen, wenn man Ihnen Wissen vorenthält. Wissen ist Macht, Unwissen ist Ohnmacht. Leider funktioniert diese Politik in vielen Bereichen auch heute noch. Nun gehen wir glücklicherweise einem Zeitalter entgegen, in dem die Menschen erkennen werden, wo die wirkliche Wahrheit zu finden ist, nämlich in uns selbst.

Wir alle tragen das Urwissen in uns und keine noch so mächtige Religion wird verhindern können, dass dieses Wissen wieder in unser Leben einfließen wird. Einen Teil dieses Wissens kann ein jeder in seinen eigenen Händen wieder finden. Dort steht mehr geschrieben als mancher von uns ahnt.

Um jedoch in diesem „offenen Buch" unserer Handflächen lesen zu können, müssen wir erst einmal die Sprache und Schrift lernen, in der es geschrieben wurde. Auch Sie können dies lernen, wenn Sie bereit sind, den Preis dafür zu zahlen. Um ein begnadeter Handleser zu werden ist die erste Voraussetzung Hingabe zur Sache und zu den Menschen. Der Preis besteht in Ausdauer und Geduld: lernen, lernen und nochmals lernen. Ihre Investition in dieses Projekt ist die Zeit. Zeit, die Sie sich einfach nehmen müssen. Wenn Sie nun bereit sind, diese Investition zu leisten, dann bekommen Sie dafür als „Rendite" etwas, was Sie mit Geld niemals kaufen könnten. Sie bekommen Wissen und Erkenntnis über sich selbst. Sie können andere Menschen auf den richtigen Weg bringen, ihnen mit Ihrer Liebe beistehen und so manche Seele gleich einem Wegweiser sanft ihrer Bestimmung zuführen. Aber damit nicht genug: Sie gewinnen noch viel mehr, denn das *1. Universelle Gesetz*, das die Grundlage für alles Sein im Kosmos darstellt, lautet:

Es herrscht immer Ausgleich.
Alles was Du gibst,
ob gut oder schlecht,
es kommt zu Dir zurück.

Sie glauben gar nicht, was für ein herrliches Gefühl das ist, all die Liebe, die man gibt, wiederzubekommen.

Möglichkeiten und Grenzen

Zunächst ein Merksatz, den sich alle Leser besonders gründlich einprägen sollten:

> *Alle Zeichen in der Hand, die auf Ereignisse und Krankheiten hindeuten, haben Ihre Bedeutung. Sie sind in irgendeiner Form immer zutreffend und daher als wahrscheinliche Tatsachen anzusehen.*
>
> *Aber nicht alle Ereignisse und Krankheiten stehen in der Hand geschrieben.*

Dies bedeutet im Klartext: Wenn ein Zeichen auftaucht, ist dieses allein aufgrund seiner Existenz immer als Hinweis ernst zu nehmen. „In irgendeiner Form zutreffend" bedeutet, dass dieses Zeichen auf etwas deutet, was beachtet werden muss oder was wahrscheinlich in der Zukunft eintreten wird. Jedoch muss das Zeichen nicht unbedingt in vollem Umfang zur Verwirklichung gelangen. Wenn wir in der Herzlinie die Problematik der Nieren erkennen, so heißt das noch lange nicht, dass die betroffene Person mit absoluter Sicherheit schwere Nierenprobleme haben wird. Es bedeutet lediglich, dass eine entsprechende Veranlagung besteht, und dass dies unter Umständen zu Problemen führen könnte. Wenn die Person angemessen auf ihre Gesundheit achtet, dann ist es ohne weiteres möglich, dass sie niemals größere Probleme mit den Nieren haben wird.

Sie werden mit Sicherheit auch einmal in den Genuss kommen, eine Hand zu sehen, in der alles eben ist. In der man nur die Kopf-, Lebens- und Herzlinie findet und sonst nicht einmal kleinste Abzweigung. Hier haben wir es dann mit einer nichts sagenden Hand zu tun. Natürlich können wir auch hier unsere Schlüsse ziehen und einiges über die Charaktereigenschaften dieser Person erkennen, jedoch kann dies nie mit der gewünschten Ausführlichkeit geschehen, und es dürfte kaum eine befriedigende Beratung dabei herauskommen. Wo wenig geschrieben steht, kann man nun mal nur wenig lesen.

Dies bedeutet nun nicht, dass dieser Mensch keine Krankheiten oder keine einschneidenden Erlebnisse haben wird. Entweder handelt es sich hierbei um einen sehr einfachen Menschen, dessen Seele noch nach Ihrem Weg sucht, oder diese Person ist etwas ganz Besonderes und hat unter Umständen ein sehr ereignisreiches Leben hinter und vor sich. Aber es ist weder uns noch anderen gestattet, darüber etwas zu erfahren. In solchen Fällen hilft auch keine noch so intensive Bemühung. Jede ausführlichere Beratung auf der Grundlage dieser Hände wäre reine Spekulation und insofern nicht seriös. Daher ist in einem solchen Fall ein ehrliches Wort besser als künstliches „Hineininterpretieren".

Die Gesundheit

In Bezug auf die Gesundheit zeigen die Hände ererbte Disposition und ererbte Krankheiten an. Weiterhin kann man einzelne Schwachpunkte in der gesundheitlichen Konstitution des Betreffenden erkennen. Auch zeigen sich Anzeichen für bevorstehende oder gewesene Unfälle und Operationen. Das Interessante hierbei ist, dass sich Krankheiten - bzw. die Veranlagungen dazu - bereits zeigen, bevor diese unter normalen Umständen medizinisch diagnostizierbar sind.

Wichtig bei der Deutung dieser Zeichen ist es, sich darüber im Klaren zu sein, dass nicht jede Krankheit in den Händen eingezeichnet wurde. Es ist also nicht notwendigerweise so, dass jemand, bei dem man keine Anzeichen für ein bestimmtes Leiden erkennen kann, auch tatsächlich nicht erkranken wird.

Der Charakter

Aus der Hand lassen sich ziemlich genau die Veranlagungen und Eigenschaften eines Charakters erkennen. Hier können wir wiederum zwischen Berufs- und Partnerschaftsbereich unterscheiden. Wichtig ist es dabei zu vergleichen, wie ein Mensch veranlagt ist und wie er diese Veranlagungen in seinem Leben verwirklicht. Sehr oft leben die Menschen gegen ihre Natur. Dies kann zwar scheinbar bis ins hohe Alter gut gehen, endet dann aber doch häufig früher oder später mit einem Zusammenbruch. Im besten Fall ist dies dann der Auslöser für einen Neuanfang, für das Lösen von einengenden Verbindungen, die uns unserer eigentlichen Natur entfremden.

Die Frage der Übereinstimmung zwischen innerem Wesen und äußerer Lebensführung stellt sich besonders auch bei der Berufswahl. Wenn man bedenkt, dass wir fast ein Drittel unseres Lebens mit unserer Arbeit verbringen, dann ist es doch recht wichtig zu wissen, inwieweit uns diese Arbeit eigentlich entspricht. Dies muss nicht unbedingt so weit gehen, dass wir tiefe Liebe oder Begeisterung für die Arbeit empfinden. Jedoch macht es schon einen Unterschied, ob man in einem Bereich tätig ist, der einem schon von Natur aus liegt, oder ob man permanent gegen innere Widerstände zu kämpfen hat. Stellen Sie sich einmal bildlich vor, Sie würden in einem Fluss schwimmen. Da spielt es schon eine große Rolle, ob Sie mit oder gegen den Strom schwimmen. Natürlich kann das Schwimmen gegen den Strom auch seinen Reiz haben, aber auf Dauer werden Sie garantiert am Ende Ihrer Kräfte sein. Weiterhin ist der Bereich Partnerschaft von Interesse. Nicht nur, dass wir prüfen können, ob der Lebenspartner wirklich zu uns passt; wir können auch Einsichten darüber gewinnen, warum wir uns immer wieder einen bestimmten Typ von Menschen als Partner ersehnen, und vor allem darüber, warum es gelegentlich auch schief geht. Denn das, was wir uns manchmal am sehnlichsten wünschen, ist nicht immer zugleich das, was uns auch auf Dauer glücklich machen kann.

Die Zukunft und die Vergangenheit

Hier ist natürlich Aufmerksamkeit geboten. Denn in den Händen steht lediglich die aus jetziger Sicht wahrscheinliche Zukunft. Die Zeichen für die Zukunft sind höchstens auf ein Jahr genau zu deuten. Oftmals sogar nicht einmal so genau. Diese Zeichen spiegeln Ereignisse wieder, welche die betreffende Person zu erwarten hat. Sie können positiver, aber auch negativer Natur sein. Es handelt sich hierbei um grob vorgezeichnete Ereignisse, die auch nur in einem gewissen Rahmen genauer benannt werden können. Nicht möglich ist eine Aussage über das genaue Datum und den exakten Verlauf eines Ereignisses. Oder darüber, dass man zu einem bestimmten Zeitpunkt eine bestimmte Summe Geld erhält. Schon gar nicht können wir den heiß ersehnten Lottogewinn aus den Händen lesen.

Jedoch ist es ohne weiteres möglich zu sehen, wann eine positive Zeit kommt, in der man zu einem zufriedenen und erfolgreichen Leben finden kann. Oder auch, wann eine sehr gute Zeit für feste Partnerschaften kommen wird. Jedoch gehört zu all dem immer auch der Mensch, der diese Dinge geschehen lässt. Wenn jemand sehr gute Aussichten hat, in seinem 38. Lebensjahr eine wunderbare und andauernde Partnerschaft einzugehen, aber in diesem Zeitraum weder die Bereitschaft noch irgendwelche Ambitionen zeigt, eine Beziehung anzuknüpfen, dann wird sich diese positive Disposition wohl nicht als konkrete Realität manifestieren. Ein Einflussfaktor, der keinesfalls unterschätzt werden darf, ist das Karma. Ein Großteil aller Fragen bezüglich unseres Karmas und der Aufgaben, die uns in diesem Leben gestellt sind, lassen sich mit Hilfe der Hände beantworten.

Umgekehrt ist es aber auch möglich Einblick in die Vergangenheit eines Menschen zu nehmen. Wir werden zwar nicht alle Ereignisse eines Lebens aus der Hand lesen können, jedoch die großen und auch wichtigen Dinge sind zu finden.

Ein weiteres spezielles Betätigungsfeld bei der Handanalyse sind die Hände von Kindern.

Bei einer fachgerechten Analyse kann man schon früh die Weichen stellen, um eine positive und schöne Entwicklung für das eigene Kind in die Wege zu leiten. Viele Fehler und Enttäuschungen bleiben einem erspart, wenn man schon von vornherein die Gaben und Veranlagungen des Kindes, aber auch eine eventuelle gesundheitliche Gefährdung erkennt.

Hände - Spiegel von Zukunft und Vergangenheit?

Natürlich stellt sich bei all dem zuerst einmal die Frage nach dem „Warum?". Wie kann es sein, dass in die Hände eines Menschen sein Leben und seine Zukunft gezeichnet sind? Wie kann es sein, dass man aus den Linien und Bergen in der Handfläche sowie aus der Form von Hand und Fingern den Gesundheitszustand, den Charakter und die Bestimmung eines Individuums ersehen kann?

Die meisten Menschen neigen dazu, alles zu hinterfragen. Und das ist auch gut so. Es handelt sich dabei schließlich um gesunde Neugier und natürlich auch um eine, gerade in solchen Dingen, durchaus angebrachte Skepsis. Hinterfragen Sie ruhig und seien Sie skeptisch. Nur wenn Sie wirklich überzeugt sind, wenn Sie mit Herz und Seele dahinter stehen, nur dann können Sie wirklich etwas für sich annehmen und es den anderen Menschen weitergeben.

Wenn ich jetzt versuchen würde, Ihnen eine ausführliche Antwort auf die angesprochenen Fragen zu geben, käme ich allein für dieses Thema beim besten Willen nicht mit einem Buch aus. So komplex, vielfältig und umfassend sind die Gründe und Erklärungen. Aber dennoch will ich versuchen, die Zusammenhänge in kurzen Worten ein wenig verständlich zu machen.

Es gibt zwei Perspektiven, aus denen wir diese Thematik betrachten können.

Die esoterische und die wissenschaftliche Seite

Zur wissenschaftlichen Seite sei nur soviel gesagt, dass die nachprüfbar hohe Trefferquote bei der Arbeit guter Handleser für sich selbst spricht. Wenn wirklich ein Wissenschaftler der Meinung ist, er müsse die Gültigkeit einer sorgfältigen Handanalyse anzweifeln, so ist ihm freigestellt, den Gegenbeweis anzutreten. Viel Vergnügen!

Zur esoterischen Betrachtungsweise: In der Esoterik (wie auch in allen großen Religionen) sprechen wir von der Unsterblichkeit der Seele. Egal, welchen Glauben oder welche Einstellung wir bezüglich des Lebenssinns und unserer Bestimmung auf dieser Erde haben: Tatsache ist, dass die Seele nicht, so wie der Körper, dem biologischen Prozess des Vergehens unterworfen ist. Die meisten Religionen sind sich dessen bewusst und vertreten die Lehre von der Reinkarnation (oder auch der Seelenwanderung). Nur dort, wo sich Religionen zu Machtstrukturen umgestaltet haben, wurde dieses Urwissen wohlweislich der Vergessenheit preisgegeben.

Die Tatsache der Wiedergeburt wirft natürlich eine Fülle weiterer Fragen auf, etwa nach dem Grund dafür, warum wir eigentlich in den Reinkarnationszyklus eingetreten sind und nach dem Sinn all dieser wie die Glieder einer Kette aneinander gereihten Existenzen. Schon viele Philosophen, Suchende und Gelehrte haben sich seit Anbeginn der Zeit diese Frage gestellt. Die Antwort auf diese zentrale Frage wäre die Antwort auf alle Fragen dieser Welt. Ich glaube, wenigstens teilweise lässt sich eine Antwort darauf formulieren:

Wir sind hier, um innerlich zu wachsen und um geistige wie auch seelische Reife zu erlangen. Damit kommen wir dem großen Ganzen - Gott, dem Schöpfer - wieder näher, um schließlich nach dem Durchleben all unserer Inkarnationen wieder mit ihm vereint zu sein. In jedem unserer Leben werden wir mit Aufgaben konfrontiert. Diese Aufgaben können wir als lästige Probleme oder aber als sinnvolle Prüfungen empfinden.

Auch wenn wir die Bedingungen auf dieser Erde manchmal als ungerecht empfinden, jeder Mensch hat seine Prüfungen zu absolvieren und seine Aufgaben zu erfüllen. Selbst ein positives Schicksal - Erfolg, Wohlstand oder das, was jeder entsprechend seiner Natur als „Glück" empfindet - kann eine nicht leicht zu bestehende Prüfung sein.

Die geistige Natur des Menschen

Die meisten von uns wissen, dass der Mensch mehr ist als nur ein biologischer Organismus, welcher durch die Evolution, sprich der natürlichen Auslese geprägt wurde. Alle Kulturen dieser Welt wussten um die höhere, geistige Natur des Menschen. Bedauerlicherweise verbreitete die uns bekannte Schulwissenschaft in den letzten Jahrzehnten den Irrglauben, dass der Mensch sich lediglich aufgrund des Gesetzes der Auslese entwickelt habe. Darwin hatte nicht immer Recht! Allerdings gibt es auch hier Anzeichen dafür, dass ein Umdenken stattfindet - zwar zaghaft noch, halbherzig und nur bei vereinzelten Wissenschaftlern oder in wenigen Forschungszweigen, aber doch erkennbar und mit wachsender Kraft. Es ist eigentlich nur noch eine Frage der Zeit, wann sich das Modell des *ganzheitlichen Menschen* mit seiner Seele, seinem Körper und all seinen Bewusstseinsebenen durchsetzt.

Der Mensch, das Tier, die Pflanze, aber auch die so genannte unbelebte Materie beinhalten weit mehr als für die meisten von uns derzeit wahrnehmbar ist. In irgendeiner Form ist alles, was existiert von Geist, von Energie durchdrungen und beseelt. Dieser Geist, diese Energie kann beim augenblicklichen Forschungsstand nicht zuverlässig durch technische Gerätschaften erfasst werden.

Feinstoffliche Energien versus Wissenschaft

Natürlich gibt es einige Versuche, diese Energien zu messen oder gar sichtbar zu machen. Und einige dieser Ideen stellen auch recht interessante Ansätze dar. Insgesamt muss man die Ergebnisse bis jetzt aber leider als sehr dürftig bezeichnen. Ein großes Problem ist dabei immer die eigene, in den Beobachtungsvorgang mit einfließende Energie der beobachtenden Personen oder Geräte. Die Wissenschaft stellt natürlich die Anforderung der absoluten Beweisbarkeit einer Behauptung. Das heißt, jedes Experiment muss unbegrenzt oft wiederholbar sein und dabei zu dem gleichen Ergebnis führen.

Der Versuch, mit naturwissenschaftlichen Methoden die Seele, die feinstofflichen Energien, den menschlichen Wesenskern zu messen, ist somit in jedem Fall zum Scheitern verurteilt. Nicht weil die Natur- oder auch Schulwissenschaft falsch oder schlecht wären; der Grund ist viel einfacher: Wenn wir die Geschwindigkeit eines Fahrzeugs messen wollen, dann benutzen wir dazu ja auch keinen Eimer mit Wasser. Das eine hat mit dem anderen schlicht und einfach nichts zu tun. Unsere etablierte Wissenschaft mit ihren herkömmlichen Meßmethoden ist einfach nicht die richtige Methode, um feinstoffliche Energien zu erfassen.

Die Frage, die wir uns eigentlich stellen müssen, ist die nach der Notwendigkeit eines solchen „Beweises", wie die Wissenschaft ihn verlangt. Reicht es nicht aus, dass wir gewisse Dinge einfach empfinden und aufgrund eines tieferen inneren Wissens für wahr halten. Wenn nur beweisbare Dinge existieren würden, dann dürfte es weder Gott noch die Seele eigentlich geben. Und doch wissen wir alle, dass sie existieren. Wenn wir unsere Hand über einen Herkimer Diamanten halten und dabei spüren, wie diese starke Energie in unseren Arm steigt; oder wenn wir einen Baum umarmen und seine uralte Kraft, Stärke und Harmonie in uns spüren, brauchen wir dann wirklich noch eine wissenschaftliche Bestätigung? Wo ist hier noch der Bedarf für einen Beweis, wenn jeder Mensch diese Dinge an seinem eigenen Leib und mit seiner Seele erfahren kann? Wenn Sie wirklich noch eine Bestätigung für die Existenz energetischer Phänomene brauchen, dann nehmen Sie einmal einen ca. 150 Gramm schweren grünen Turmalin für 10 Minuten in die linke Hand. Danach haben Sie mit absoluter Sicherheit keine Zweifel mehr!

Sehr oft wird von der Wissenschaft die Tatsache der menschlichen Seele oder gar Gottes bestritten. Es wird nach einem Beweis für deren Existenz gefragt. Schauen Sie sich doch einmal auf der Welt um! Der Mensch, das Tierreich, die Natur, das einzigartige Wunder der Schöpfung und des Lebens. Hier stellt sich einem offenen und empfindungsfähigen Menschen wohl keinesfalls die Frage nach einem Beweis für die Existenz Gottes. Im Gegenteil scheint die Annahme, dass es Gott nicht gäbe um ein Vielfaches schwerer zu begründen.

Die meisten Krankheiten haben ihre Ursache in der Seele

Nun noch ein paar Worte über die verschiedenen Wesensbestandteile des Menschen. Ursache und Grundlage für alles Sein ist der Geist, die Seele. Seien es Glück, Gesundheit, Geschick, Harmonie oder das Leben selbst: Alles hat seinen Ursprung im Geist. Ohne den Geist würde nichts existieren. Neben dem biologischen *feststofflichen* Körper existiert auch noch unser *feinstofflicher* Körper. Dieser wiederum unterteilt sich in mehrere Ebenen oder Schichten. Eine dieser Ebenen ist den meisten unter dem Namen *Aura* bekannt. (Bücher zum feinstofflichen Körper und seinen Ebenen erhalten Sie im Artha Verlag).

Diese feinstofflichen Energien bilden einen zweiten Körper, welcher in direktem Kontakt und damit in einer Wechselwirkung mit unserem biologischen Körper steht. Schränken wir nun das Leben und die Entfaltungsmöglichkeiten unserer Seele ein, so wird diese sich zur Wehr setzen und entsprechende Signale des Unwohlseins senden. Werden diese Signale nicht beachtet, folgt als weiteres Signal die Krankheit und ihre Symptome.

Diese Erkrankung kann sich im psychischen oder auch im physischen Bereich äußern. Hierbei muss aber darauf hingewiesen werden, dass es sich bei so genannten psychischen Erkrankungen oder Geisteskrankheiten in Wahrheit um Krankheiten des Gehirns handelt, welche sich im Denken und Handeln der betroffenen Person äußern. Weder Geist noch Seele können wirklich erkranken. Dies ist gar nicht möglich, da sie nicht den Bedingungen der Körperlichkeit unterliegen.

Jede Krankheit hat Ihre Ursache in der Seele. Wenn wir eine wirkliche Gesundung des Körpers herbeiführen wollen, müssen wir dementsprechend jene Blockaden und Beschränkungen aufheben, die wir der Seele zugefügt haben. Obwohl die westliche Schulmedizin dies inzwischen weitgehend erkannt hat, handelt sie bis heute noch immer nach dem ihr vertrauten Schemata und bekämpft nach wie vor nur die Symptome der Krankheit, nicht deren Ursache. So ist es nicht verwunderlich, dass nach medizinischen Begriffen „geheilte" Krankheiten oft bereits nach kurzer Zeit wieder genauso oder eben an anderer Stelle auftreten. Das Wort „Symptom-Verschiebung" ist zu einem Standardbegriff in der Medizin geworden.

Um Missverständnissen vorzubeugen sei gesagt, dass ich die Schulmedizin nicht grundsätzlich ablehne. Sie hat natürlich nach wie vor ihre Daseinsberechtigung. In der heutigen Zeit kann sie uns wirksamer helfen als je zuvor. Und wir alle sind uns wohl darüber im Klaren, dass wir gerade bei einem Unfall oder in anderen Notfällen auf die schulmedizinischen Errungenschaften nicht verzichten können. Weder Geistheiler noch Reikimeister, Homöopathen oder Bachblütentherapeuten können einen schwer Verletzten wieder „zusammenflicken" oder seine Lebensfunktionen über viele Tage künstlich durch Apparaturen aufrechterhalten (wenn diese Heilmethoden auch sicher viel zur Linderung und rascheren Genesung beitragen können).

Was ich jedoch strikt ablehne ist einerseits die von der Schulmedizin durchgeführte permanente medikamentöse Behandlung und andererseits die blinde und ausschließliche Symptombekämpfung, die nicht nach den tieferen Ursachen einer Erkrankung fragt. Bedingt durch die Tatsache, dass ein extremes Spezialistentum um sich greift, so dass immer mehr Ärzte tendenziell „alles über nichts wissen", sind die Behandlungserfolge bei sehr spezifischen Problemen zwar oft verblüffend, die dauerhafte Heilung bzw. Gesunderhaltung des *ganzen Menschen* ist dadurch allerdings in immer weitere Ferne gerückt.

Vielleicht sollte die heutige Wissenschaft endlich begreifen, dass wir in einem *unendlichen* Universum leben. Daraus ergibt sich folgerichtig, dass es auch unendlich viele funktionierende Systeme geben mss! Sonst könnte es nicht funktionieren.

Das System unserer Wissenschaft ist ein fast vollkommen ausgefeiltes, annähernd perfekt funktionierendes System, welches meine absolute Hochachtung genießt. Doch auch dieses System hat Grenzen. Und vor allen Dingen ist es nicht das *einzige*, das funktioniert.

Schon innerhalb des umfangreichen Fachgebiets der Medizin gibt es mehrere Zweige: Zum einen das westliche System. Hier wird die Krankheit recht aggressiv mit den bekannten „Anti-Mitteln" (z. B. Antibiotika, Antimykotika usw.) bekämpft. Zum anderen gibt es die östlichen Systeme, in denen der Körper so weit gestärkt und unterstützt wird, dass der Körper selbst in der Lage ist die Krankheit zu bekämpfen. Beide Systeme haben ihre Daseinsberechtigung. Würde man sie kombinieren, wäre man schon einen großen Schritt weiter.

Somit kennen wir schon mindestens zwei grundverschiedene funktionierende Systeme. Es gibt davon aber noch viel mehr. Die Diagnostik in Bezug auf Körper und Psyche ist sicherlich eine weitere Bereicherung.

Der Sinn schwerwiegender Erkrankungen wie Krebs

Eine besonders schlimme und weit verbreitete Krankheit in der industrialisierten Welt ist der Krebs. Diese Krankheit ist geradezu ein Paradebeispiel für die Problematik der blinden Symptombekämpfung. Es hat mehr als genug Fälle gegeben, in denen Menschen den Krebs besiegt haben, zum einen natürlich aufgrund der medizinischen Hilfe, parallel dazu aber auch dadurch, dass sie ihr Leben grundlegend überdacht und geändert haben. Im Gegensatz dazu ist es aber auch oft genug vorgekommen, dass Krebs schon im frühen Stadium erkannt und medizinisch behandelt wurde, dann aber dennoch nicht aufzuhalten war. Nach wie vor ist es der Medizin nicht möglich, dieses Phänomen auch nur annähernd zu erklären.

Meine persönliche Überzeugung ist diese: Wenn es Ihnen nicht gelingt, eine Heilung oder Befreiung Ihrer Seele zu vollziehen, werden Sie auch nicht die Heilung Ihres Körpers erleben. Natürlich kann nach der Entnahme des erkrankten Gewebes eine entsprechende körperliche Besserung eintreten, aber seien Sie sich darüber im Klaren, dass dies noch lange nicht mit einer wirklichen Heilung gleichzusetzen ist.

Krebs lässt sich letztendlich nur ganzheitlich heilen, das heißt, nur wenn auf der biologischen *und* auf der seelischen Ebene behandelt wird, können wir guten Gewissens auf eine endgültige Heilung hoffen.

Eine große Ausnahme in diesem Zusammenhang bilden schwer erkrankte Kinder. Hier gelten andere Regeln. Sehr oft ist es der Fall, dass sich Seelen bewusst in Kinder, die schwer krank sind, inkarnieren. Dies geschieht in dem klaren Bewusstsein, dass sie bald wieder zum Schöpfer werden zurückkehren können. Die Gründe für diese Entscheidungen der Seelen sind so heilig, dass es niemandem auf unserer Erde zukommt, über sie Mutmaßungen anzustellen oder Urteile zu fällen. Es gibt Bereiche in unserem Dasein, in denen wir einfach akzeptieren müssen, dass das Leben Prüfungen und Aufgaben bereithält, die unser Verständnis übersteigen.

Handlesen und Diagnostik

Doch zurück zu unserem eigentlichen Thema: Speziell im Bereich der Diagnostik könnten die Handlinien - oder besser die Hand als Ganzes - eine unschätzbare Hilfe für Ärzte und Heiler darstellen. Es ist mit dieser Methode verhältnismäßig leicht, sich in kürzester Zeit einen Überblick über die allgemeine Konstitution des Patienten zu machen und zu erkennen, worauf man bei einer Behandlung achten sollte. Die medizinische Handanalyse wird die schulmedizinische Diagnose niemals vollkommen ersetzen können, sie kann aber als begleitende Maßnahme sehr hilfreich sein und die medizinische Diagnostik bereits im Vorfeld effektiv unterstützen.

Die Verantwortung des Wissenden

Bevor wir uns nun in den folgenden Kapiteln die Linien und Zeichen in der Handfläche genauer ansehen, ist zuvor noch ein sehr wichtiger Themenbereich anzusprechen, der in diesem Zusammenhang als ein absolutes „Muss" zu gelten hat. Bitte nehmen Sie die folgenden Zeilen mehr als ernst.

Menschen, die nach neuer Orientierung suchen

Wenn wir einem Menschen aus den Händen lesen, dann übernehmen wir mehr Verantwortung als wir im Augenblick gerne glauben mögen. Die Menschen lassen sich aus den verschiedensten Gründen die Hände lesen. Man kann sie jedoch grob in drei große Gruppen einteilen.

Die einen sind an einem Punkt angelangt, wo sie merken, dass ihr bisheriges Leben nicht so befriedigend verlaufen ist, wie sie sich dies gewünscht hätten. Sie wollen sich daher nun einfach neu orientieren. Sie suchen nach neuen Wegen und Möglichkeiten, um ihr Leben besser und befriedigender zu gestalten. Diese Menschen stellen sich einfach die Frage nach dem „Wohin?". Sehr oft ist es so, dass solche Ratsuchenden schon entsprechende Vorstellungen von den gewünschten Veränderungen entwickelt haben und jetzt nur noch eine Bestätigung durch den Handleser suchen.

Menschen, die in Konfliktsituationen stecken

Die zweite Gruppe von Menschen befindet sich gerade in einer Konfliktsituation, bei der es um wichtige Entscheidungen geht. Dies betrifft in der Hauptsache materielle oder emotionale Angelegenheiten wie Geld, Arbeit oder Partnerschaft.

Die Neugierigen

Und dann gibt es da noch eine dritte Gruppe: die Neugierigen. Sie wollen einfach einmal schauen, was denn nun dran ist am Handlesen.

Notwendige eigene Grenzen

Egal aus welchen Gründen der Ratsuchende zu uns kommt, in jedem Fall erwartet er Antworten auf die Fragen, die ihn beschäftigen. Sie können immer davon ausgehen, dass wir bei der Beratung in allem, was wir sagen, ernst genommen werden. Sehr oft wird darum gebeten, wirklich alles schonungslos zu sagen. Uns wird versichert, dass man wirklich mit der Wahrheit umgehen könne, sei sie auch noch so schlimm und bedrohlich.

Vorweg sei gesagt, dass es in den meisten Fällen nicht ganz so dramatisch aussieht wie manch ein Klient es gerade glauben mag. Aber was ist, wenn es wirklich nicht so toll aussieht.

Genau hier kommt der springende Punkt: Wo liegt der Maßstab, wo ist die Grenze des Erträglichen? Was kann der Klient wirklich verkraften? Es ist ja schließlich so, dass jeder Mensch seine individuelle Schmerzgrenze hat. Es macht einen gewaltigen Unterschied aus, ob man einem Menschen planlos gewisse Fakten vor die Füße wirft und ihn damit zutiefst ängstigt oder entmutigt, oder ob man ihm behutsam seine Problemsituationen aufzeigt und ihm dabei gleichzeitig die Kraft und die Zielvorstellungen mitgibt, die nötig sind, um die entsprechende Situation zu meistern. In jedem Fall muss man sich zu Beginn der Handlesung ein Bild über die Empfindungswelt der Person machen.

Wir können viel für andere tun

Für uns, wie auch für die anderen Beteiligten, ist es zwingend notwendig, dass wir die Handlesung äußerst gewissenhaft vornehmen. Ich habe bewusst nicht die Worte „exakt" oder „genau" verwendet, da in „gewissenhaft" das Wort „Gewissen" steckt. (Natürlich sollte Exaktheit bzw. Genauigkeit auch Kennzeichen einer guten Handlesung sein). Es kann nicht unsere Aufgabe sein, den Klienten lediglich mit Fakten zu beeindrucken oder ihn damit zu konfrontieren. Mit der Wahrheit allein - sofern sie nicht mit Einfühlungsvermögen und Verantwortungsbewusstsein einhergeht - können wir mehr Unheil anrichten als wir dem anderen Gutes tun. Pflicht und oberstes Gebot ist es für uns, dem Klienten auf seinem Weg zu helfen. Wir müssen abwägen, auf welche Weise wir dem Klienten die Fakten sinnvollerweise präsentieren können. Natürlich hat jeder den Anspruch darauf alles zu erfahren, und wir haben auch die Pflicht ihm alles mitzuteilen, was wir wissen. Aber wir haben immer die Möglichkeit, diese Fakten der Situation angemessen zu formulieren und sie dem Menschen, der vor uns sitzt, auf vernünftige Art und Weise nahe zu bringen. Unsere Aufgabe ist es, andere Menschen aufzurichten, sie zu motivieren und ihnen etwas Positives mitzugeben.

Anwendungen der Handlesekunst

Lebensaufgabe und Berufswahl

Was ist unsere Aufgabe in diesem Leben? - eine Frage, die uns wohl alle beschäftigt (oder zumindest beschäftigen *sollte*). In der heutigen westlichen Welt sind Möglichkeiten für den Einzelnen, sich seinen Platz im Leben selbst auszusuchen und dabei nur seinem inneren Antrieb zu folgen, leider sehr beschränkt. Schon als kleines Kind wird uns beigebracht, dass es wichtig ist zu wissen, was *man* zu tun und zu lassen hat. Als Jugendliche wird uns in der Schule wie auch vom Elternhaus immer wieder eingetrichtert, wie wichtig es ist Leistung zu bringen. Die Wertvorstellungen, die uns vermittelt werden, zielen im Großen und Ganzen darauf ab, für den (natürlich von *anderen* definierten) Erfolg alles zu tun. Dazu werden uns verschiedene Strategien angeboten, wie beispielsweise:

Sich „beliebt machen" („Du musst immer nett und höflich sein"),

gute Noten einheimsen („Wenn du kein gutes Zeugnis hast, wird aus dir nie etwas werden"), ein hohes Einkommen vorweisen können („Dir soll es doch mal besser gehen als uns) oder

das Ansehen bei „den Leuten" durch Ämter und Würden steigern („Wenn Du einen Titel hast, wird es Dir immer gut gehen")

Die Lebensaufgabe finden

Aber all diese Dinge sind letztendlich nur Äußerlichkeiten. Damit meine ich: all dies hat doch nichts mit uns selbst zu tun, mit dem Kern unserer Persönlichkeit. All diese angeblich so wichtigen Wertvorstellungen sind schließlich auch einem permanenten Veränderungsprozess unterworfen. Was heute noch gültig ist, kann schon morgen „der Irrtum von gestern" sein. Was letztendlich inmitten von Chaos und beständiger Verwandlung übrig bleibt sind *wir*, genauer gesagt: das, was wir im Innersten sind, wenn man sich alle Masken, Moden und antrainierten Rollen wegdenkt.

Lebensaufgabe und Beruf sind insofern eigentlich zwei grundverschiedene Dinge. Die *Lebensaufgabe* ist jener innere Antrieb, welcher mein Dasein bestimmen und mir am Ende dieses Lebens die Gewissheit geben sollte, dass mein Dasein einen Zweck erfüllt hat. Das muss beileibe keine spektakuläre Aktion sein. Sie müssen nicht - gleich Superman oder James Bond - die Menschheit retten, den „Faust" schreiben oder die „Zauberflöte" komponieren. In den allermeisten Fällen ist es so, dass unsere Lebensaufgabe sich durch einen natürlichen Prozess aus dem menschlichen und sozialen Umfeld ergibt, in das wir hineingeboren wurden. Selbstverständlich ist hierbei auch der Einfluss des Karmas nicht zu vergessen.

Der Beruf ist im Gegensatz dazu schlicht und ergreifend die Tätigkeit, mit der wir unseren Lebensunterhalt bestreiten. Nicht immer ist er - wie die Ähnlichkeit der Worte nahe legt - zugleich auch *Beruf*ung.

Im Idealfall gelingt es uns, Lebensaufgabe und Beruf zu vereinen. Dies soll aber nicht heißen, dass ich es befürworte, wenn jemand den Beruf zu seinem ganzen Leben macht. Dies funktioniert nur in seltenen Fällen; in der Regel sollte es doch eher so sein, dass man versucht, seine Berufswahl so zu treffen, dass sie wenigsten *in einigen Punkten* mit Veranlagung und Lebensaufgabe übereinstimmt.

Von der ersteren Gruppe von Menschen („Mein Beruf ist mein Leben") gibt es eine ganze Menge; von der letzteren („Ich kann meine Lebensaufgabe auch in meinem Beruf verwirklichen") schon deutlich weniger. Viele Berufstätige mussten schon die traurige Erfahrung machen, dass sie, obwohl sie sich Jahre oder gar Jahrzehnte lang für ein Unternehmen aufgeopfert haben, ganz schnell durch eine andere Arbeitskraft ersetzbar waren. Das kann unter Umständen eine recht traurige Erfahrung sein. Die traurige Realität in unserer Gesellschaft ist: Jeder ist ersetzbar.

Vielleicht werden Sie jetzt argumentieren, dass es ja „unmöglich" sei, so ohne weiteres seinen jetzigen - wenn auch unbefriedigenden - Broterwerb aufzugeben, nur um einem Traum von „Berufung" und „Bestimmung" nachzujagen. Nein, leicht ist es gewiss nicht, aber glauben Sie mir - es ist möglich.

Vielleicht sollten Sie sich einmal vor Augen führen, wie viel Zeit Sie eigentlich wirklich für sich haben, um Ihr Leben bewusst, schön und Ihrer wirklichen Aufgabe entsprechend zu leben.

Eine kurze Geschichte der Zeit

Gehen wir einmal davon aus, dass Sie 30 Jahre alt sind und Ihre ungefähre Lebenserwartung bei ca. 80 Jahren liegt. Also bleiben Ihnen jetzt noch ca. 50 Jahre, das sind *18.250 Tage* Lebenszeit.

Wenn wir jetzt berücksichtigen, dass Sie ca. 8 Stunden am Tag schlafen, dann fehlt Ihnen davon ein Drittel. Somit ergeben sich 18.250 Tage: 3 = *6.083 Tage für Schlaf*.

Im Durchschnitt verbringen wir täglich ca. 2 Stunden mit Haushalt, Erledigungen aller Art (Einkaufen, Anwalt, Arzt) oder ähnlichen Dingen, die immer wieder vorkommen. Dies entspricht einem Zwölftel des Tages. Und damit ergeben sich 18.250 Tage: 12 = *1.520 Tage für Erledigungen*.

Dann wäre da natürlich noch unsere Arbeit, die im Durchschnitt 40 Stunden wöchentlich in Anspruch nimmt. Dazu dann noch mal 5 Stunden pro Woche für den Weg zur Arbeit, also insgesamt 45 Stunden. Daraus ergeben sich 18.250 Tage: 4 = *4.562 Tage für die Arbeit*.

Nicht zu vergessen, die so genannten Zeitfresser, mit denen wir so viel unserer Lebenszeit verbringen. Zeitfresser sind all die Dinge, die unsere Zeit beanspruchen, ohne dass sie uns persönlich irgendetwas bringen. Ein Beispiel wäre das Fernsehen. Mit diesen Zeitfressern verbringen wir täglich ca. 2 Stunden. (Glauben Sie das nicht? Beobachten Sie sich selbst einmal ein paar Tage lang selbstkritisch. 2 Stunden sind bei vielen Menschen noch grob untertrieben!)

2 Stunden entsprechen wieder einem Zwölftel des Tages und somit 18.250 Tagen: 12 = *1.520 Tage für Zeitfresser*.

Da ich das ganze jetzt nicht übertreiben will, lassen wir mal die tägliche Körperpflege, die verträumte oder „verdöste" Zeit zwischen Aufstehen und Arbeit, sowie alle anderen Dinge, die regelmäßig getan werden ohne etwas mit wirklichem *Leben* zu tun zu haben, weg.

Unsere Rechnung sieht nun folgendermaßen aus:

zu erwartende Lebenszeit	**18.250**	Tage
abzüglich **Schlaf**	6.083	Tage
abzüglich **Erledigungen**	1.520	Tage
abzüglich **Arbeit**	4.562	Tage
abzüglich **Zeitfresser**	1.520	Tage
Es bleiben Ihnen	**4.565**	Tage

Das sind etwa 12,5 Jahre, die Ihnen bleiben, die Zeit, die Ihnen zur Verfügung steht, um wirklich *Ihr* Leben zu leben. Oder habe ich vielleicht noch weitere „Zeitdiebe" vergessen? Wie sieht die Rechnung eigentlich aus, wenn Sie jetzt 42 Jahre alt sind - oder älter?

Wenn Sie nun aufgrund meiner recht schonungslosen Rechnung ins Nachdenken gekommen sind, lassen Sie sich noch folgendes „auf der Zunge zergehen": Leben heißt Aufmerksam sein, Gewahr sein, im Augenblick leben, im Hier und Jetzt. Nur das ist *wirkliches* Leben. Wenn Sie jedoch über die Vergangenheit nachdenken oder sich viele Gedanken über die Zukunft machen, dann leben Sie eben auch in Vergangenheit und Zukunft, nicht aber im *Jetzt*. Und so schlimm sich das auch anhören mag, jede Sekunde die ich nicht im *Jetzt* bin, lebe ich auch nicht *wirklich*.

Wussten Sie eigentlich, weshalb das Verliebtsein ein so phantastisches Gefühl ist? Weil Sie, egal in welcher Form, Ihrem Partner Ihre absolute Aufmerksamkeit schenken. Weil Sie genau in diesem Moment im absoluten Jetzt leben und empfinden. Wie viele solche Augenblicke *wirklichen* Lebens dürften Ihnen noch bleiben?

Ich weiß, dass diese Rechnung recht hart klingt, aber sie entspricht nun mal den Tatsachen. Machen Sie doch einfach mal Ihre eigene Rechnung, vergessen Sie aber nicht sich zu überlegen, wie Sie mehr Zeit für die wahren Dinge herausschinden können: Zeit für Zärtlichkeit, für sich Selbst, für das Jetzt. Der Tag hält für jeden Menschen 24 Stunden bereit - aber nicht für jeden die gleiche Menge an Glück und Erfüllung.

Dieses Beispiel habe ich eigentlich nur aus einem Grund angeführt: um Ihnen zu zeigen, dass unsere Zeit in diesem Leben viel zu begrenzt ist, um auch noch das gewaltige Zeitpotential zu verschenken, das jeder Mensch für seinen Beruf „opfert". Es wäre doch eine Überlegung wert, seine Lebensaufgabe und seinen Beruf wenigsten im Großen und Ganzen miteinander in Einklang zu bringen. Rechnen Sie einmal auf der obigen Rechnung die Zahl der Tage, die auf den Beruf fallen, auf die „Haben-Seite", auf die Seite des *wirklichen Lebens*! Dann sieht doch alles schon viel freundlicher aus, nicht wahr?

Es gibt keinen wirklichen Grund der dagegen spricht, dass man mehrmals im Leben den Beruf wechselt. Die Zeiten, in denen wir ein Leben lang an ein und demselben Arbeitsplatz bleiben, sind in diesen Zeiten der Globalisierung vorbei.

Man kann auch mit 45 Jahren noch problemlos den Beruf wechseln. Es ist immer nur eine Frage der Prioritäten, die man setzt. Sie müssen für sich selber wissen, was wichtig und richtig ist.

Sehr oft höre ich: „Ich habe keine Zeit, um mich neu zu orientieren oder irgend etwas zu ändern." Wer so redet, verbringt sicher Stunden um Stunden täglich für weitaus unnützere Dinge. Die Zeit ist da, es kommt darauf an, was wir daraus machen. Im Klartext: Sie haben wie jeder andere Mensch auch 24 Stunden täglich zur Verfügung. Sie setzen die Prioritäten und entscheiden wie Sie diese Zeit verbringen!

In den folgenden Kapiteln finden Sie eigentlich alles, was Sie brauchen, um aus Ihrer eigenen Hand Ihre wirklichen Stärken und Fähigkeiten zu herauszulesen. Natürlich können Sie auch die Stärken und Fähigkeiten der anderen Menschen erkennen und ihnen dadurch vielleicht helfen, sich im (Berufs-)leben besser zu orientieren. Denn viel zu oft ist es so, dass wir so sehr in unseren eingefahrenen Verhaltensabläufen und Denkmustern gefangen sind, dass wir unsere wirklichen Stärken und auch Aufgaben im Leben nicht mehr neutral beurteilen können. Das ist ja auch verständlich, denn jeder Mensch denkt unbewusst in seinen gewohnten Bahnen. Dagegen ist auch im Prinzip nichts einzuwenden, solange uns jene „Denkschablonen" nicht daran hindern, am Ende dahin zu gelangen, wo wir hinkommen *sollen*.

Partnerschaft, Liebe, Sexualität

Da habe ich mich ja auf etwas eingelassen. Was für ein Thema! Etwas schwierigeres und heikleres hätte ich mir kaum aussuchen können.

Aber wieso eigentlich heikel? Haben wir es hier nicht mit der „schönsten Sache der Welt" zu tun? Eigentlich sollte es die schönste Sacher der Welt sein. Leider ist es nicht immer so.

Da Liebe ein sehr relativer Begriff ist und jeder etwas anderes darunter versteht, möchte ich vorab erst einmal klären, über was wir hier eigentlich sprechen.

So viele Menschen haben schon versucht die Liebe zu definieren, kaum einer war wirklich dazu in der Lage. Diese Schwierigkeit, hier auf einen gemeinsamen Nenner zu kommen, hat seinen Grund:

Genauso wie ein jeder Mensch in seiner eigenen Realität lebt, genauso hat die Liebe für jeden Einzelnen seine ureigene individuelle Bedeutung. Wenn Sie jetzt eine allgemeingültige, für wirklich jeden Menschen zutreffende Definition für Liebe von mir erwarten, dann muss ich Sie enttäuschen.

Ich kann Ihnen nur meine eigene Definition von Liebe geben. Ob dies mit Ihrer ganz persönlichen Version vereinbar ist, das weiss ich natürlich nicht.

Liebe ist kein garantierter Dauerzustand, den Sie für einen bestimmten Zeitraum gepachtet haben. Sie ist vielmehr ein Geschenk, jede Sekunde aufs Neue. Man soll sich dessen immer bewusst sein. Sekunde für Sekunde ist sie ein Geschenk, immer wieder aufs Neue und das ganze ohne garantierten Rechtsanspruch auf die nächste Sekunde. Natürlich können Sie dieses Geschenk ein Leben lang mit derselben Person teilen. Obwohl ich die lebenslange Liebe nicht als Regelfall sehe, so gibt es diese dennoch oft genug. Wenn man ein solches Geschenk erhält, dann sollte man einfach nur dankbar sein.

Liebe ist, wenn das eigene Streben dem Glück des anderen dient, ohne an irgendwelche Bedingungen geknüpft zu sein.
Wahre Liebe ist bedingungslos.

Ich bin mir sicher, viele von Ihnen denken ähnlich wie ich, benutzen vielleicht nur andere Worte. Der Sinn ist bestimmt sehr ähnlich.

Aber das ist natürlich auch „graue Theorie". Die Praxis sieht sehr oft vollkommen anders aus. Sie wird überschattet von Gefühlen wie Verlustangst, Eifersucht, Egoismus und anderen destruktiven Verhaltensmustern und Ängsten allgemeiner Natur. Nicht zu vergessen, den viel zu oft unterschätzten Feind einer jeden Beziehung: der Alltag. Er schleicht sich meist unmerklich in die Beziehung ein.

Vielleicht sollten wir uns erst einmal Gedanken darüber machen, warum die Liebe, die in sich ein ganz einfacher Zustand und auch eine einfache Sache ist, manchmal doch so kompliziert ist.

Das Problem ist dabei nicht die Liebe an sich, sondern das Problem sind wir selbst. Die Liebe als solches ist weder gut noch schlecht, weder einfach noch schwierig.

Liebe ist! Das ist ein Zustand!

Alle Wertungen, die wir damit verknüpfen mögen, haben ihren Ursprung ausschließlich in uns selbst, in unseren Anschauungen und Emotionen. Es sind Urteile, die entstehen, wenn die Liebe durch den „Filter" unseres Gehirns, unserer Denk- und Interpretationsprozesse gelaufen ist.

Wir können grundsätzlich zwei Arten von Liebe unterscheiden. Zum einen ist da die Liebe zu den Dingen allgemein und zum anderen die Liebe zum Partner. Wenn wir etwas lieben, dann schenken wir ihm unsere ganze Aufmerksamkeit. Je nachdem, wie stark unser empfinden ist, so sehr kann es uns auch beschäftigen. Das geht dann soweit, dass wir mit diesen Gedanken und Gefühlen einschlafen und wieder aufwachen.

Solange wir unsere Aufmerksamkeit und Liebe einer Sache oder einem Ding schenken, sei es nun ein Baum, ein Auto, ein Hobby, ein Haus oder was auch immer, solange ist dies alles kein Problem, denn in solchen Fällen haben wir keine Erwartungshaltung.

Ein Baum, eine Pflanze, eine Gebäude <u>ist</u>. Dieses Wörtlein „ist" bezeichnet einen Zustand.

Diese Dinge können uns die Liebe, die wir ihnen schenken, nicht auf direktem Weg zurückgeben. Und das erwarten wir auch gar nicht.

Wieso denn auch? Wir bekommen es doch auf andere Art zurück. Nämlich indem wir z.B. den Anblick eines eindrucksvollen Baumes genießen. Dies gibt uns ein schönes und angenehmes Gefühl.

Auf diese Art kann man eine recht glückliche (wenn auch nicht direkt erwiderte) Beziehung zu etwas haben.

Handelt es sich jedoch um einen Menschen, so wird es ungleich komplizierter.

Es beginnt alles ganz harmlos. Man nimmt den Menschen in irgendeiner Form wahr. Ob es nun die Stimme, der Geruch, das Aussehen oder etwas anderes ist, was den Anstoß gibt. Irgendetwas am Anderen erweckt unser Interesse, meistens gibt es einen Auslöser. Wenn alles halbwegs normal verläuft kommt man mit dem Menschen in Kontakt und ehe man sich versieht wachsen die Sympathien auf beiden Seiten. Man beginnt sich zu mögen. Dies alles ist noch vollkommen in Ordnung. Zu diesem Zeitpunkt ist die Grundlage für eine gute Freundschaft gegeben. So wie es auch oft im Leben passiert.

Nun kann es aber auch passieren, dass sich der Andere in unsere eigenen Gedanken einschleicht. Das man sich immer mehr mit dem Anderen auseinandersetzt und über ihn nachdenkt. Mit einemmal muss man feststellen, dass sich da mehr entwickelt als nur Sympathie. Und ehe man sich versieht hat man sich verliebt. Das geht manchmal schneller als man denkt. Und meistens genau dann, wenn man überhaupt nicht daran denkt. Unter Umständen steht man nun da, mit der Gewissheit seinen Lebenspartner vor sich zu haben.

Bis dahin wäre ja noch alles in bester Ordnung, wenn da nicht noch etwas wäre, was in solchen Fällen dafür sorgt, dass das „Happy End" doch noch eine negative Wendung nehmen kann.

Wenn ich jemanden liebe, so tue ich dies mit ganzem Herzen und mit ganzer Seele. Das sehen Sie doch auch so, nicht wahr?

Jedoch bereitet uns früher oder später unser Verstand bzw. unser Denken die ersten Problemchen, welche sich recht schnell zu ausgewachsenen Problemen entwickeln können.

Dies lässt sich wie folgt erklären:

Wirkliche Liebe existiert aus sich selbst heraus und ist niemals an Bedingungen gebunden. Nur unser Verstand erzählt uns da etwas ganz anderes. Wir möchten mit dem Partner zusammen sein. Unser Partner *soll* für uns da sein. Unser

Partner *soll* uns treu sein. Unser Partner *soll* liebevoll mit uns umgehen, und, und, und,...........

Und wir sind ja schließlich auch bereit all dies dem Anderen zu geben.

Früher war mein eigener Leitsatz:

Ich verlange von meinem Partner nur das, was auch ich bereit bin zu geben. Ich fand diese Einstellung auch absolut in Ordnung. Sie hört sich ja auch ganz gut an. Oder?

Es stellt sich nur die Frage, ob die Liebe denn nichts anderes als ein Bazar oder Kaufhaus ist. „Ich gebe dir was und du gibst mir dafür was zurück" - so lautet die unausgesprochene Regel in diesem „Tauschgeschäft". Wenn ich etwas gebe, kann ich doch mit Fug und Recht etwas dafür verlangen! Und wehe, du verweigerst mir, was mir als Preis für meine „Leistungen" zusteht.

Oder ich verlange nur das von dir, was ich auch gebe.

Ich verlange, ich will, du sollst, du musst..........

Spätestens jetzt dürfte wohl klar sein, dass hier etwas nicht in Ordnung sein kann. Entweder wir reden hier von Liebe oder von Geschäften. Das sind zwei vollkommen verschiedene Paar Schuhe. Selbstverständlich ist eine gute Partnerschaft ein ständiges Geben und Nehmen. Aber das Geben muss freiwillig, aus einem inneren Bedürfnis heraus geschehen, und nicht weil es erwartet wird.

Wahre Liebe heißt, dass man dem anderen um seiner selbst Willen gibt.

Und nichts anderes!

Nur so am Rande: Im folgenden Text kommt das Wort „Enttäuschung" vor. Nehmen wir doch mal das Wort und schauen nach seiner eigentlichen Bedeutung. Die kennen Sie schon? Sicher?

Ent-Täuschung, das bedeutet, derjenige Mensch welcher mich enttäuscht hat, hat mir eine Täuschung weggenommen. Vielleicht habe ich von einem Menschen geglaubt er sei ehrlich und ich wurde eines besseren belehrt und damit hat mich dieser Mensch enttäuscht. Mal ehrlich, dieser Mensch ist wie er ist und er war auch schon vorher so. Nur ich habe von ihm etwas anderes gesehen und habe mich daher getäuscht. Letztendlich beinhaltet die Aussage: „Ich wurde enttäuscht" auch, dass ich etwas verkehrt gemacht habe. Ich habe etwas Falsches von diesem Menschen geglaubt.

Eine Enttäuschung kann nur dann auftreten, wenn ich vorher etwas erwartet habe und diese Erwartung von meinem Partner nicht erfüllt wird. Und je höher ich diese Erwartungshaltung schraube, je mehr ich erwarte, desto wahrscheinlicher wird es zu einer Enttäuschung kommen.

Entscheidend ist es also, keinerlei Erwartung zu hegen und sich am Jetzt zu erfreuen. Die Frage lautet: Bin ich *jetzt* mit meiner ganzen Aufmerksamkeit bei meinem Partner? Oder fange ich schon wieder an von meinem Partner zu erwarten, dass er so ist wie ich es gerne hätte?

Wenn ich alles loslasse und meinen Partner akzeptiere so wie er ist und mich in keine Täuschung hineinsteigere, wer oder was könnte mich dann noch *enttäuschen*?

Wenn wir einen anderen Menschen lieben schleicht sich unweigerlich die Erwartung ein, dass unser Gegenüber diese Liebe erwidert. Steht es uns nicht zu, dass sich unsere Gefühls-Investition „auszahlt"?

Es gibt mehr als genug Partnerschaften, die genau an dieser Problematik zerbrechen.

Die Anlässe und Erklärungsversuche für das Beziehungssterben sind so vielfältig, dass man ohne größere Probleme mehrere Bücher darüber füllen könnte.

Nennen wie sie „Eifersucht", „Ängste", „Egoismus", „Gewohnheit". Dies sind nur ein paar wenige Schlagworte, die man als Grund für gescheiterte Beziehungen anbringen könnte.

Wie oft habe ich schon gehört: „ Ach, hätte ich das alles doch vorher gewusst. Dann hätte ich mich doch niemals darauf eingelassen."

Ist Ihnen so ein Gedanke auch schon durch den Kopf gegangen?

Glauben Sie wirklich, dass Sie anders gehandelt hätten, wenn Sie alles schon vorher gewusst hätten? Nein, ich glaube Ihnen das nicht.

Wenn Sie all dies vorher *empfunden* hätten, ja dann, dann hätten Sie vielleicht die Finger von der Beziehung gelassen. Zwischen *Wissen* und *Empfinden* besteht ein riesiger Unterschied. Besonders in Fragen der Partnerschaft nützt einem das Vorauswissen reichlich wenig.

Seien Sie doch mal ehrlich, auch Ihnen ist es sicherlich schon passiert, dass Sie sich wider besserem Wissen in eine Beziehung gestürzt haben, wo doch eigentlich vom Verstand her schon von vorn herein klar war, dass das nicht gut gehen konnte.

Warum Menschen immer wieder passiert, dass sie sich auf eine Beziehung einlassen, von der sie schon vorher hätten wissen müssen, dass sie zum scheitern verurteilt ist - nun das ist eigentlich ziemlich einfach zu verstehen. Wenn die Emotionen mit einem durchgehen, dann denkt man sich sehr oft die Dinge schön. Es entsteht ein Wunschdenken und die so genannte rosarote Brille erledigt dann den Rest. Allzu oft überdecken Leidenschaft und die Hoffnung auf die lang ersehnte Liebe den klaren Verstand.

Nein, Sie sollen natürlich nicht mit dem Kopf lieben, das geht auch gar nicht.

Emotionen soll man leben. Träume sollen ja schließlich ihre Chance bekommen, wahr zu werden.

Sicherlich kennen Sie auch den Spruch:

**Träume nicht Dein Leben,
lebe Deinen Traum.**

Dem kann ich nur in vollem Umfang zustimmen.
Jeder liebevolle Traum hat das Recht gelebt zu werden.

Die Liebe ist eine der schönsten Dinge der Welt. Sei es nun die allgemeine Liebe zu den Menschen, oder sei es die Liebe zwischen zwei bestimmten Menschen. Dieses herrliche Gefühl kann einen Menschen zu Taten motivieren, die zuvor jenseits seiner Vorstellungskraft lagen. Gemütliche, träge gewordene Menschen werden wieder aktiv, sie achten wieder auf Ihr Äußeres, beginnen unter Umständen sogar Sport zu treiben. Von den Schwingen der Liebe getragen wird man zu Höchstleistungen befähigt. Mit einem Mal ändert sich alles, man denkt positiver, man fühlt sich gut, man strahlt dieses Positive aus und bekommt all dies von seiner Umwelt reflektiert. Es wachsen einem Flügel und man beginnt ein wenig abzuheben.

So weit, so gut. Doch was ist, wenn man plötzlich abstürzt? Wenn einem der Boden unter den Füßen entzogen wird? Wenn man feststellt, sei es nach Tagen oder Jahren, dass plötzlich alles ganz anders ist. Tja, dann geht jeder durch seine eigene kleine Hölle. Wie diese aussieht werden die meisten von Ihnen wohl aus eigener Erfahrung wissen. Einer näheren Erläuterung bedarf das wohl nicht.

Wie kann ich mich vor Enttäuschung schützen?

Der einfachste Weg wäre, sich einfach auf nichts mehr einzulassen. Man baut sich seine Mauern auf und lässt einfach niemanden mehr an sich ran.

Es mag vielleicht den Anschein erwecken, dies sei die beste Lösung. Keine Gefühle - keine Probleme. Eine Lösung, die leider schon von vielen Menschen praktiziert wird.

Natürlich ist es die falscheste Lösung überhaupt. Früher oder später ist das Ergebnis in jedem Fall bitter. Vergessen Sie es gleich wieder.

Auch in abgeschwächter Form ist die eben genannte Lösung falsch. Bauen Sie Ihre Mauern nicht allzu hoch. Warten Sie nicht zu lange ab. Prüfen ist in Ordnung, aber übertreiben Sie es nicht!

Warten kann vieles,
Warten kann fast alles.
Wer aber der Zuneigung eines Menschen
keine Chance gibt,
der nimmt sich selber
eine Chance seines Lebens.
Und bereut es vielleicht
für immer.

Die schönste Sache der Welt, die Liebe, gehört zu den Grundlagen unserer Existenz. Nur die wenigsten Menschen sind in der Lage ohne Partner und dessen Liebe ein wirklich erfülltes Leben zu führen.

Die oben genannte Lösung scheidet also aus. Eine sehr gute - und auch für jeden empfehlenswerte - Möglichkeit ist es, einige Prioritäten zu setzen. Oft genug kommt es vor, dass man sich in einen Menschen verliebt, der auf längere Sicht gar nicht in der Lage ist Ihren persönlichen Bedürfnissen gerecht zu werden. Wenn man bereits verliebt ist, dann nützt das natürlich herzlich wenig. Das Herz hat in solchen Fällen seine ganz eigene Vernunft. Jedoch ist es bestimmt sinnvoll, wenn Sie es sich in der Anfangszeit angewöhnen, sich selbst die eine oder andere kritische Frage zu stellen. Auf diese Art und Weise kann man auf jeden Fall schon mal die eine oder andere Enttäuschung vermeiden.

Wenn man sich im Nachhinein anschaut, woran eine Beziehung scheitert, sind es meistens solche Dinge wie Egoismus, Unverständnis, Vertrauensbruch und, und, und......

Dies sind dann aber auch meist die letzten Auslöser, die zur endgültigen Ablösung vom Partner führen.

Man sollte sich jedoch die Frage stellen, wie kam es denn überhaupt dazu. Fast immer sind es schleichende Dinge, die irgendwann einmal zu Fehlverhalten und Trennung führen. Man merkt nicht, wie sich Gewohnheiten einschleichen, wie man sich immer mehr anpasst, wie man immer mehr dem Anderen entsprechen möchte.

Eine Situation die in meinen Beratungen schon öfters vorgekommen ist, ist die folgende:

Zwei Menschen lernen sich kennen. Sie verlieben sich ineinander und beginnen, ihren Lebensweg gemeinsam zu gehen. Die Liebe ist groß, der Partner ist das Wichtigste. Alles nimmt seinen Gang wie wir uns das vorstellen. Er hat eine gute Arbeit, tut wirklich viel für die Familie. Sie ist überglücklich und freut sich an Ihrem Dasein mit dem Partner. Es gibt kaum Reibereien. Natürlich hat jeder seine Angewohnheiten, die dem Anderen vielleicht nicht so ganz gefallen, aber man passt sich halt an. In diesem speziellen Beispiel (was vielleicht gar nicht so weit von der Realität entfernt ist) passt sich die Partnerin dem Partner an. Sie akzeptiert die kleinen Unzulänglichkeiten des Mannes und schluckt so manches Mal den kleinen Zorn herunter. Man möchte ja, dass der Partner glücklich ist. Je mehr die Frau sich dem Mann anpasst (oder auch umgekehrt), desto mehr entspricht sie den Vorstellungen des Mannes. Die Frau akzeptiert, der Mann ist glücklich und die Frau natürlich auch, da der Mann ja glücklich ist. So weit so gut.

Das kann einige Jahre wunderbar funktionieren, bis zu dem Tag, an dem die Frau erkennt, dass das Leben das sie führt nicht mehr allzu viel mit ihrer eigenen Persönlichkeit zu tun hat. Diese Erkenntnis ist oft der Anfang vom Ende. Die Frau versucht nun ihre Bedürfnisse in die Beziehung einzubringen, der Mann ignoriert dies und die Frau akzeptiert mal wieder. Dieses Spiel wiederholt sich einige Male, bis es der Partnerin dann zuviel wird und ihrem Partner erklärt, dass sie ja eigentlich ein ganz anderer Mensch sei und ihre Bedürfnisse leben möchte. Die Folge ist, dass der Mann aus allen Wolken fällt und beim besten Willen (verständlicher Weise) nicht glauben kann, dass seine Frau sich innerhalb kürzester Zeit so sehr verändern kann. Was nun weiter geschieht können wir uns selber ausmalen.

Wer ist denn nun Schuld? Der Mann, der in der Gewohnheit des Alltags die wirklichen Bedürfnisse seiner Frau nicht mehr erkannt hat oder erkennen wollte.

Oder ist es die Frau, die sich immer mehr angepasst hat, ohne zu merken, das sie selber auf der Strecke bleibt.

Es gibt keine richtige Antwort, es gibt auch keinen wirklichen Schuldigen.

Wie kann man nun so eine Entwicklung verhindern? Dies ist natürlich sehr schwer zu beantworten. Denn es beginnt ja meist schleichend und wenn man einmal mitten drin steht ist es sehr oft schon reichlich spät. Aber man kann versuchen solche Situationen zu vermeiden. Möglich ist es wirklich.

Ein paar Anregungen möchte ich Ihnen in diesem Buch geben. Vielleicht liegt die Lösung ja in Ihren Händen! Nehmen Sie sich einfach das eine oder andere, was ich im Verlauf meiner ausführlichen Handanalysen ansprechen werde, zu Herzen. Dann bekommen Sie ein Werkzeug in die Hand, das Ihnen helfen wird, Ihren Partner oder auch Ihre Partnerschaft besser zu verstehen. Aber bedenken Sie: Ein Werkzeug kann nur so gut sein wie der Mensch, der es benutzt.

Eine gute Idee habe ich anzubieten (die Sie aus meinem Munde wohl kaum überraschen dürfte): Lesen Sie doch einfach mal Ihre eigenen Hände und die Hände Ihres Partners. Machen Sie sich jetzt schon mal auf einiges gefasst. Nein, Sie sollen Ihren Partner nicht seelisch „bis aufs letzte Hemd ausziehen" und ihm seine intimsten Geheimnisse entreißen. Sein Hemd soll er aber behalten dürfen.

Aber wenn Sie die Hände Ihres Partners betrachten, können Sie dabei vielleicht Dinge herausfinden, die zwischen Ihnen noch nie ausgesprochen wurden. Dinge, die nichtsdestotrotz wichtig sein können, wenn Sie eine erfülltere Beziehung miteinander führen wollen. Sie werden Ihren Partner dann einfach besser verstehen können. Und wenn man versteht, dann fällt es erheblich leichter, mit manchen unliebsamen Angewohnheiten des Anderen besser umzugehen. Wenn Sie sich gerade kennen gelernt haben, dann könnten Sie zum Beispiel feststellen, welche Charakterzüge Ihr Partner hat, wie er zur Liebe steht, ob er eher Kopf- oder Gefühlsmensch ist. Ist er eher der Familientyp oder der extrovertierte und vielseitig interessierte „Herumtreiber" (Auch dies kann interessant werden)?

Auch interessiert es sehr, wie der Partner zum Thema Zärtlichkeit oder Sexualität steht. Ist er mehr der zarte, empfindsame Typ? Oder jemand, der schon mal etwas heftiger zur Sache geht.

Beginnen Sie doch einfach mal damit, dass Sie Ihren Partner mit Händedruck begrüßen! Natürlich ist das nicht gerade üblich, aber Sie werden sehen, was sich Ihnen durch diesen einfachen „Handgriff" alles enthüllt.

Karma, Seele und Charakter

Ein Aspekt der Herangehensweise beim Handlesen ist die Thematik Karma, Seele und Charakter. In diesem Buch genau zu erläutern, was das Karma, was die Seele und was der Charakter eines Menschen sind würde wohl jeden Rahmen sprengen. Dafür gibt es andere Bücher von Autoren die dies weitaus besser können als ich.

Aber eine kurze Definition - meine persönliche - möchte ich Ihnen gerne geben. Ich habe mich bemüht, das ganze so einfach wie möglich zu definieren. Die eingefleischten hardcore Esoteriker mögen mir bitte verzeihen.

Erst einmal die weniger ernst gemeinte Definition:

Karma:

Ein nicht genauer definiertes Etwas, welches immer dann als Schuldiger zum Zug kommt, wenn irgendetwas nicht geklappt hat oder irgendein großes Versprechen eines Wunderheilers oder einer esoterischen Lehre nicht in Erfüllung gegangen ist.

„Das liegt nur an Deinem schlechten Karma."

Seele:

Ein nicht genauer definierbares Etwas, welches von einer Inkarnation zur nächsten springt, oder anders gesagt, von einem Leben zum nächsten und dabei immer das Karma im Schlepptau hat.

Großer Sammelpunkt der Seelen war Ägypten, besonders Cleopatra.

Charakter:

Etwas, das nicht nur in der Esoterik vorkommt, sondern auch sonst im täglichen Leben sehr oft zu vermissen ist.

Spaß beiseite.

Zunächst erst einmal ein paar grundlegende Feststellungen:

1. Es gibt weder ein gutes noch ein schlechtes Karma.
2. Es gibt weder eine gute noch eine schlechte Seele.
3. Es gibt weder einen guten noch einen schlechten Charakter.

Obwohl die Bezeichnungen gut und schlecht in diesem Zusammenhang immer wieder benutzt werden, so sind sie doch absolut falsch!

Die Seele:

Die Seele ist.

Das ist eigentlich alles was es dazu zu sagen gibt. Die Seele als solches hat keinerlei Funktion im Sinne von funktionieren. Die Seele ist die Essenz des Menschen. Wenn wir alles entfernen, den Körper, das Bewusstsein, das Über-

Bewusstsein und das Unterbewusstsein.

Was dann bleibt ist die Essenz - die Seele.

Wo sie herkommt und wo sie hingeht, darüber haben sich schon so viele Philosophen, Religionen und Menschen den Kopf zerbrochen.

Ich kann Ihnen hier nur meine persönliche Definition der Seele geben:

Wir alle sind ein Teil des Göttlichen. Diesen Teil bezeichnet man als Seele. Wir gehen durch die verschiedenen Leben und Existenzen um zu wachsen und zu erfahren. Nachdem wir die Inkarnationen (wie viele es auch immer sein mögen) durchlebt haben kehren wir wieder zurück zu ...Gott, oder dem Schöpfer oder welchen Namen wir auch benutzen. Wir reden doch alle von demselben Einen.

Das Karma:

Das Karma kann man sich am besten vorstellen wie ein Bankkonto. Hier wird alles verbucht was wir im Leben tun. Gutes wie auch Schlechtes. Wie das bei einem Bankkonto so ist, sollte man nach Möglichkeit immer im Plus, im Positiven sein. Falls dies nicht der Fall ist, wird dafür gesorgt, dass der eingeräumte Kredit zurückgeführt wird. Dies kann sehr schnell gehen (innerhalb von Sekunden) oder auch sehr, sehr viel später. Es wird immer in jedem Fall ein Ausgleich geschaffen. Alles was ich tue, kommt immer wieder zu mir zurück.

Das besondere am Karma ist, dass dieses Bankkonto ewige Beständigkeit hat. Mit anderen Worten - das Karma ist ein Konto welches übergreift von einem Leben in das nächste. Im Allgemeinen wird vom Karma gesprochen, wenn es um Lasten geht, die aus früheren Leben stammen, und in dem jetzigen Leben zum Ausgleich kommen. Jedoch sollte nicht vergessen werden, dass auch Guthaben zum Ausgleich kommen und es nicht nur um Lasten aus früheren Leben geht.

Betont sei nochmals, dass es weder ein gutes, noch ein schlechtes Karma geben kann! Karma ist lediglich die Bezeichnung für den Ausgleich. Wobei ich als kleinen Denkanstoß doch mal die Frage in den Raum stellen möchte, wieso ist man denn eigentlich so überzeugt davon, dass das Karma immer aus einem früheren oder dem jetzigen Leben stammen muss? Selbst die Wissenschaft ist heute schon so weit, dass die allgemeine Definition der Zeit in vielen Bereichen neu überdacht wird. Bei der Bezeichnung Zeit handelt es sich lediglich um eine Definition von uns Menschen, welche Vorher, Jetzt und Nachher bezeichnet. Nur weil es uns lediglich möglich ist dieses in dieser vorgegebenen Reihenfolge zu erfahren, heißt das noch lange nicht, dass diese Reihenfolge unumstößlich ist.

Das Karma kann sich im Körper ausdrücken, z.B. als gesundheitliche Probleme aber natürlich auch als besonders positive Eigenschaften des Körpers. Oder natürlich auch in psychischen Schwächen oder Stärken. Weiterhin kann das Karma sich manifestieren im Schicksalsweg durch subjektiv negative, wie auch subjektiv positive Ereignisse. Subjektiv deshalb, weil es erst einmal unser persönliches Empfinden ist, welches wertet, ob etwas gut oder schlecht ist. So kann es sein, dass wir mit einer Situation konfrontiert werden die wir als sehr negativ empfinden. Diese Situation ist unter Umständen aber die Grundlage oder auch der Impuls für einen neuen Weg oder eine neue Erfahrung, die unser Leben um ein vielfaches bereichern kann. Nur sollte man dann auch bereit sein, dies anzunehmen. Manche Gelegenheiten kommen nur einmal und dann nie wieder!

Der Charakter:

Der Charakter ist das sich nach außen manifestierende Produkt von Bewusstsein und Unterbewusstsein. Man kann es auch definieren als das Produkt des mittleren und des niederen Selbst. Das Höhere Selbst spiegelt sich in den seltensten Fällen über den Charakter wider.

Eine große Aufgabe des Unterbewusstseins ist das Gedächtnis. Alles andere, was das Unterbewusstsein tut, leitet sich aus dem Speichern von Informationen oder Erfahrungen ab.

Es reagiert und agiert absolut streng logisch! Wie ein Computer.

Viele Menschen sind der Meinung, das Unterbewusstsein reagiere unlogisch oder irrational. Genau dies ist nicht der Fall. Das Problem ist für uns nur, dass wir meist nicht wissen, aus welchen Erfahrungen und Informationen heraus das Unterbewusstsein handelt.

Das Unterbewusstsein kann nur Dinge die es irgendwann einmal erfahren hat berücksichtigen und umsetzen. Wie ein Computer, der nur die Daten berücksichtigen kann, die ihm irgendwann einmal gegeben wurden. Kommt eine Aufgabe, die mit den vorhandenen Daten nicht lösbar ist, so wird dieser Computer niemals ein richtiges Ergebnis liefern. Und genauso ist es mit dem Unterbewusstsein. Wenn es mit Dingen in Kontakt kommt, die es nicht kennt, erwartet es eine Anweisung vom Bewusstsein. Kommt diese nicht, so wird das Unterbewusstsein lediglich nach seinen Gewohnheiten und Erfahrungen handeln.

Das Bewusstsein ist im Gegensatz zum Unterbewusstsein der kreative Teil. Das Bewusstsein kann eigenständig denken und eventuelle Faktoren berücksichtigen, es hat Phantasie und kann aus Erfahrungen eigene Schlussfolgerungen ziehen. Eine primäre Aufgabe des Bewusstseins ist es das Unterbewusstsein zu führen.

Man kann es ohne weiteres als den Programmierer des Computers bezeichnen. Das Bewusstsein filtert - oder besser gesagt relativiert - soweit es möglich ist die Informationen welche das Unterbewusstsein erhält. Bedauerlicher Weise funktioniert die Kommunikation zwischen Bewusstsein und Unterbewusstsein in den meisten Fällen nicht optimal. Wenn Sie sich für diese Thematik interessieren darf ich Ihnen die „Huna Lehre" wärmstens ans Herz legen. Literatur gibt es dazu mannigfaltig.

Kinder und ihr Weg

Ich wünsche mir, dass ich Ihnen, liebe Eltern, die ja schließlich auch meine Leser sind, etwas wirklich Schönes durch dieses Buch vermitteln kann. Sinn und Zweck dieses Buches über Handlesen soll auch sein, Ihnen zu helfen, schon früh die Begabungen und Fähigkeiten Ihrer Kinder zu erkennen und sie eventuell entsprechend zu fördern.

Handlinien sind mehr als nur Furchen in den Händen. Sie sind mehr als Falten, die durch harte körperliche Arbeit entstehen. Handlinien sind schon vorhanden, wenn ein Kind im Mutterleib heranwächst. Handlinien und Handberge sind Zeichen in den Händen eines jeden Menschen, die bereits sehr kurze Zeit nach der Zeugung in ihren Grundzügen ausgeprägt sind.

Bei neugeborenen Kindern finden wir die Handlinien immer sehr deutlich sichtbar und in rauen Mengen vor. Wichtig ist hier natürlich eine Lupe, da viele Linien mit dem bloßen Auge kaum sichtbar sind. In den Händen von Neugeborenen finden Sie den gesamten Lebensplan. Es ist einfach phantastisch die Hand eines Babys zu lesen. Ein einziges Abenteuer. Interessanter Weise reduzieren sich die Handlinien im Laufe der ersten 3 Lebensjahre deutlich und kommen dann langsam ab dem 5. bis 7. Lebensjahr wieder deutlicher zurück. Aber fast niemals komplett. Dass die Linien alle wiederkehren dauert teilweise bis ins 60. Lebensjahr. Die Hauptlinien bleiben jedoch immer gut sichtbar bestehen.

Genauso verhält es sich mit den Handbergen. Das Neugeborene verfügt über gut erkennbare Erhebungen und Senkungen in der Handinnenfläche. Nach dem 2. Lebensjahr ebnen sich diese Strukturen etwas ein und mit dem 7. bis 9. Lebensjahr sind die Berge wieder deutlicher zu erkennen.

Wenn Sie die Hand eines Kindes lesen wollen gibt es einige grundsätzliche Dinge zu beachten, welche ich Ihnen im Folgenden mitgeben möchte:

Handform und Fingerlänge (das Größenverhältnis zueinander) eines Menschen bleiben etwa ab dem 14. Lebensjahr unverändert. Bis zu diesem Zeitpunkt können Veränderungen eintreten; sie sind jedoch nicht allzu groß.

Handlinien und Handberge können sich im Laufe eines Lebens verändern. Jedoch bleibt zum Beispiel der Verlauf der Hauptlinien immer bestehen. Es kann keinesfalls passieren, dass diese Linien kommen und wieder gehen - und dies womöglich noch in raschem Wechsel. Etwas anders liegen die Dinge bei den weniger wichtigen Nebenlinien, die wir auch gar nicht bei allen Menschen vorfinden. Ein gutes Beispiel dafür ist die Magenlinie, die Krankheiten bereits 4 bis 6 Monate vor ihrem symptomatischen Auftreten zeigen kann.

Eine einmal in der Hand sichtbar gewordene „Grundbotschaft" wird sich nie mehr verändern. Man muss dies betrachten wie ein Fundament, auf dem jeder das „Gebäude" seines Lebens aufbauen kann. Ganz wichtig ist es hier zu beachten, dass es im Grunde genommen kein „schlechtes" Fundament gibt. Manche haben vielleicht ein etwas komplizierteres oder auch wackeligeres Fundament - oder eines mit einer etwas eigenwilligen Form, so dass man beim besten Willen nicht erkennen kann, was man damit anfangen soll.

Aber egal wie das Fundament aussieht, es kommt letztendlich doch darauf an, was für ein Haus ich darauf baue. Der Mensch besteht schließlich nicht nur aus diesem Fundament; er hat auch alles Werkzeug und alle Baustoffe zur Verfügung, um ein ansehnliches Haus zu bauen. Man muss es nur *tun* ...

Wie lese ich eine Kinderhand?

Eine gute Frage, die sich recht einfach beantworten lässt: Ich lese eine Kinderhand immer sorgfältig und mit System, so wie bei einem Erwachsenen. Aber dennoch ist eine Kinderhand immer etwas ganz Besonderes.

Wenn Sie ein kleines Kind haben, welches noch nicht der Sprache mächtig ist, so schauen Sie sich die Hand einfach nach beliebigen Kriterien an und reden Sie dem Kind währenddessen gut zu. Erzählen Sie einfach mit einer etwas melodischen Stimme schöne Dinge. Falls Sie in der Hand irgendetwas bemerken, was Sie im ersten Moment erschreckt, so sollten Sie dies Ihr Kind in keiner Weise merken lassen. Ein Kleinkind nimmt alle Informationen aus der Umwelt und natürlich erst recht diejenigen, die von den Eltern vermittelt werden, sehr direkt und ungefiltert auf. Dies bedeutet, dass ein Kleinkind in den ersten Lebensjahren alle Eindrücke im Unterbewusstsein speichert und registriert.

Das Unterbewusstsein ist unter anderem der eigentliche Gedächtnisspeicher des Menschen. Wenn sich beim heranwachsenden Kind das Bewusstsein ausbildet, dann übernimmt dieses auch die Aufgabe eines „Filters" für Eindrücke und Informationen und entscheidet, was wichtig ist und was nicht. Somit kann auch bis zu einem gewissen Grad kontrolliert werden, was im Unterbewusstsein (= Gedächtnis) gespeichert wird und was nicht.

Bei erwachsenen Menschen funktioniert das recht gut. (Außer in Extremsituationen, wo durch Schock oder etwas Ähnliches das bewusste Ausfiltern entfällt. Dies kann dann zum traumatischen Erlebnis tiefer Wirkung auf das Unbewusste werden.) Bei jungen Kindern ist jedoch noch kein wirkliches Filtern mit Hilfe des Bewusstseins möglich, und infolgedessen wird erst einmal jede Erfahrung und jede Aussage einer anderen Person als wahr eingestuft und so gespeichert. Die Fähigkeit, hier zwischen Spreu und Weizen zu unterscheiden, entwickelt sich erst ab dem 7. Lebensjahr. Nehmen Sie sich diese Informationen bitte zu Herzen, wenn Ihnen beim Lesen einer Kinderhand düstere (und nicht unbedingt zutreffende) Vorahnungen kommen sollten. Im Klartext heißt das: Machen Sie niemals, wirkliche niemals negative Aussagen in Gegenwart Ihres Kleinkindes! Die Auswirkungen können extrem sein!

Wenn unser Kind schon ein wenig größer ist schauen wir uns erst einmal an, wie es anderen Menschen die Hand gibt. (Sie haben ihm doch bestimmt beigebracht, dass man zur Begrüßung die Hand gibt.)

Als nächstes sehen wir uns die Handform, Konsistenz und auch die Biegsamkeit der Hand an. Dabei achten wir auch auf Anomalien oder Besonderheiten, wie z. B. übergroße Berge, auffallende Fingerformen, also auf alles, was nicht unbedingt der Norm entspricht oder auf irgendeine Weise auffällt. Dadurch haben Sie erst einmal eine Grundlage. Diese vorgegebene Reihenfolge sollten Sie nach Möglichkeit stets so, wie hier geschildert, übernehmen.

Von nun an ist Ihnen die Reihenfolge eigentlich freigestellt. Ob Sie nun zuerst Ihr Augenmerk auf die Berge, auf die Linien oder die Fingerform richten, das sollten Sie ganz nach Ihrem Gefühl entscheiden. Nur: Wenn Sie sich erst einmal für einen bestimmten Ablauf entschieden haben, sollten Sie diesen auch immer beibehalten. Weiterhin ist immer zu bedenken, dass ein Anzeichen für ein Ereignis oder eine Disposition sozusagen nur als „Verdachtsmoment" anzusehen ist. Sind mehrere solcher Anzeichen gegeben, dann können wir schon von Tatsachen sprechen, die entweder akute Gültigkeit haben oder aber die Zukunft bzw. Vergangenheit betreffen.

Ganz wichtig ist es, dass Sie Ihrem Kind immer erzählen, was da so alles „Tolles" in der Hand steht. Machen Sie am Besten eine abenteuerliche, positiv klingende Geschichte daraus. Schmücken Sie diese mit vielen phantastischen Details aus. Versuchen Sie auch mit Ihrem Kind ins Gespräch zu kommen. Zum Beispiel in dieser Art:

„Du wirst bestimmt mal ein großer, starker Mann mit einer Frau und zwei Kindern, und wenn du mal alt bist, dann hast du einen langen weißen Bart. Ich sehe, dass du ganz schön alt werden wirst"

Fragen Sie Ihr Kind dann, was es davon hält. Sie glauben gar nicht, wie viel Sie auf diese Art und Weise über Ihr Kind erfahren können.

Teilen Sie Ihrem Kind aber keinesfalls negative Ereignisse oder Tatsachen mit, die aufgrund der Handzeichen zu erwarten sind. Ein Kind - oder auch ein Jugendlicher - kann in den seltensten Fällen damit umgehen.

Wie lese ich eine Hand?

Diese Frage ist vergleichsweise einfach zu beantworten. Ich lese eine Hand immer sorgfältig und mit System. Sorgfältig, weil es hierbei um eine sehr wichtige Sache geht, und mit System, weil man sich sonst einfach verzettelt und man ganz schnell durcheinander kommt. Glauben Sie es mir, das ist ein Erfahrungswert.

Vom Handschlag…..

Als Erstes begrüßen wir unseren Gegenüber mit Handschlag. Als Zweites begutachten wir die Form, die Konsistenz und auch die Biegsamkeit der Hand. Dabei achten wir auch auf Anomalien oder Besonderheiten, wie übergroße Berge oder auffallende Linien und Zeichen. Danach verfügen wir erst einmal über eine Grundlage für die weitere Beratung. Diese vorgegebene Reihenfolge sollten Sie nach Möglichkeit so, wie sie hier geschildert wurde, übernehmen. Wenn Sie dann später etwas Erfahrung gesammelt haben, können Sie die Reihenfolge ja eventuell noch ändern.

……bis zu den feinen Linien

Von nun an ist Ihnen die Reihenfolge aber völlig freigestellt. Ob Sie nun zuerst Ihr Augenmerk auf die Berge, auf die Linien oder die Fingerform richten, sollten Sie ganz nach Ihrem Gefühl entscheiden. Wenn Sie sich allerdings einmal für einen bestimmten Ablauf entschieden haben, sollten Sie diesen auch immer beibehalten.

Weiterhin ist immer zu bedenken, dass ein Anzeichen, das auf ein Ereignis oder eine bestimmte Disposition des Klienten hinweist, zunächst einmal nur als Verdachtsmoment anzusehen ist. Haben wir mehrere Anzeichen für ein und dasselbe Ereignis, dann können wir guten Gewissens von Tatsachen sprechen, die entweder in der Gegenwart Gültigkeit haben oder sich auf die Zukunft bzw. Vergangenheit beziehen.

Was ist fest eingezeichnet und was nicht?

Es ist bei der Interpretation der Zeichen in einer Hand sehr wichtig zu wissen, was als fester Bestandteil des Lebens und Charakters der jeweiligen Menschen anzusehen ist, und was sich ändern kann.

Die Form der Hände ist fest vorgegeben und kann sich nur minimal um höchstens eine Stufe ändern. Diese Veränderung ist, wenn überhaupt, so gering, dass man sie ruhigen Gewissens vernachlässigen kann.

Die Form und Lage der Hauptlinien wird immer bestehen bleiben. Sie ist unveränderlich und betrifft das ganze Leben eines Menschen.

Die Stärke und Beschaffenheit der Linien kann sich jederzeit ändern. Natürlich nicht von heute auf morgen, sondern eher innerhalb von Jahren. Eine Ausnahme stellt dabei die Magenlinie dar, die sich ohne weiteres innerhalb von Wochen verändern kann.

Die Länge der Linien kann sich verändern. Dies jedoch nur im Bereich ihres Endes, nicht am Beginn. Der Beginn der Linien ist immer fix, so dass ein spontaner Mensch im Prinzip immer auch ein spontaner Mensch bleiben wird. (Siehe in den Kapiteln über Kopf- und Lebenslinie.)

Jedoch kann aus einer leicht abfallenden Kopflinie eine tief in den Mondberg reichende Kopflinie werden.

Die Berge können sich in einem gewissen Rahmen hinsichtlich ihrer Stärke verändern. Zum Beispiel von „normal stark ausgeprägt" zu „stark ausgeprägt" oder zu „flach". Aber niemals von „eingefallen" zu „stark ausgeprägt".

Das Gebiet, in dem sich die Berge mit ihrer unterschiedlich starken Ausprägung befinden, ist fest vorgegeben - vergleichbar etwa mit dem Koordinatensystem einer Landkarte. *Die Biegsamkeit und allgemeine Beschaffenheit der Hand* ist wandelbar und kann sich in alle Richtungen ändern.

Zeichen, Inseln und Nebenlinien in der Hand können kommen und gehen. Die Zeit, die benötigt wird, damit sich ein Zeichen ausbilden kann, beträgt mindestens 6 Wochen.

Der Händedruck, der erste Eindruck

Entgegen der landläufigen Meinung beschränkt sich das Handlesen nicht nur auf das Lesen *in* der Hand, sondern beginnt bereits bei der Beobachtung der Handhaltung und der Art, wie eine Person mit den eigenen Händen umgeht.

Die Hand als Ausdrucksform hat schon seit jeher große Bedeutung. Heutzutage ist man sich dessen allerdings kaum noch bewusst. Es gibt die verschiedensten Mitteilungen des Körpers, die sich der Hand als Zeichen bedienen. Die Verständigung mit Hilfe der Hand ist weltweit üblich und im Großen und Ganzen nicht an Kultur- oder Sprachbarrieren gebunden. Jeder versteht spontan die Handgestik der anderen Menschen. In vollendeter Form kennen wir sie als die Gebärdensprache, welche Gehör- und/oder Sprachbehinderten Menschen die Möglichkeit einer sehr umfangreichen Kommunikation ermöglicht. Die Gebärdensprache ist international verständlich und bedarf keinerlei sprachlicher oder akustischer Unterstützung.

Aber auch für Menschen ohne Behinderung ist die Sprache der Hand nützlich, und sie ist sehr oft ehrlicher als manches gesprochene Wort. Schon als kleines Kind lernen wir die Handgestik zu erkennen, zu verstehen und zu benutzen. Der gestreckte Zeigefinger vor dem Mund zeigt uns an, leise zu sein. Die winkende Hand signalisiert Abschied, die geballte Faust Anspannung oder auch Drohung, die Abwehrende Hand erklärt sich von selbst. Oder denken Sie zum Beispiel auch an den so genannten Hitlergruß oder an die römischen Gladiatorenkämpfe, wo der nach oben oder unten gerichtete Daumen des Kaisers über Leben und Tod entschied. Oder auch an das „Hugh" der Indianer, die sich mit erhobener Hand begrüßen. Wissen Sie eigentlich, was ein solcher Gruß wirklich bedeutet? - „Ich zeige dir meine Innenhand." Damit zeige ich dir mein gesamtes Leben, meine Ängste, meine Schwächen, aber auch meine Stärken. Wenn man mit erhobener Hand grüßt offenbart man sich selbst.

Es gibt unzählige solcher Beispiele, wir gehen täglich damit um und sind uns eigentlich nicht wirklich dessen bewusst, dass es sich dabei um eine vollkommen eigenständige Sprache handelt. Eine Sprache, die sehr oft vernachlässigt und kaum noch beachtet wird. Gerade weil man sich ihrer Aussagekraft nicht bewusst ist, lässt sich aus der Art und Weise, wie mit der Hand umgegangen wird, vieles über die Person erkennen. Interessant ist es auch, wenn Sie sich mit der Hand dem Kopf eines Tieres nähern. Wenn Sie dies mit der Innenseite der Hand (die Finger dabei oben) tun, empfindet das Tier es fast immer als Bedrohung. Im Tierreich entspricht dies der offenen oder auch schlagenden Kralle. Also wenn Sie mit einem Tier Kontakt über die Hand aufnehmen, sollten Sie sich immer mit dem Handrücken (Finger nach unten) nähern.

Gönnen Sie sich in den nächsten Wochen doch einmal den Spaß, sich selbst und Ihr Umfeld zu beobachten. Sie werden erkennen, welche Vielzahl an Botschaften Sie täglich mit der Hand aussenden, und was Sie alles durch die Hände der anderen erfahren. Insbesondere auch deshalb, da die meisten Handgesten unbewusst erfolgen.

Wir wollen uns nun dem Thema des Handgebens zuwenden. Man gibt sich die Hand zum Gruß oder zum Abschied. Diese Geste allein kann schon sehr viel über den Besitzer der Hand aussagen. Das Handgeben zur Begrüßung gehört unbedingt zu den für die Berufssparte der Handleser „typischen Handbewegungen". Dadurch können wir uns schon im Vorfeld ein Bild darüber machen, wie der Andere uns gegenüber eingestellt ist. Dies ist insofern von Vorteil, als wir uns dem Menschen dann auf der geeigneten Kommunikationsebene nähern können. Wir können ja nicht davon ausgehen, dass sich der Ratsuchende uns anpasst. Vielmehr liegt es an uns, eine Atmosphäre des Vertrauens zu schaffen. Denn je mehr Vertrauen vorhanden ist, desto ertragreicher wird die Handlesung für den Betreffenden sein.

Die Begrüßung mit der Hand, egal wie sie ausgeführt wird, zeugt immer von einem Mindestmaß an Respekt. Falls jemand den Händedruck verweigert, kann das verschiedene Bedeutungen haben. Zum Einen könnte diese Person damit dem Anderen sehr unmissverständlich zeigen, dass sie ihn missachtet; zum Anderen könnte ein solches Verhalten auf eine sehr starke Abgrenzung gegenüber anderen Menschen im Allgemeinen hindeuten. Dies wiederum könnte auf Überheblichkeit, auf Unsicherheit oder ganz einfach auf die Tatsache zurückzuführen sein, dass der Betreffende sehr wählerisch im näheren Umgang mit anderen Menschen ist. Hier kann man die Gestik nur als ein Indiz für eine bestimmte Charakterstruktur betrachten; man sollte hierauf aber kein endgültiges Urteil gründen.

In einem solchen Fall haben wir es mit einer Persönlichkeit zu tun, die sich außerhalb der Norm bewegt und der somit eine erhöhte Aufmerksamkeit zukommen sollte.

Die Art, wie ich jemandem die Hand gebe, signalisiert, wie ich zu dieser Person stehe. Im Folgenden sollen einige typische „Stile" des Händedrucks in ihrer unbewussten Bedeutung entschlüsselt werden.

54

Der offene, ehrliche Händedruck

Die Hand wird für einen normalen Zeitraum und fest gegeben. Alle Finger um-
fassen leicht nach unten geneigt die Hand des Anderen. Unser Gegenüber schaut
uns gerade in die Augen. Dieser Mensch ist positiv eingestellt und verfügt über
gesunde Skepsis. Er wird nicht jedes Wort auf die Goldwaage legen, jedoch
lässt er sich schwer hinter das Licht führen.

Wenn Sie einen solchen Menschen kennen lernen,

haben Sie jemanden vor sich der Ihnen erst einmal wertfrei gegenüber steht.
Hier ist Natürlichkeit und Offenheit angesagt. Jegliche Übertreibung oder Vor-
spiegelung falscher Tatsachen werden mit Sicherheit durchschaut. Seien Sie
doch einfach so wie Sie sind.

Alles ist möglich!

Der herzliche Händedruck

Die Hand wird lang und fest gegeben. Die Hände greifen tief ineinander. Ring- und Zeigefinger reichen dabei bis zum Handgelenk des Anderen. Der Blick sucht den Kontakt zum Anderen. Bei diesem Händedruck gibt man sein Herz, sein Vertrauen. Dieser Mensch bringt sich selber ein und ist bereit uns zu vertrauen. Bei sehr herzlichen Menschen kommt es auch vor, dass mit der zweiten Hand noch nachgegriffen wird. Vielleicht ist dies ein wenig viel der Herzlichkeit, jedoch immer positiv zu bewerten. Meist ein Ausdruck aufrichtiger Begeisterung, Freude oder Anteilnahme.

Wenn Sie einen solchen Menschen kennen lernen

haben Sie schon mal recht gute Karten. Dieser Mensch mag Sie schon von vornherein und es kann ohne weiteres sein, das er sich schnell für Sie begeistern kann. Seien Sie wie Sie sind und lassen Sie sich überraschen. Egal was kommt, langweilig wird es garantiert nicht.

Der feste Händedruck

Die Hand wird kurz oder lang, jedoch in jedem Fall sehr fest gedrückt. Unsere Hand wird vom Anderen regelrecht umklammert. Unter Umständen kann dieser Händedruck sogar schmerzhaft sein. Abgesehen von einer gewissen Unverschämtheit versucht dieser Mensch zu übertreiben. Dies liegt entweder in einem schlichten Charakter begründet, oder, was häufiger der Fall ist, dieser Mensch überspielt seine eigene Unsicherheit.

Wenn Sie einen solchen Menschen kennen lernen,
ist vielleicht doch eher einmal ein wenig Zurückhaltung angebracht. Nein, nicht dass Sie es hier mit einem schlechten Menschen zu tun haben. Es kann halt sein, dass Sie mit dem Tempo nicht ganz mitkommen. Dieser Mensch weiss meist recht genau was er will und es kann sein, dass er ein wenig schnell und forsch vorgeht. Machen Sie ihm doch ein paar nette Komplimente und Sie haben schon fast gewonnen. Es wird nicht allzu schwer sein ihn für Sie zu begeistern. Aber Achtung, beziehungstechnisch kann dieser Mensch recht schnell zur Sache kommen. Wenn's gefällt viel Vergnügen. Aber bedenken Sie auch, dass so etwas sehr schnell in Stress ausarten kann. (Beachten Sie den Venusberg!)

Der distanzierte Händedruck

Die Hand wird kurz, fest und auf nichts sagende und kühle Weise gegeben. Man spürt „nichts Ganzes und nichts Halbes". Der Blick ist erhoben, sucht aber nicht seinen Gegenüber. Das Handgeben ist hier nur reine Formsache. Dieser Mensch ist schwer einzuschätzen. Er bezeugt uns keinesfalls seine Loyalität oder sein Vertrauen. Er ist eher daran interessiert, nichts von seiner Persönlichkeit preiszugeben. Eventuell kann man auch auf eine gewisse Antipathie schließen.

Wenn Sie diesen Menschen kennen lernen
und Gefallen an ihm finden, dann machen Sie sich schon mal auf ein schönes Stück Arbeit gefasst. Dieser Mensch ist nicht allzu leicht zu erobern. Er hat ziemlich konkrete Vorstellungen davon, wie sein Partner sein sollte. Erregen Sie (wie auch immer) sein Interesse. Geben Sie ihm etwas zu Denken, beschäftigen Sie ihn. Aber Vorsicht, solche Menschen sind zwar sehr interessant, passen Sie jedoch auf, dass Sie selbst sich nicht zu sehr anpassen müssen.

Der zurückhaltende Händedruck

Die Hand wird nur kurz und zaghaft gegeben. Meist wird gar nicht die ganze Hand gegeben, sondern nur die Finger. Dabei ist der Blick leicht gesenkt. Dieser Mensch ist eher scheu und zurückhaltend. Es handelt sich hierbei auch sehr oft um Unsicherheit oder mangelndes Selbstbewusstsein.

Wenn Sie diesen Menschen kennen lernen

und er Ihr Interesse geweckt hat, sollten Sie schon mal in den kleinen Gang schalten. Hier geht es meist nicht ganz so schnell wie Sie es gerne hätte. Wenn Sie an einer wirklich innigen Beziehung Interesse haben machen Sie sich gleich mal auf eine gehörige Portion Pionierarbeit gefasst. Es ist garantiert nicht einfach diesen Menschen zu öffnen und oft genug wird er Sie im Unklaren über seine Gefühle lassen. Das tut er sicherlich nicht mit Absicht. Dieser Mensch braucht in erster Linie Zeit.

Ziehen Sie keinesfalls voreilige Schlüsse! Hinter mancher noch so dicken Mauer hat man schon die größten Schätze gefunden.

Der weiche Händedruck

Die Hand wird für eine normale Zeitdauer gegeben, jedoch ohne jeden Druck. Sie wird butterweich und lässig in unsere Hand gelegt und von ihr umschlossen. Wenn Sie auf diese Art die Hand gereicht bekommen, haben Sie es meist mit einer etwas einfacheren Natur zu tun. Sehr oft ist diese Person mit sich selbst beschäftigt, sie verfügt über keinen ausgeprägten eigenen Willen. Ein solcher Mensch überlässt die Führung gerne den anderen. Es handelt sich eher um einen Menschen, der sich anpasst. Oft haben wir es hier auch mit mangelndem Selbstbewusstsein zu tun.

Wenn Sie einem solchen Menschen begegnen,

sollten Sie vielleicht doch mal überlegen, ob diese Person Ihren Ansprüchen gerecht werden kann. Machen Sie sich in jedem Fall darauf gefasst, dass Sie die Führung übernehmen werden. Dieser Mensch ist auch nicht gerade ein Energiebündel der Eigeninitiative, sondern lässt sich ganz gerne Treiben.

Wenn Sie einen ausgeprägten Mutterinstinkt oder Beschützerinstinkt haben, wird Ihnen dieser Partner gerade recht kommen, doch bedenken Sie, dass man leicht Beschützerinstinkt und Liebe verwechseln kann.

Der unaufrichtige Händedruck

Es wird nicht die ganze Hand, sondern es werden eigentlich nur die Finger gegeben. Es kommt dabei kein wirklicher Kontakt zustande. Die Finger werden in diesem Falle meist von oben in unsere Hand gegeben. Oder sie werden uns mehr oder weniger nur hingehalten, so dass wir selber danach greifen müssen. Hierbei handelt es sich um einen Menschen, der uns nicht vertraut. Meist versucht er auch, etwas zu verbergen. Er zeigt uns damit seine Überlegenheit, jedenfalls glaubt er, uns überlegen zu sein.

Ein solcher Mensch hat nur seine eigenen Interessen im Sinn und wird sie recht skrupellos durchzusetzen wissen. Falls er Ihnen als Verhandlungspartner gegenübersteht ist größte Vorsicht geboten. Je weniger er Ihnen von seinen Fingern hergibt, desto bedenklicher ist die Person. Sehr oft sieht man diesen Händedruck in älteren Schwarz-Weiß-Filmen, wo eine adelige Dame ihren Bediensteten auf diese Art begrüßt und damit auch gleich Ihre Stellung klarstellt.

Wenn Sie einen solchen Menschen kennen lernen

und er Ihre Sympathie gewonnen hat, dann sollten Sie sich wirklich überlegen, worauf Sie sich einlassen. Ein solcher Partner wird es schwer haben wirklich Liebe zu zeigen (unabhängig davon ob er liebt oder nicht). Große gefühlvolle Erlebnisse werden in der Anfangsphase recht selten sein. Und es kann sein, dass er Sie das eine oder andere Mal bewusst zappeln lässt, nur um klar zu stellen, wer das Halfter in der Hand hält. Ein solcher Partner kann für Sie ohne weiteres eine Lebensaufgabe darstellen. Da gibt es einige Verhaltensmuster, die überarbeitungsbedürftig sind.

Wie Sie sehen, gibt es da einige wirklich interessante Anhaltspunkte, an denen man schon im Vorfeld erkennen kann, was auf einen zukommen kann. Es ist daher immer anzuraten, einem fremden Menschen zur Begrüßung die Hand zu reichen. Er erzählt Ihnen damit, ohne ein Wort zu sagen, eine Menge über sich. Nur bedenken Sie bitte, dass das eben Gesagte lediglich Grundmuster aufzeigt. Sie können bei einzelnen Personen mehr oder minder stark ausgeprägt sein.

Die Form der Hand

Wir unterscheiden zwischen sieben Grundformen der Hand. Diese lassen sich in 2 Gruppen und eine Sonderform unterteilen

Der physische Typ

Die Elementare Hand

Die Spatelhand

Die Eckige Hand

Der geistige Typ

Die Konische Hand

Die Knotige Hand

Die Psychische Hand

Sowie zu guter Letzt die Gemischte Hand

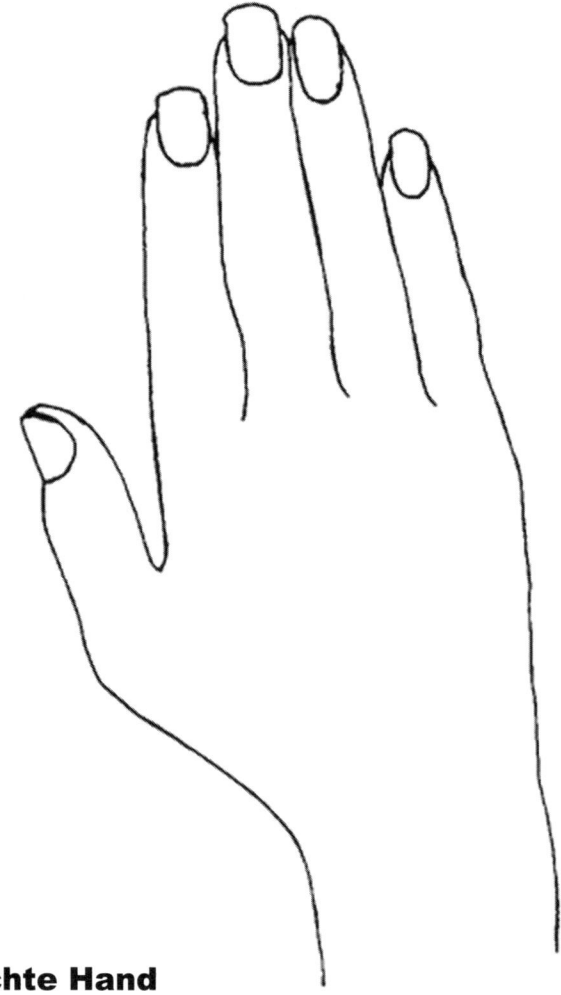

Die Gemischte Hand

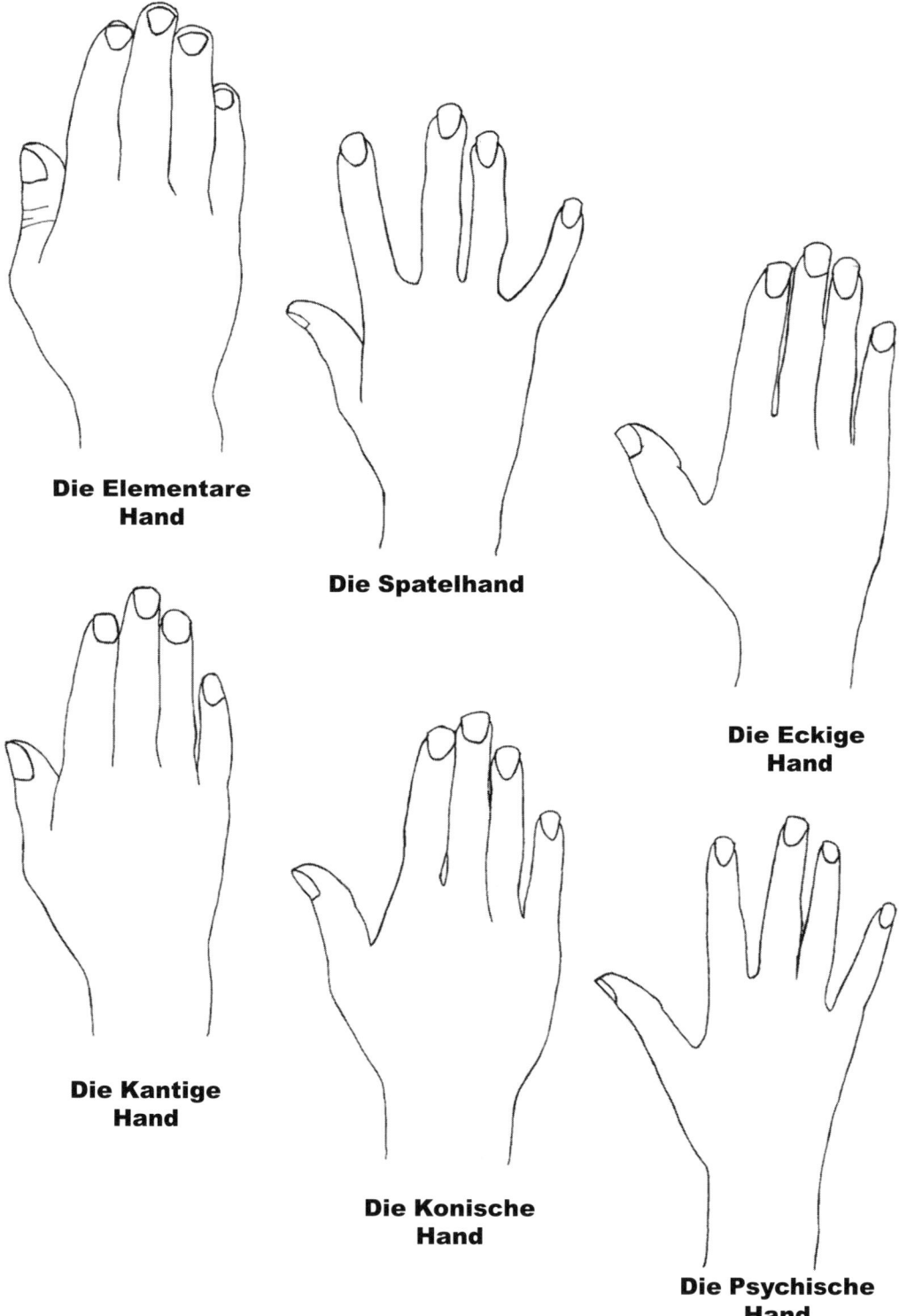

Die Elementare Hand

Die Spatelhand

Die Eckige Hand

Die Kantige Hand

Die Konische Hand

Die Psychische Hand

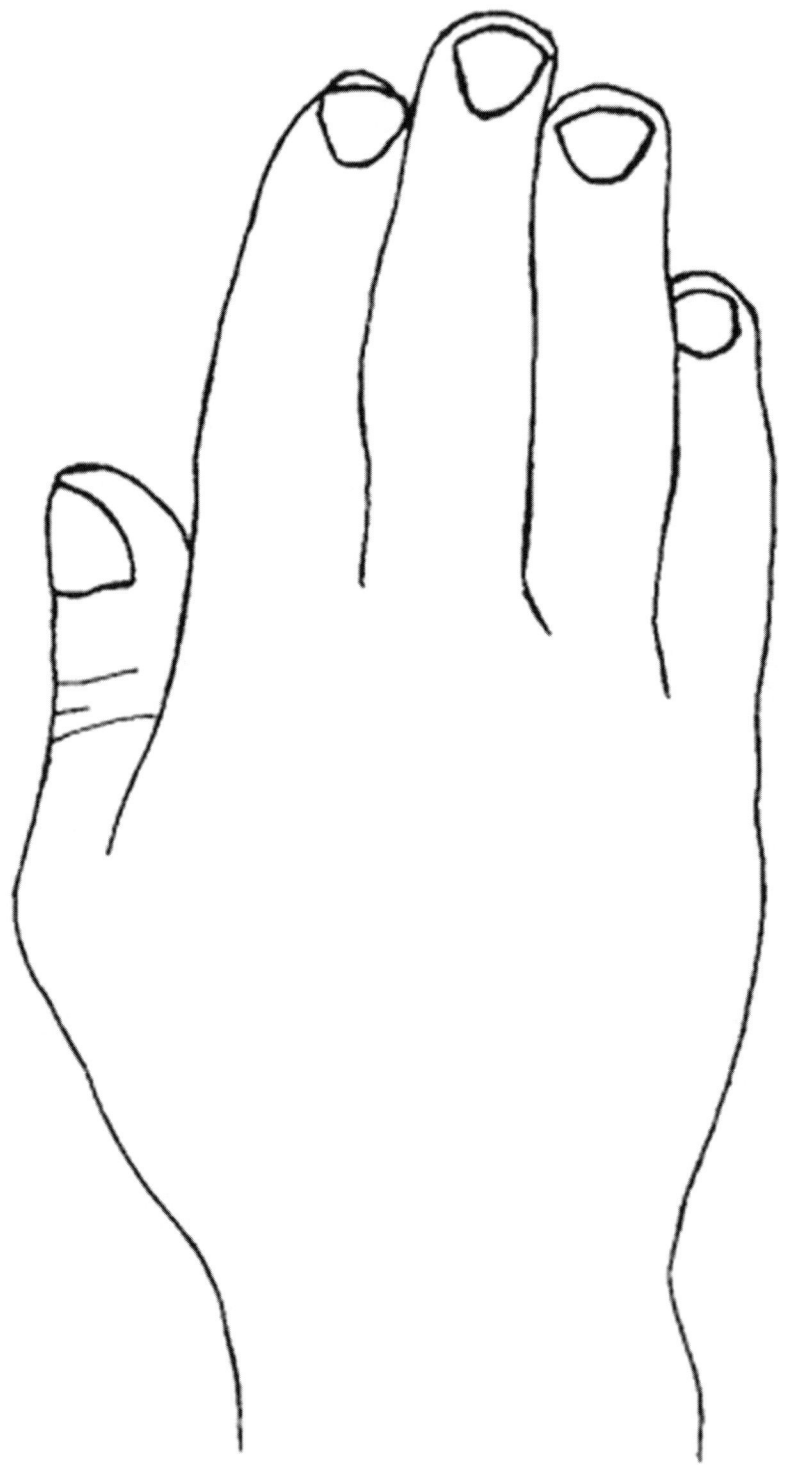

Die Elementare Hand

Die Elementare Hand wird auch als primitive Hand bezeichnet. Grund dafür ist, dass diese Handform mehr von Instinkt als von Intellekt zeugt. Diese Hand ist eher groß und schwer. Ihre Konsistenz ist hart und unflexibel. Die Finger sind eher kurz, besonders der Daumen, der Handteller ist verhältnismäßig groß. Die Haut hat eine lederne Beschaffenheit. In der Innenhand finden wir meist nur 3 bis 4 Linien, wobei Kopf- und Herzlinie eher kurz ausfallen. Diesen Handtyp findet man heutzutage in unseren Breiten eher selten in reiner Form. Bei einem solchen Menschen überwiegen der Instinkt und das rein Praktische. Intelligenz und Seele werden nicht allzu stark zum Vorschein kommen.

Gesundheit:

Grundsätzlich kann man hier von einer sehr widerstandsfähigen und robusten Natur ausgehen.

Beruf:

Ein Mensch mit diesem Handtyp (der in reiner Form heutzutage eher selten vorkommt) eignet sich in der Hauptsache für Berufe, in denen sie ihren Aufgabenbereich klar überschauen können. Manuelle Tätigkeiten und körperliche Arbeit liegen ihnen gut. Sie sind sehr zuverlässig. Größere Verantwortungsbereiche sind nicht so ganz ihre Sache.

Lebensaufgabe

Menschen dieses Handtyps sind richtige „Schaffer", im wahrsten Sinne des Wortes. Materieller Wohlstand ist in Grenzen wichtig. Es sind Menschen, die ihre Erfüllung in der Familie und in materiellen Dingen finden.

Seele:

Meist handelt es sich um eine recht junge Seele, die ihre „ersten Runden" auf Erden dreht. Eventuell auch um eine ältere Seele aus einer anderen Daseinsform, die Ihre erste Inkarnation auf Erden erlebt.

Charakter:

Meist gutmütig und eher bescheiden, eine recht einfache Natur.

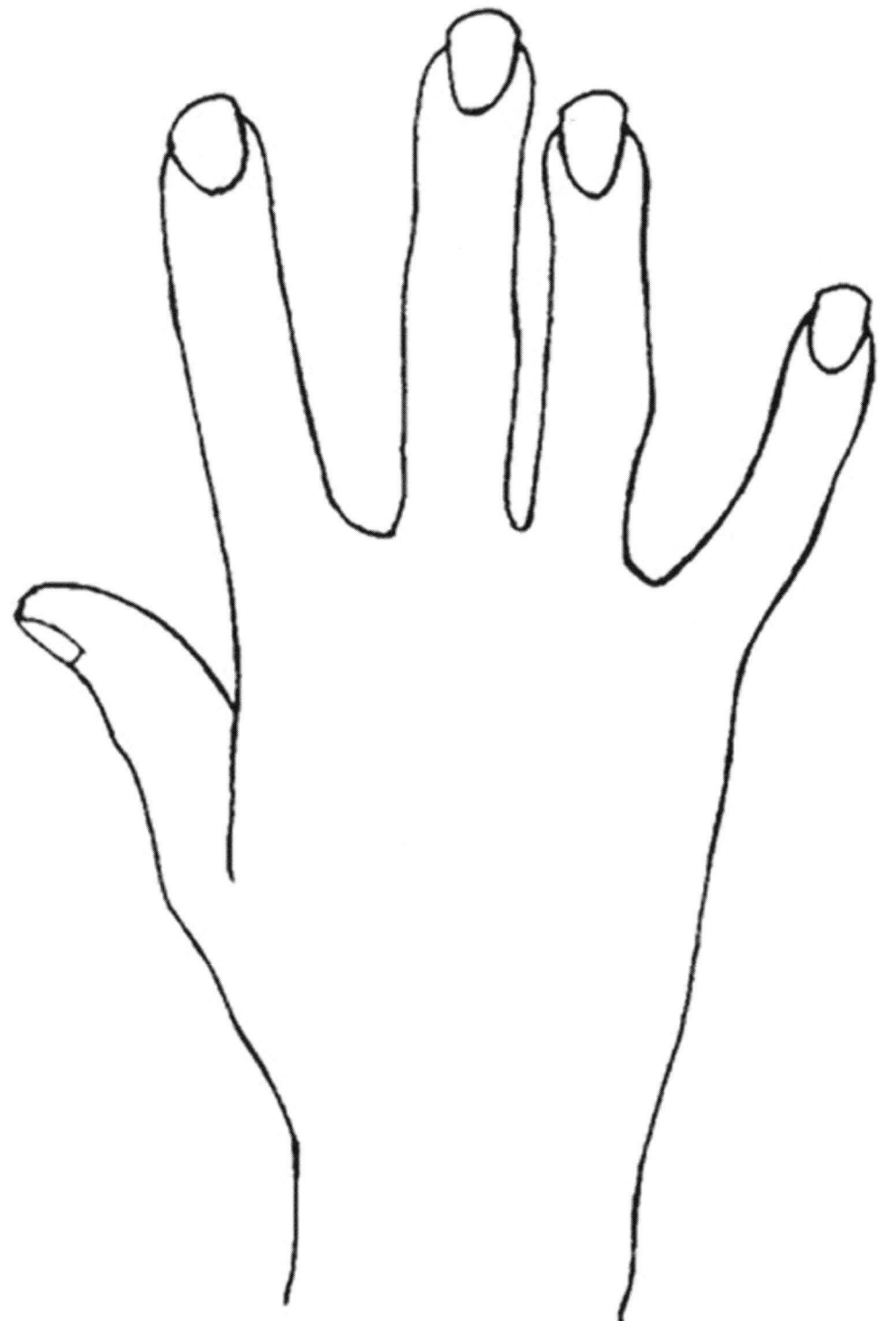

72

Die Spatelhand

Man nennt die Spatelhand auch die praktische und tätige Hand. Sie ist groß und massig. In der Grundtendenz ist sie der Elementaren Hand nicht unähnlich, jedoch sind die Finger länger und der Daumen ausgeprägter. Die Grundform ist einem Spatel ähnlich. Weiterhin finden wir in ihr mehr Linien als in der Elementaren Hand. Wenn wir die Elementare und die Spatelhand nebeneinander sehen, fällt sofort auf, dass die Spatelhand feiner strukturiert ist und ästhetischer wirkt.

Bei Menschen mit diesen Händen stehen das Materielle und der äußere Erfolg im Vordergrund. Hier geht es um praktische Belange und deren effektive Umsetzung. Meist handeln diese Menschen eher verstandesbetont. Sie sind zäh und ausdauernd. Auch kann man von Tatkraft sprechen, wobei jedoch der emotionale Teil meist zu kurz kommt. Wirkliche Romantik ist ihnen eher fremd. Diese Menschen sind nicht wirklich gefühlskalt, jedoch liegen ihre Prioritäten eher beim Verstand. Sehr oft haben diese Menschen Probleme mit dem Ausdruck von Gefühlen einem anderen Menschen gegenüber.

Gesundheit:

Menschen mit diesem Handtyp sind anfällig für Erkrankung von Magen und Darm.

Beruf:

Ein Mensch mit diesem Handtyp ist bestens in Berufen aufgehoben, die in irgendeiner Form mit dem materiellen Bereich und/oder dem Körper zu tun haben. Das Spektrum kann vom Leistungssportler über den Feinmechaniker bis hin zum Wissenschaftler reichen. Wichtig ist hierbei, dass die Tätigkeit praktisch und „zum Anfassen" sein muss. Außerdem muss sie mit dem Verstand logisch nachvollziehbar sein. Da dieser Menschentyp eine Veranlagung zum „Eigenbrötlertum" hat, liegt ihm Teamarbeit weniger.

Lebensaufgabe:

Materieller Wohlstand wird begrüßt, ist aber nicht von wirklicher Bedeutung. Wichtig sind diesen Menschen der persönliche Erfolg sowie die Bestätigung im persönlichen Bereich. Eine große Entwicklungsaufgabe besteht darin, zwischen Gefühl und Verstand ein Gleichgewicht herzustellen. Auch das Leben mit der Gemeinschaft sollte gelernt werden.

Charakter:

Rastlos, aktiv, den Genuss liebend, sehr materiell orientiert, mangelnde Rücksichtnahme (weil die Fähigkeit, sich in andere hineinzuversetzen fehlt), aber dennoch grundehrlich.

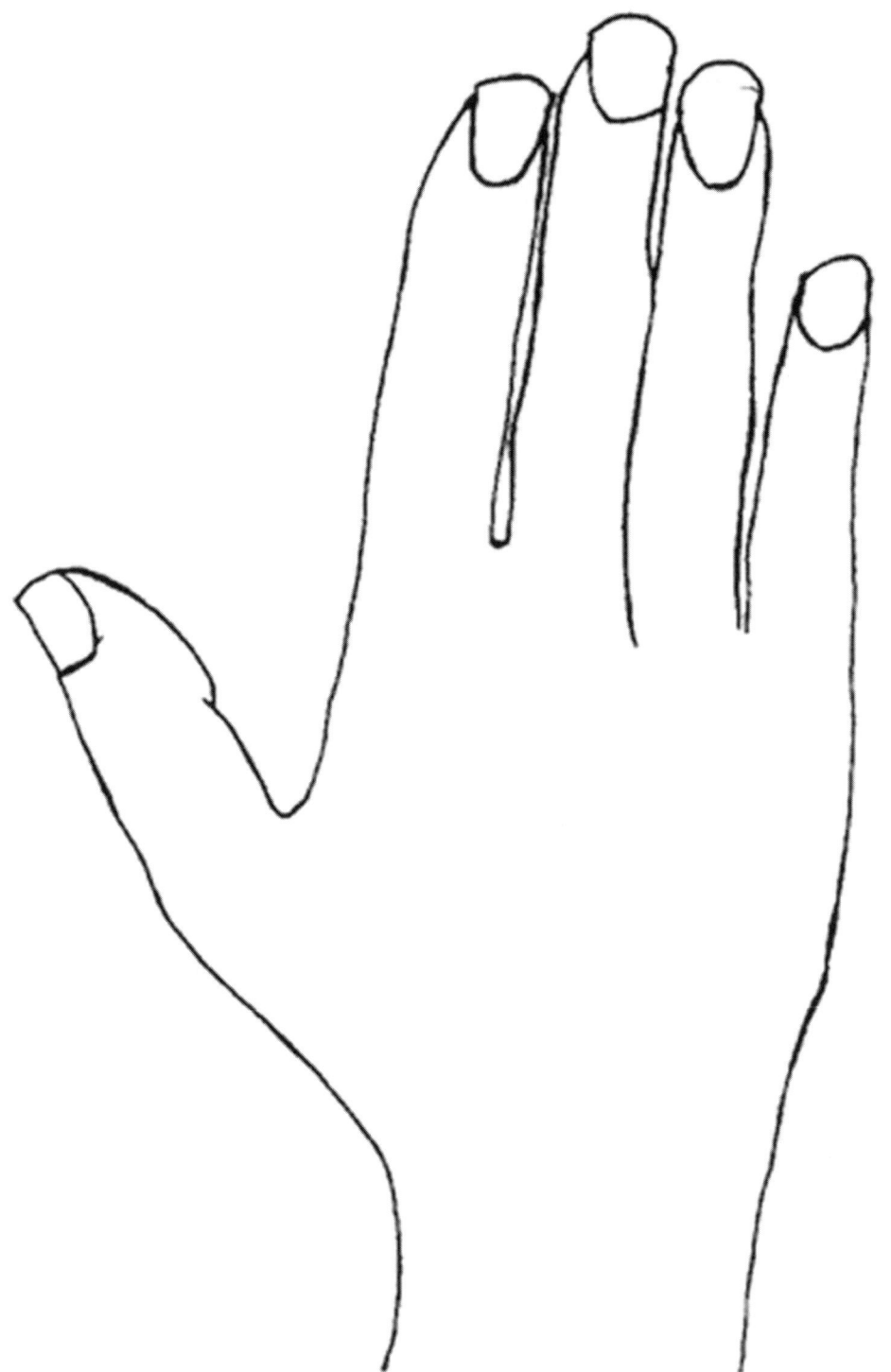

74

Die Eckige Hand

Die Eckige Hand wird auch die quadratische oder die praktische Hand genannt. Die Form ist ähnlich wie bei der Spatel- und der Elementaren Hand.

Man kann ohne weiteres sagen, dass die Eckige Hand die verfeinerte Version der Spatelhand darstellt. Sie verfügt über einiges mehr an Handlinien - und an Ausdruck. Die Hand ist meist fest und widerstandsfähig, der Daumen und Venusberg sind stark ausgeprägt.

Diese Handform steht für Genauigkeit, Ordnungsliebe und unter Umständen für Pedanterie. Solche Personen stehen für ihre Prinzipien ein, die sie sich irgendwann einmal angeeignet haben. Es ist schwer, bei diesen Personen Veränderungen herbeizuführen. Viel zu sehr hängen sie am Althergebrachten. Auch liegt ihnen ihr guter Ruf sehr am Herzen. Viele Verhaltensweisen richten sich danach aus, ob „man" so etwas tut oder nicht. Eine gewisse Obrigkeitshörigkeit fügt sich nahtlos in dieses Bild.

Gesundheit:

Menschen mit diesem Handtyp sind anfällig für Erkrankungen des Unterleibes, der Drüsen und des Herz-Kreislaufsystems.

Beruf:

Menschen mit dieser Handform eignen sich für Berufe, die in ihren Arbeitsbereichen klar strukturiert sind. Sie bevorzugen Tätigkeiten, die verhältnismäßig klar umrissen sind und einem genauen Regelwerk unterliegen. Dies muss nicht unbedingt eine einfache Tätigkeit sein; sie kann auch sehr komplex sein. (Da diese Menschen auch Ansprüche in materieller Hinsicht stellen, kommen sehr einfache Tätigkeiten sowieso nicht in Frage, es sei denn, sie werden mehr als gut entlohnt.)

Sehr oft finden wir diese Handform in: Lehrberufen oder Berufen, die mit Autorität verbunden sind, wie z. B. Polizei, Beamte mit Machtbefugnis, Berufe, in denen Beständigkeit und Zuverlässigkeit gefordert sind.

Lebensaufgabe:

Die schönen Dinge des Lebens zu leben und zu genießen. Zu erkennen, dass eine Rose mehr wert ist als manches Geschenk mit „praktischem Nutzen". Außerdem ist es wichtig zu lernen, dass es die Ausnahmen sind, die die Regel schaffen.

Charakter:

Dominant, ungeduldig, übergenau aber dennoch sehr beherrscht.

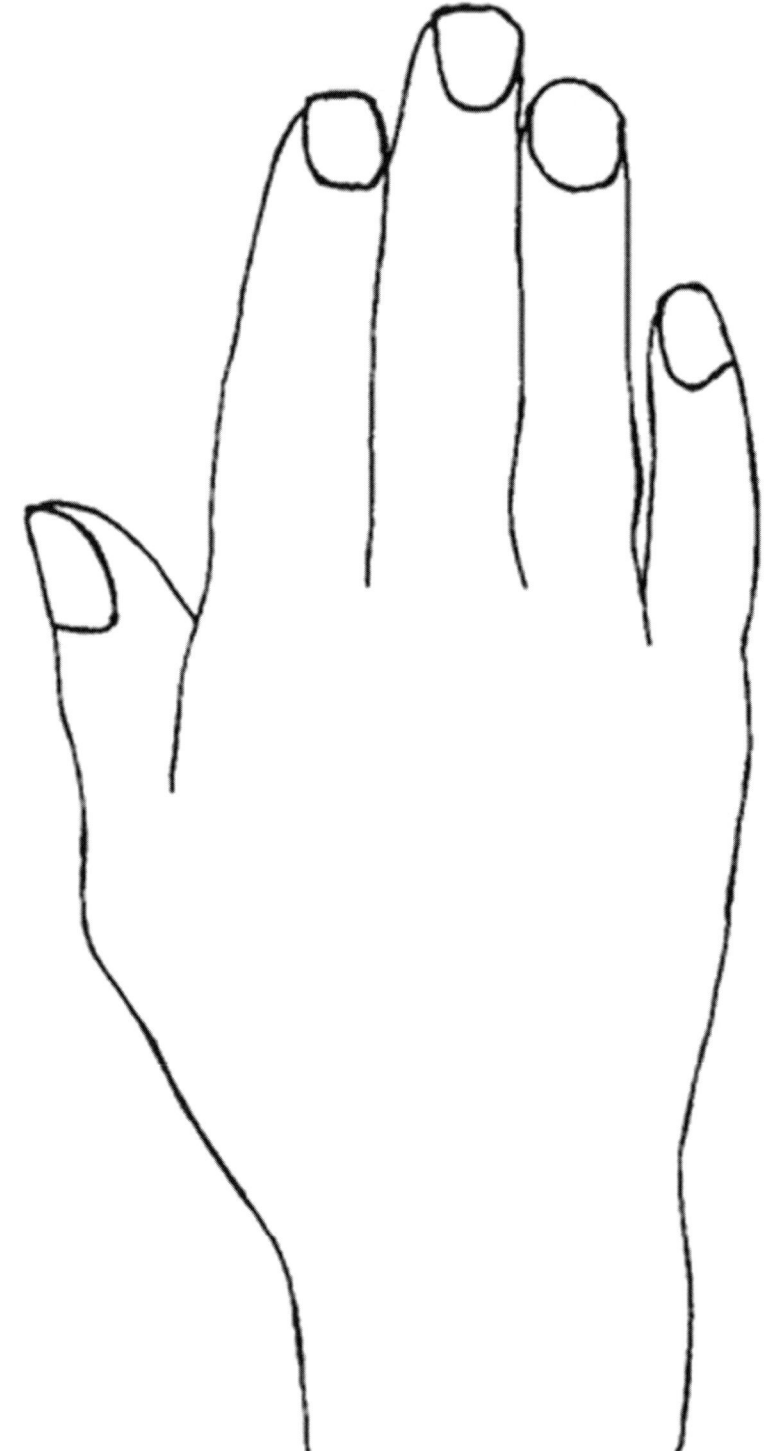

Die Knotige Hand

Die Knotige Hand wird auch als die Philosophische, die Denker- oder auch die Intellektuelle Hand bezeichnet. Sie ist klein oder mittelgroß und ihre Form ist länglich und konisch. Die Finger sind lang und gelenkig. Meist sind die Fingernägel lang und leicht gewölbt.

Die Hand als solche wird von Laien vielleicht nicht unbedingt als schön empfunden, jedoch findet man an ihr sehr viele hoch stehende Eigenschaften wie Kultur, Moral und Ethik. Das Grundthema der Knotigen Hand ist das Denken, oder besser gesagt das Nachdenken und das Erforschen der Welt. Die Arbeitsweisen dieses Denkens sind Genauigkeit, Logik und strenges Analysieren der Fakten.

Gesundheit:

Menschen mit diesem Handtyp sind anfällig für Erkrankungen der Lungen, der Bronchien und des Nervensystems.

Beruf:

Menschen mit diesem Handtyp sind geeignet für Berufe, die ihnen einen gewissen Freiraum lassen, um sich und ihre Gedanken zu entfalten. Strenges Regelwerk liegt ihnen nicht. Da diese Menschen nach einer gewissen Form von Perfektion streben, liegen ihnen schon mal alle Zweige der Wissenschaft und der Forschung. Da sie auch viel Sinn für Menschen haben, sind sie auf jeden Fall in medizinischen und heilenden Berufen bestens aufgehoben.

Lebensaufgabe:

Zu erkennen, dass die angestrebte Vervollkommnung nur durch eine „Zusammenarbeit" der intellektuellen mit den spirituellen Anteilen erreicht werden kann.

Charakter:

Sehr herzlich und liebevoll, ehrlich, das Denken und Handeln wird jedoch sehr von der Vernunft gesteuert.

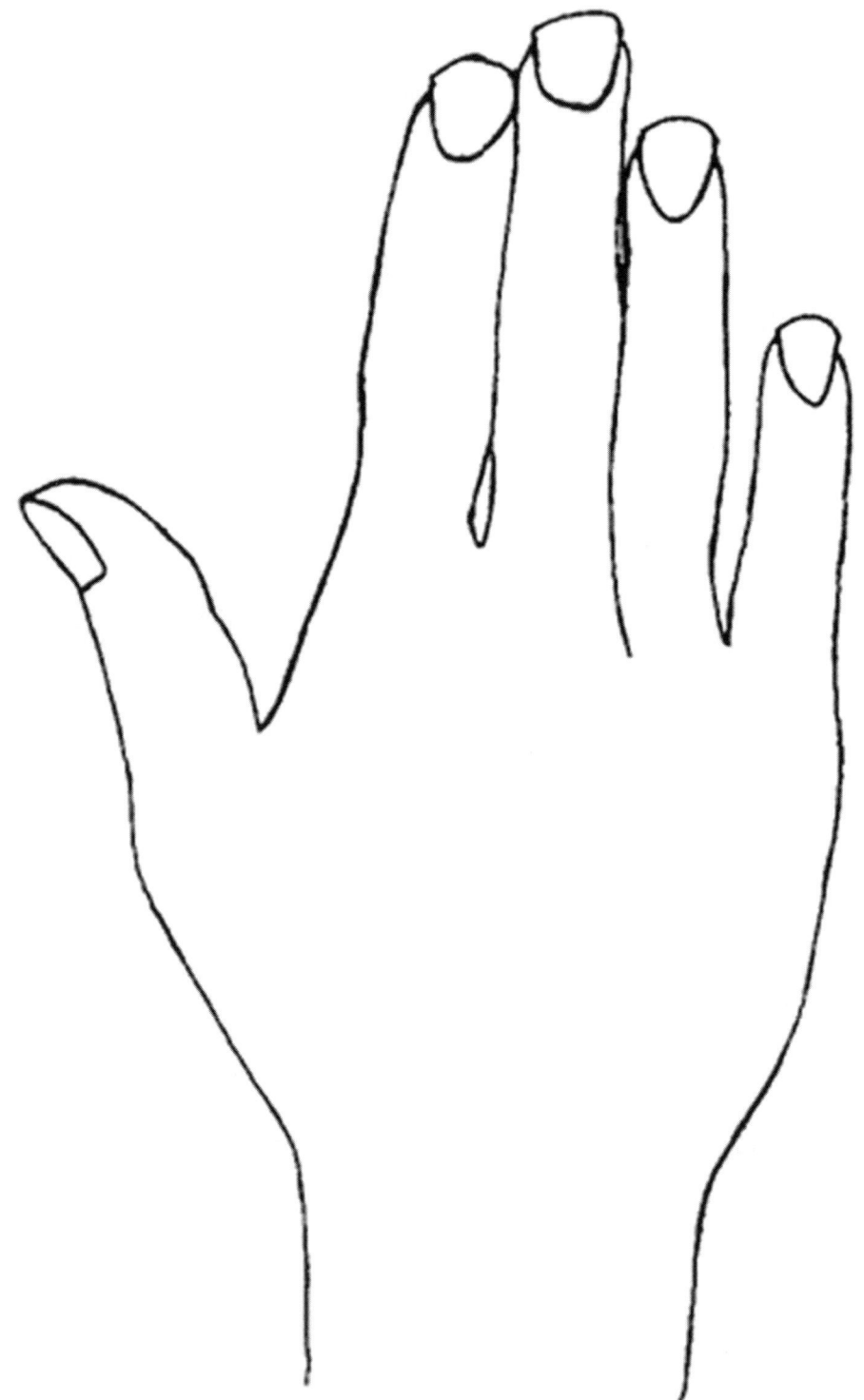

Die Konische Hand

Die Konische Hand wird auch als die Künstlerische-, die Gefühls- und die Sensible Hand bezeichnet.

Diese Hand kann man meist ohne Abstriche als schön und ästhetisch bezeichnen. Die Form ist lang und schmal sowie konisch zulaufend. Auch die Finger als solche sind lang und schmal und laufen, wie die ganze Hand, konisch zu. Der Handteller ist reich an Linien. Die Berge sind wohlgeformt, insbesondere der Mond- und Venusberg. Die Lebenslinie umschließt den Venusberg sehr weitläufig.

Das Grundthema der Konischen Hand ist das Intuitive, die Inspiration. Das Denken ist gut ausgeprägt, dient jedoch nur als Mittel zum Zweck. Diese Hand gehört eher einem Genussmenschen, der sich treiben lässt. Aber auch Wechselhaftigkeit, ästhetisches Empfinden und guter Geschmack gehören zu diesem Typus. Bei einem sehr kleinen Daumen neigen solche Personen dazu, sich zu sehr gehen zu lassen und schwelgen gelegentlich in Genusssucht.

Gesundheit:

Menschen mit diesem Handtyp sind anfällig für Erkrankungen der Lungen, des Nervensystems sowie der Geschlechtsorgane. Vorsicht ist geboten bei ansteckenden Krankheiten.

Beruf:

Menschen mit dieser Handform findet man oft bei Künstlern, bei Kreativen. Da bei diesen Personen der ideelle und der intuitive Bereich dem Verstand übergeordnet sind, eignen sie sich weniger für Unternehmer-Tätigkeiten oder größere Geschäfte. Auch ist ein geregeltes Arbeitsleben ihnen auf Dauer wesensfremd. Diese Menschen sind am besten in freiberuflichen Tätigkeiten mit vielen eigenen Gestaltungsmöglichkeiten aufgehoben. Einfache Tätigkeiten liegen ihnen ebenfalls, was aber nicht auf einen Mangel an Verstand oder auf Unfähigkeit zurückgeht. Es ist vielmehr so, dass diese Menschen eine geregelte Arbeit nur als notwendiges Übel ansehen. Am glücklichsten sind sie in Berufen, wo sie ohne großen Aufwand ein hohes Einkommen erzielen können. Da sie sich gerne über Regeln hinwegsetzen, müssen sie aufpassen, dass sie nicht mit dem Gesetz in Konflikt geraten.

Lebensaufgabe:

Zu erkennen, dass eine Gemeinschaft gewisse Regeln braucht um zu existieren, dass Liebe mehr ist als nur Genuss, dass man ein Teil des Ganzen ist und daher nicht über den Anderen stehen kann. Der Unterschied zwischen Elite und elitärem Gehabe sollte klar zu Bewusstsein kommen.

Charakter:

Sehr wechselhaftes Wesen mit der ganzen Bandbreite von „Himmelhoch jauchzend" bis „Zu Tode betrübt". Sehr einnehmende Persönlichkeit, jedoch auch sehr unzuverlässig.

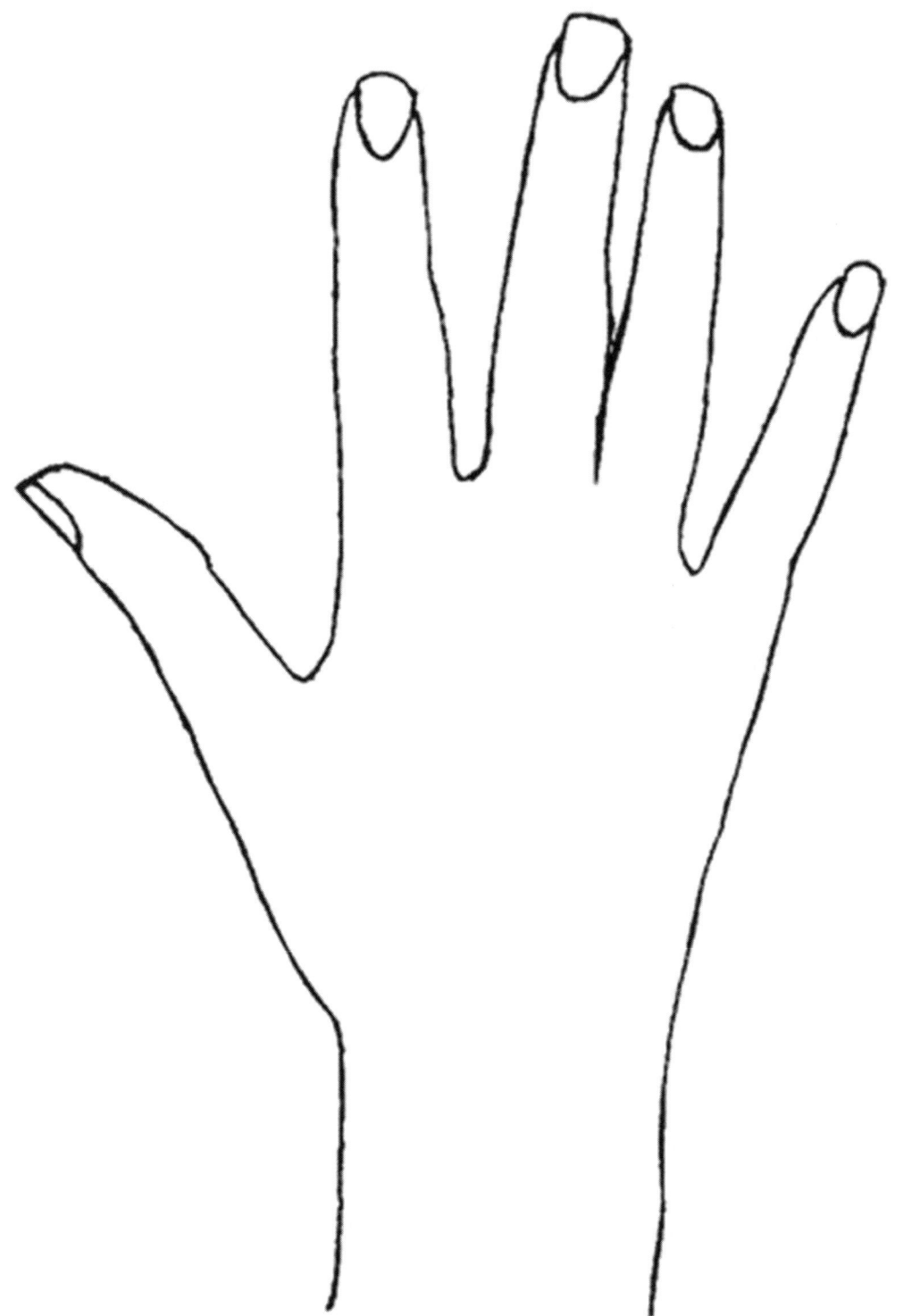

Die Psychische Hand

Die Psychische Hand wird auch als die Mediale, die Ideale, die Geistige oder die Spirituelle Hand bezeichnet. Ich persönlich würde die Bezeichnung „die Seelische Hand" als die beste empfinden. Der lang gezogene Handteller mit den langen Fingern - und ebenso die länglichen Fingernägel - lässt die Hand ohne weiteres als klassisch schön erscheinen.

Dieser Handtyp gehört dem empfindsamen, dem fühlenden, dem hellsichtigen Menschen. Leider findet man diese Handform sehr selten in reiner Ausprägung. Man kann eine solche Hand ohne weiteres als edel bezeichnen. Dieser Mensch dient mit viel Liebe eher anderen, als dass er auf sich selbst achtet. Edelmut und Erkenntnis, aber auch eine immerwährende Suche sind die Überschriften im Leben dieser Menschen. Stark in der Liebe, jedoch schwach an Gesundheit - so könnte man sie charakterisieren. Je feiner und ästhetischer die Hände gezeichnet sind, desto feiner ist auch der dazugehörige Mensch. Leider ist es aber auch so, dass mit wachsender Veredelung auch die gesundheitliche Konstitution schwächer wird. Solche Menschen kehren oft recht früh in Gottes Reich zurück.

Gesundheit:

Menschen mit diesem Handtyp sind anfällig für Erkrankungen der Atemorgane und für jegliche Infektionskrankheiten. Außerdem sind sie sehr empfindlich gegen Umweltgifte.

Beruf:

Menschen mit diesem Handtyp finden wir häufig in den kreativen Berufen wie Dichter, Schriftsteller, Komponist, Dirigent, aber auch Geistlicher, Nonne, Arzt. Eigentlich alles Berufe, in denen Inspiration und Enthusiasmus gefordert sind. Optimal wäre natürlich eine Tätigkeit, wo man seiner Phantasie freien Lauf lassen kann.

Für normale Berufe und körperliche Arbeit sind diese Menschen denkbar ungeeignet. Wichtig ist die Möglichkeit der freien spirituellen Entfaltung.

Lebensaufgabe:

In einer Welt zu überleben, die ganz und gar nicht ihrem Naturell entspricht. Zu erkennen und zu akzeptieren, dass alle anderen vielleicht anders, aber dennoch von Gott so gewollt sind.

Charakter:

Im wahrsten Sinne des Wortes eine „Seele von Mensch". Diesen Handtyp kann man am besten mit einem Wort beschreiben: Edel! Man wird hier so gut wie nie negative Aspekte in der Innenhand finden.

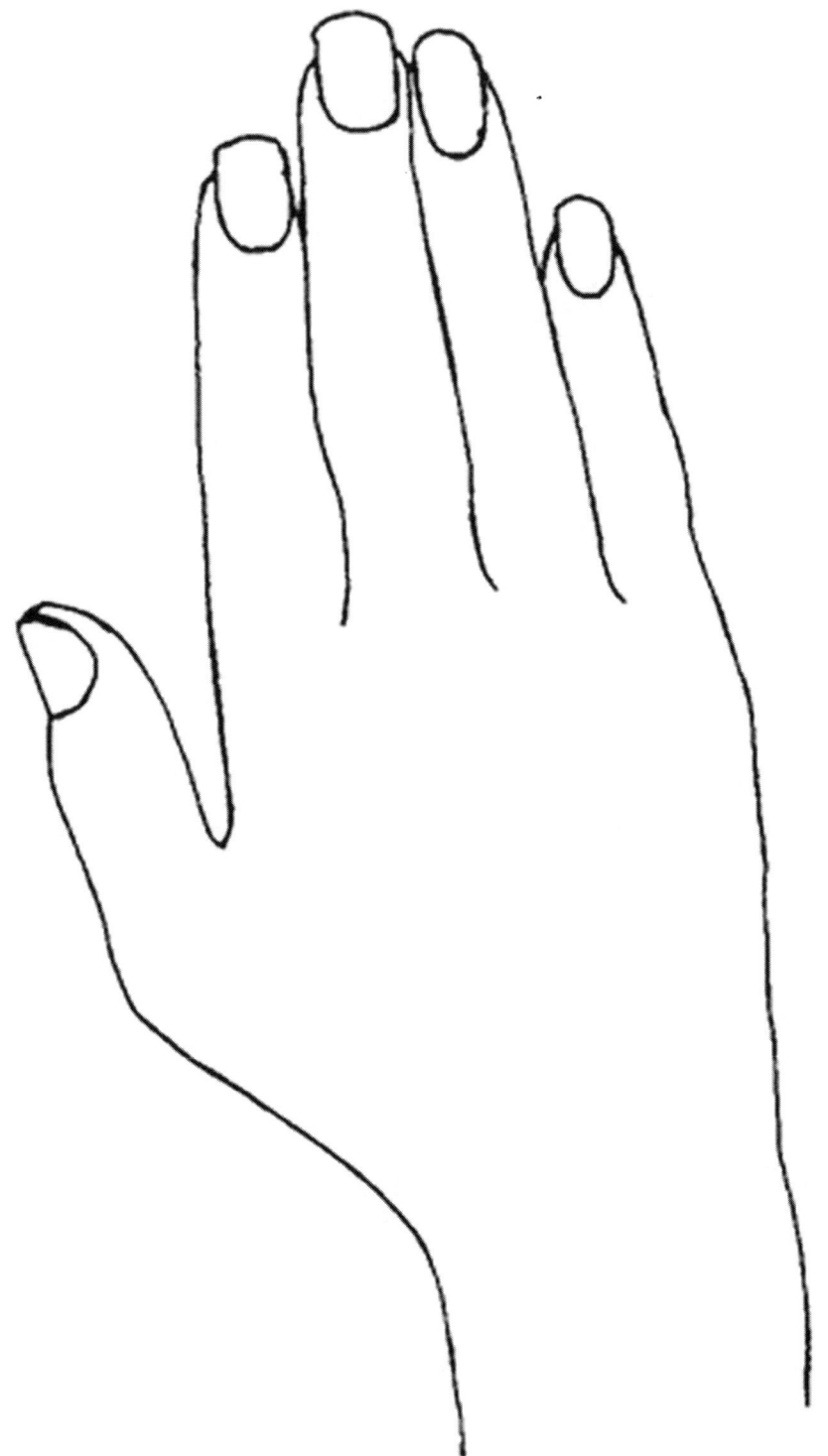

Die Gemischte Hand

Nachdem Sie sich nun mit den verschiedenen Handformen vertraut gemacht haben, muss ich Ihnen mit Bedauern mitteilen, dass Sie diese Handtypen nur in den seltensten Fällen unvermischt, also in Reinkultur antreffen werden. Am häufigsten werden Sie die Gemischte Hand vorfinden. Hier müssen Sie nun Ihre Kombinationsgabe walten lassen. Meist ist es so, dass ein Handtyp in der Gemischten Hand dominiert. Es ist sicherlich nicht verkehrt, den dominierenden Handtyp zunächst als „Grundtenor" im Charakter eines Menschen anzusehen. Die anderen Aspekte der Handform werden dann mit mehr oder weniger starker Gewichtung bei der Analyse mit einbezogen. Natürlich können Sie das auch absolut exakt durchexerzieren und jeden noch so kleinen Aspekt mit berücksichtigen. Ich halte dies jedoch für ein wenig zu pedantisch.

Linke und rechte Hand

Es gibt viele Theorien über das Verhältnis der beiden Hände zueinander - aber leider nur wenig befriedigende und, vor allen Dingen, nur wenig verständliche Darstellungen. Ich möchte versuchen, hier ein wenig Abhilfe zu schaffen. **Im Folgenden und auch in der gesamten Handlesekunst gilt bei allem, was linke und rechte Hand betrifft, für Linkshänder alles umgekehrt. Das bedeutet, wenn wir von der rechten Hand sprechen, ist bei einem Linkshänder die linke Hand gemeint. Deshalb auch immer zu Beginn einer Beratung die Frage: „Links- oder Rechtshänder?" Für Linkshänder gilt: linke Hand = rechte Hand und umgekehrt.**

Auf den Zeichnungen in diesem Kapitel und nochmals am Ende des Buches finden Sie die wichtigsten Unterschiede als Übersicht. Grundsätzlich gilt: Beide Hände zusammen ergeben ein Ganzes. Eine Handlesung kann nur gut sein, wenn beide Hände im Zusammenhang gelesen werden. Das eine bedingt das andere, und keines kann wirklich ohne das andere sein. Wir kennen alle die Polarität von Plus und Minus, Yin und Yang, schwarz und weiß, heiß und kalt, oben und unten, männlich und weiblich usw. Dazu gehören natürlich auch links und rechts.

Welche Hand wird zuerst gedeutet?

Bei einer Handlesung schauen wir zuerst beide Hände zusammen an. Allein schon aus den Unterschieden zwischen den beiden Händen können wir viele Informationen über die Person herausziehen. Dies geschieht zum Beispiel, indem wir die Linienstärke und deren Verlauf der linken Hand mit dem in der rechten Hand vergleichen. Daraus kann man folgern, wie die Entwicklung des Menschen ist. Auch ist das mit den Bergen möglich. Die genauen Bedeutungen finden Sie zum einen im weiteren Verlauf dieses Buches und zum anderen müssen Sie diese entsprechend folgern. Auch hier nicht vergessen: Bei Linkshändern ist es umgekehrt.

Nachdem wir uns ein Gesamtbild gemacht haben wenden wir uns in der Hauptsache der Hand zu, die zu dem angesprochenen Thema passt. Bei einer jungen Person (bis 27 Jahre) wird die linke Hand bevorzugt (bei Linkshändern die rechte Hand), bei einer Person über 35 Jahre ist dies die rechte Hand. Liegt das Alter zwischen 27 und 35 Jahren brauchen wir beide Hände. Genau in dieser Zeit wechselt die linke Hand zur rechten Hand über (bei Linkshändern umgekehrt). Übrigens: Genau in dieser Zeit findet das seelische Erwachsenwerden statt. Man kann es mit der Bedeutung der Pubertät für die körperliche Entwicklung vergleichen. In dieser Zeit lässt die Person mittleren Alters vieles hinter sich, was bisher ihr Leben ausgemacht hat. Viele stellen ihren Lebensweg in Frage, setzen neue Prioritäten und beginnen, sich neu zu orientieren.

Weibliche und männliche Attribute in der linken und der rechten Hand

In der linken Hand finden wir unseren weiblichen Aspekt. Dazu gehören auch das Intuitive, das Organische und die Spiritualität. In unser erstes Lebensdrittel treten wir im Zustand der Reinheit ein. Der Verstand wird meist nur dafür eingesetzt, wofür er gedacht ist, nämlich um im Alltag seinen Mann oder seine Frau zu stehen. Das Intuitive ist noch ursprünglich und echt. Mit den Jahren werden wir aber immer mehr an unsere Kopf- und Denkergesellschaft angepasst. Irgendwann erkennen wir gezwungenermaßen, dass das Denken und die Intelligenz nicht der Weisheit letzter Schluss sind. Meist findet dieser Prozess im 30. bis 33. oder im 50. bis 53. Lebensjahr statt.

In der rechten Hand finden wir entsprechend den männlichen Aspekt. Dazu gehören das Denken, das Logische, die Materie und der Geist.

Die Gesundheit in der linken und rechten Hand

Bei der medizinischen chirologischen Deutung sehen wir in der linken Hand die gesundheitlichen Probleme der weiblichen Vorfahren aufgezeichnet. Unter Umständen kann es sich bei entsprechenden Erkrankungsneigungen des Klienten um ererbte Dispositionen handeln. Weiterhin finden wir hier Zeichen für Erkrankungen im ersten Lebensdrittel, sowie für Erkrankungen oder Verletzungen der linken Körperhälfte.

In der rechten Hand finden wir die gesundheitlichen Probleme der männlichen Vorfahren. Unter Umständen kann es sich auch hier um ererbte Dispositionen handeln. Weiterhin finden wir hier Zeichen für Erkrankungen nach dem 30. Lebensjahr, sowie für Erkrankungen oder Verletzungen der rechten Körperhälfte.

Die Entwicklung des Menschen

Weiter zeigt die linke Hand Eigenschaften und Veranlagung bis zum 28. - 30. Lebensjahr an. (Man kann es auch so ausdrücken: Sie verweist auf das, was einem im Leben mitgegeben wurde.)

Die rechte Hand dagegen zeigt das Leben nach dem 30. Lebensjahr und natürlich auch das, was man aus seinem Leben gemacht hat oder noch machen wird (das, was man aus dem Mitgegebenen macht).

Sie können es sich so vorstellen, dass die linke Hand das Bauland zeigt, welches uns für dieses Leben mitgegeben wurde. In der rechten Hand finden wir das Haus, welches wir darauf bauen. Manch einer bekommt ein wundervolles Strandgrundstück als Bauland, baut aber ohne Fundament ein Hochhaus darauf. Das kann auf Dauer nicht gut gehen. Ein anderer Mensch bekommt ein karges felsiges Bauland und baut im Laufe seines Lebens ein solides Haus darauf. Auch wenn es ein wenig anstrengender ist, kann es doch ein wunderbares gesundes Heim sein.

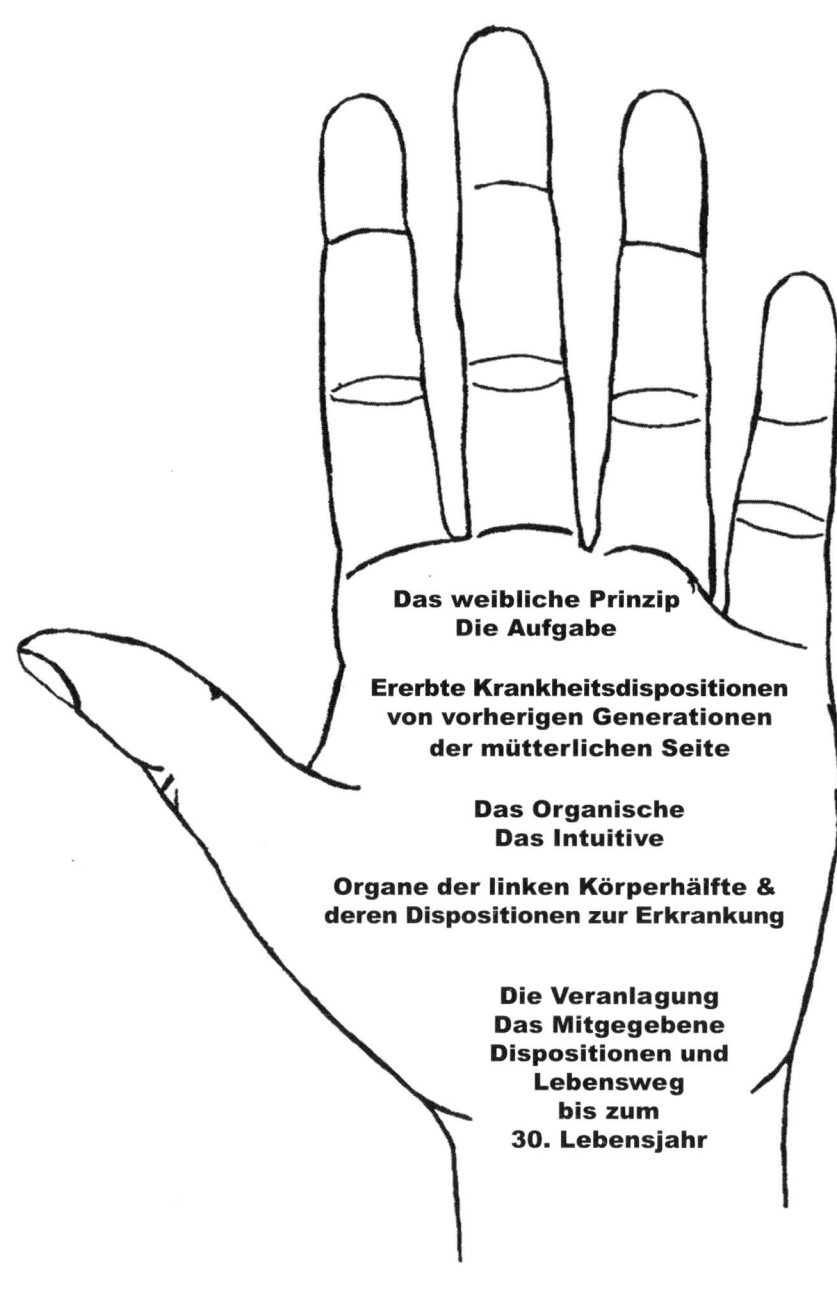

**Das weibliche Prinzip
Die Aufgabe**

**Ererbte Krankheitsdispositionen
von vorherigen Generationen
der mütterlichen Seite**

**Das Organische
Das Intuitive**

**Organe der linken Körperhälfte &
deren Dispositionen zur Erkrankung**

**Die Veranlagung
Das Mitgegebene
Dispositionen und
Lebensweg
bis zum
30. Lebensjahr**

Die linke Hand

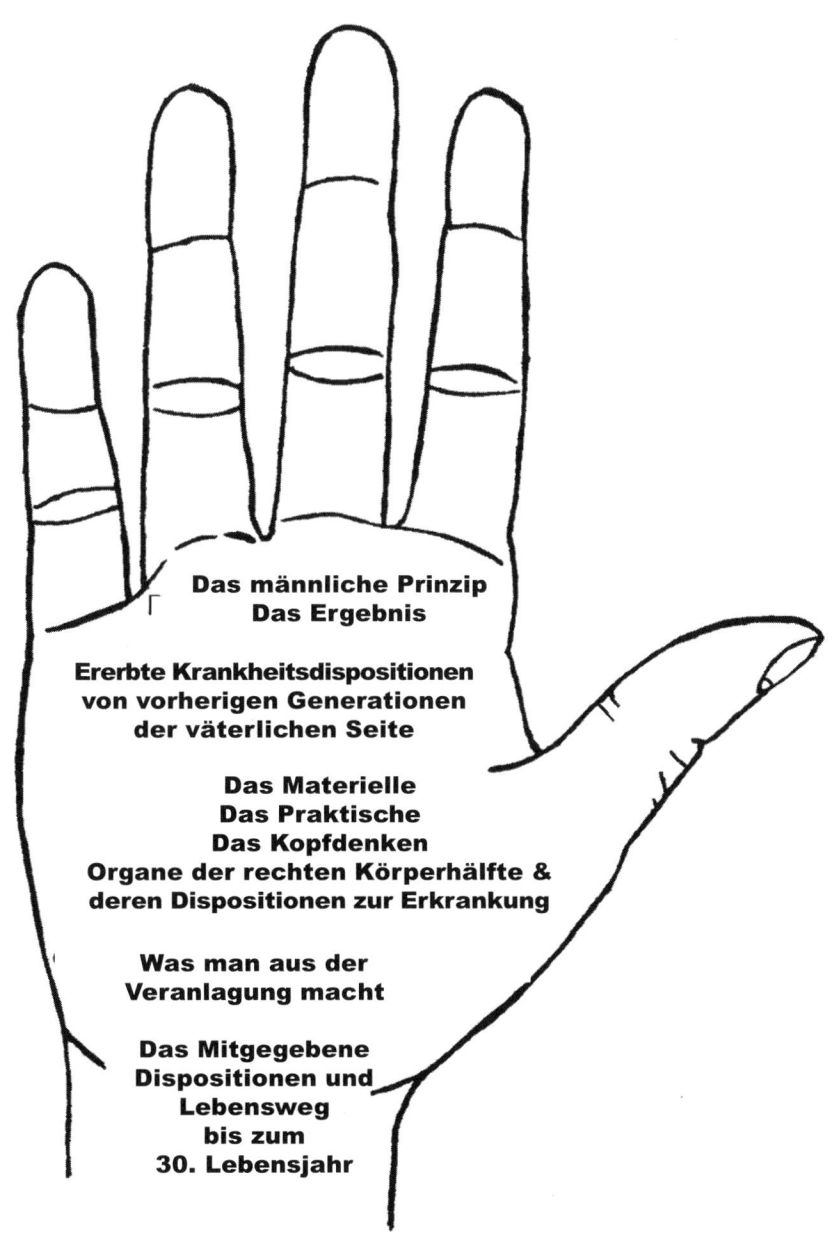

Das männliche Prinzip
Das Ergebnis

Ererbte Krankheitsdispositionen
von vorherigen Generationen
der väterlichen Seite

Das Materielle
Das Praktische
Das Kopfdenken
Organe der rechten Körperhälfte &
deren Dispositionen zur Erkrankung

Was man aus der
Veranlagung macht

Das Mitgegebene
Dispositionen und
Lebensweg
bis zum
30. Lebensjahr

Die rechte Hand

Frauenhände und Männerhände

Grundsätzlich müssen wir erst einmal zwischen Frauenhänden und Männerhänden unterscheiden.

Nachfolgend sind einige Eigenschaften aufgeführt, die in ihrer Grundtendenz den Geschlechtern zugeordnet werden können. Es geht hierbei jedoch nur um das männliche bzw. weibliche „Urprinzip", das bei individuellen Vertretern der Spezies „Mann" oder „Frau" unterschiedlich stark ausgeprägt sein kann. Die Feststellung, dass bei der Frau das Gefühl und das Emotionale, beim Mann der Verstand und der Intellekt dominieren, stellt keine Wertung dar. Beide Tendenzen können bei Männern wie Frauen in unterschiedlichen Mischverhältnissen vertreten sein. Nebenbei bemerkt, leben wir in einer von den Männern und vom Verstand dominierten Welt. Ob eine solche Welt nun erstrebenswert ist, steht auf einem anderen Blatt. Verstand hat übrigens entgegen der landläufigen Meinung nicht allzu viel mit wirklicher Intelligenz zu tun.

Frauen	Männer
weibliches Prinzip	**männliches Prinzip**
Gefühl	Verstand
fein	grob
feinstofflich	materiell
erhalten	erschaffen
Seele	Intellekt
intuitiv	denkend
kontemplativ	aktiv

Diese kurze Auflistung gibt nur eine kleine Auswahl möglicher Analogien wieder, jedoch lässt dies schon erahnen, dass eine Frauenhand anders aussehen muss als eine Männerhand. Im Durchschnitt betrachtet sind Frauenhände immer kleiner, linienreicher und zarter beschaffen als Männerhände. Frauenhände sind einfach etwas feiner.

Dies ist natürlich auch beim Handlesen immer mit zu berücksichtigen. Natürlich gibt es auch Männerhände, die sehr zart sind und extrem viele Linien aufweisen. Ein solcher Mann hat dann sehr viel vom weiblichen Prinzip in seine Persönlichkeit integriert und wird deshalb auch in seinem Leben ein bisschen ähnlich wie eine Frau denken und handeln. Natürlich ist es für einen solchen Menschen nicht einfach, in dieser mit Vorurteilen behafteten Welt zu leben. Denn ein Mann muss ja dem männlichen Klischee entsprechen und darf keinesfalls Gefühle und Schwäche zeigen. Ein solcher Mann wird meist gegen sein Naturell leben müssen, wenn er in der materiell orientierten Welt bestehen will. Genauso gibt es aber auch Frauenhände, welche sehr stark vom männlichen Prinzip geprägt sind.

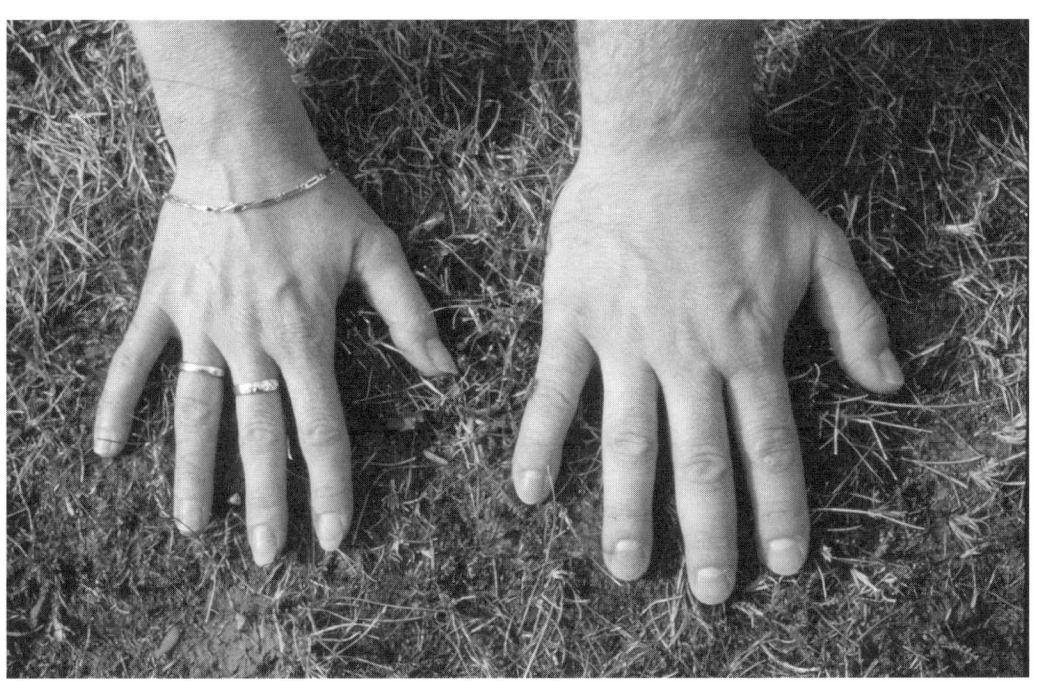

Der Daumen

Wenn nichts anderes in der Welt,
so würde mich der Daumen vom
Dasein Gottes überzeugen.

Isaak Newton

Der Daumen ist eines der wichtigsten Teile der Hand. Dies hat schon eine rein praktische Bewandtnis: Versuchen Sie doch mal, Tätigkeiten mit der Hand auszuführen, ohne dass Sie den Daumen irgendwie dabei gebrauchen. Sie werden sehen: „nichts geht mehr".

In der Chirologie behaupten manche „Experten", dass der Daumen im Gegensatz zu den anderen Fingern nur zwei Glieder habe. Dies ist natürlich anatomisch vollkommen falsch. Das dritte Glied des Daumens verbirgt sich unter dem Venusberg. Interessant ist es, hierbei nun den Venusberg mit einzubeziehen.

Der Daumen symbolisiert das Ich, das „Ich bin", den Willen und den Verstand. Weiter können wir an ihm folgende Charaktermerkmale festmachen:

Durchsetzungskraft

Freiheitsliebe, Freiheitsdrang

Offenheit für Neues, Flexibilität

Das erste Glied des Daumens (Nagelglied) symbolisiert den Willen, die Willenskraft.

Das zweite Glied des Daumens symbolisiert den Verstand.

Das dritte Glied (der Venusberg) symbolisiert das Emotionale und die Triebe.

Ein großer Daumen wird immer dominieren wollen; ein kleiner Daumen strebt nach Anpassung.

1. Sind das erste Daumenglied (Wille) und das zweite Daumenglied (Verstand) gleich lang, so haben wir es mit einem ausgewogenen Verhältnis beider Eigenschaften zu tun. Ein solcher Mensch ist meist auch recht ausgeglichen und harmonisch in seinem äußeren Auftreten. Auch kann man ihm Zuverlässigkeit zuschreiben.

2. Ist das erste Daumenglied (Wille) lang, das zweite (Verstand) jedoch kurz, so haben wir es mit einem Menschen zu tun, der sehr oft die Dinge erzwingen möchte und dies gelegentlich auch tut. Unabhängig davon, ob das, was er erreichen will, nun gut oder schlecht ist. Gelegentlich wird solchen Menschen nachgesagt, sie seien rechthaberisch.

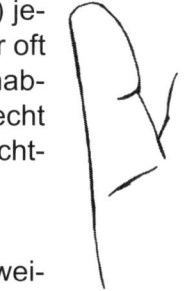

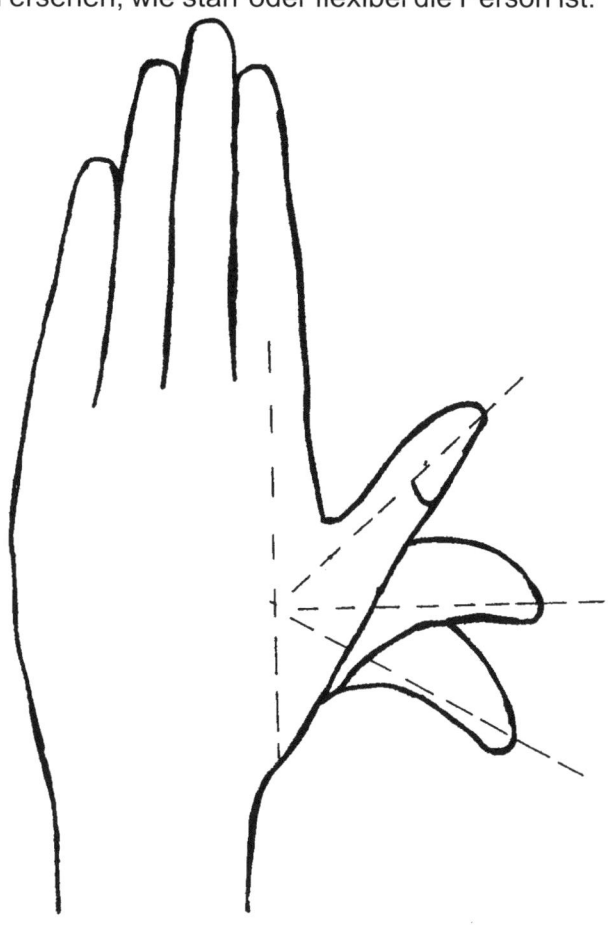

3. Ist das erste Daumenglied (Wille) kurz und das zweite Daumenglied (Verstand) lang, so haben wir es mit einem Menschen zu tun, der sehr überlegt und mit Vernunft handelt. Auch haben diese Menschen oft phantastische (oft sogar revolutionäre) Ideen, jedoch nicht den Willen und die Energie, dies auch umzusetzen. Sie sind manchmal sehr leicht beeinflussbar.

Je nachdem, wie weit sich der Daumen vom Handrumpf abspreizen lässt, kann man ersehen, wie starr oder flexibel die Person ist.

Wichtig ist es hier zu beachten, dass zum einen die maximal mögliche Abspreizung des Daumens, und zum anderen aber auch seine normale Abspreizung (z. B. als unbewusste Körperhaltung während eines Gesprächs) ausschlaggebend sind.

Die *maximal mögliche* Abspreizung des Daumens zeigt uns die maximal mögliche Ausprägung einer Eigenschaft.

Die *unbewusste* Abspreizung des Daumens zeigt uns, inwieweit die betreffende Eigenschaft *gelebt* wird.

Die optimale Abspreizung des Daumens liegt bei einem Winkel von ca. 85 bis 90 Grad. Der Daumen steht dann ziemlich waagerecht zur Handfläche. In diesem Fall kann man von einem gesunden Verhältnis von Selbstsicherheit, Selbstvertrauen, Aufgeschlossenheit, Flexibilität und Freiheitsdrang ausgehen.

Ist der Daumen weniger abgespreizt, so dass er einen deutlich kleineren Winkel als 90 Grad beschreibt, so ist dies ein Zeichen für Hemmungen, mangelndes Selbstvertrauen und eine aus Unsicherheit resultierende mangelnde Flexibilität. Solche Menschen halten eher an ihren alten Meinungen fest und lassen sich nur schwer überzeugen. Auch ordnen sie sich ganz gerne (obwohl sie es nie zugeben würden) in Hierarchien ein. Minderwertigkeitsgefühle sind hier auch oft vertreten.

Ist der Daumen weiter als 90 Grad abgespreizt, so haben wir es mit einem Menschen zu tun der sehr freiheitsliebend ist. Das Selbstbewusstsein ist sehr stark ausgeprägt, und ebenso sind es seine Flexibilität und die Aufgeschlossenheit gegenüber Neuem. Eine Übersteigerung des genannten Charakterbildes finden wir bei einer Abspreizung von über 105 Grad.

Die Zeichen in der Hand

Auf der folgenden Seite finden Sie eine kleine Übersicht über die einzelnen Zeichen, die wir in der Hand finden können. Die längeren und deutlicher ausgeprägten Linien werden weiter hinten im Buch noch ausführlich behandelt. Hier geht es zunächst einmal nur um die kleineren, nicht bei allen Menschen gleichermaßen zu findenden Markierungen der Hand.

Mir persönlich sind mittlerweile über 100 verschiedene Symbole und Zeichen bekannt, von denen wir ca. 30 öfters in den Händen vorfinden. Die anderen Symbole sind als eher selten einzustufen. Wenn wir alle bekannten Symbole und Zeichen hier aufzeigen und erklären wollten, würde dies schon allein ein ganzes Buch füllen. Daher hier nur eine kleine Auswahl.

Alle Zeichen können in einer Handlinie oder auch einzeln stehen. Liegen die Zeichen in bzw. auf einer Handlinie, so sind sie in direktem Zusammenhang mit der Bedeutung der Handlinie zu interpretieren. Stehen die Zeichen einzeln, so zieht man zur Interpretation das entsprechende Gebiet (Berg) und die nächstliegenden Handlinien heran.

Positive Zeichen:

Bitte beachten Sie, dass es selbstverständlich noch viele andere positive Zeichen in der Hand gibt. Hier sind jedoch nur die aufgeführt, welche mir am wichtigsten erscheinen.

Parallele Linien (Verdoppelung)

Wenn die Linien gut und stark gezeichnet sind, verstärken sie die Bedeutung der Hauptlinie. Eine gute parallele Linie sollte sich nahe der Hauptlinie befinden.

Dreiecke und Vierecke

Beide Zeichen schützen; sie sind eindeutig als Schutz- oder Glückszeichen zu werten. Wenn die Lebenslinie unterbrochen und die Unterbrechung von einem Viereck umschlossen ist, so wird Schutz vor Unglück, welches unter Umständen das Leben gefährden kann, gewährt. Interessant ist hierbei, dass diese Zeichen sehr oft bei Menschen auftauchen, die aus spiritueller Sicht noch eine große und vor allen Dingen wichtige Aufgabe zu erfüllen haben.

Symbolzeichen

Symbolzeichen sind Zeichen die direkt als ein Symbol gedeutet werden können. Sprich eine eindeutige Form, welche direkt zugeordnet werden kann. Das einfachste Beispiel wäre hier ein Pentagramm. Wenn diese Zeichen auftauchen bedeutet es in jedem Fall einen ganz besonderen Schutz. Auch gibt es Symbole, die auf das Sternzeichen oder besondere Ereignisse hindeuten .

Negative Zeichen:

Kettenlinien

Ist die Linie nicht gleichmäßig gezeichnet, sondern sieht aus wie aneinander gereihte Kettenglieder, so werden hier die Energien gebremst und reduziert. Meistens äußert sich dies in Form von gesundheitlicher wie auch seelischer Labilität. Die Dauer dieser Störungen kann man ausmessen. Wichtig ist immer das Vergleichen der linken und der rechten Hand. Wenn wir eine Person vor uns haben, die in der linken Hand in der Lebenslinie zwischen dem 50. und 60. Lebensjahr eine Kettenbildung hat, die Lebenslinie in der rechten Hand jedoch einwandfrei ist, dann können wir davon ausgehen, dass eine Schwäche im genannten Zeitraum zwar vorgesehen war, die Person jedoch ihr Leben (bewusst oder unbewusst) so gestaltet hat, dass diese Zeit der Schwäche und der Reduzierung ausbleibt.

Punkte (kleine Vertiefungen)

Punkte finden wir in den Linien und auch freistehend in der Hand. Sie sehen meist aus wie mit einer Stecknadel gestochen. Sie können aber auch die Größe eines Stecknadelkopfes erreichen. Diese Punkte sind als Zeichen für Belastung oder Irritation anzusehen. Je nachdem, wo sich die Punkte befinden, wird das entsprechende Organ zugeordnet.

Inseln

Sie hemmen den Fluss der Energien und sind in jedem Falle als Problemzeichen zu sehen. Je nachdem, wo sich die Inseln befinden, ist auch das betreffende Problem anzusiedeln. Speziell im gesundheitlichen Bereich sind sie als Vererbungszeichen anzusehen.

Kreuze und Sterne

Sie sind verschieden zu deuten: Auf dem Gebiet der Gesundheit sind sie als Prüfungszeichen zu verstehen. Wo Kreuze auftauchen, hat der Mensch mit Prüfungen zu rechnen, die bis an die Grenze der Belastbarkeit gehen können, aber es nicht unbedingt müssen.

Ringe oder Kreise

Befinden sich Ringe oder Kreise auf einem Berg oder in einer Linie, so muss man von einer Erkrankung der entsprechenden Organe oder der entsprechenden Körperregion ausgehen. Sehr oft ist dies nicht nur als Disposition, sondern als tatsächlicher Sachverhalt anzusehen.

Gitterlinien

Sie sind ein Zeichen für sich sammelnde Energien, die nicht frei fließen können. Die Problematik ist seelischer Natur. Irgendetwas staut sich auf und belastet daher den Körper.

Breit auseinander laufende Linien

Linien, die in der Breite auseinander laufen wie ein ausgewaschenes Flussbett sind sehr problematisch, aber auch selten. In jedem Falle ist hier der Arztbesuch mit komplettem Gesundheitscheck angesagt. Hier hat sich entweder eine hartnäckige bakterielle Infektion eingenistet, oder eine Zelldegeneration ist im Gange. In jedem Falle sollte man den Sachverhalt ernst nehmen.

Quastenartig auseinander laufende Linien

Wenn die Linien quastenartig auseinander laufen und sich dann verlieren, so ist dies, allgemein gesagt, als Verlust der entsprechenden Energie zu verstehen.

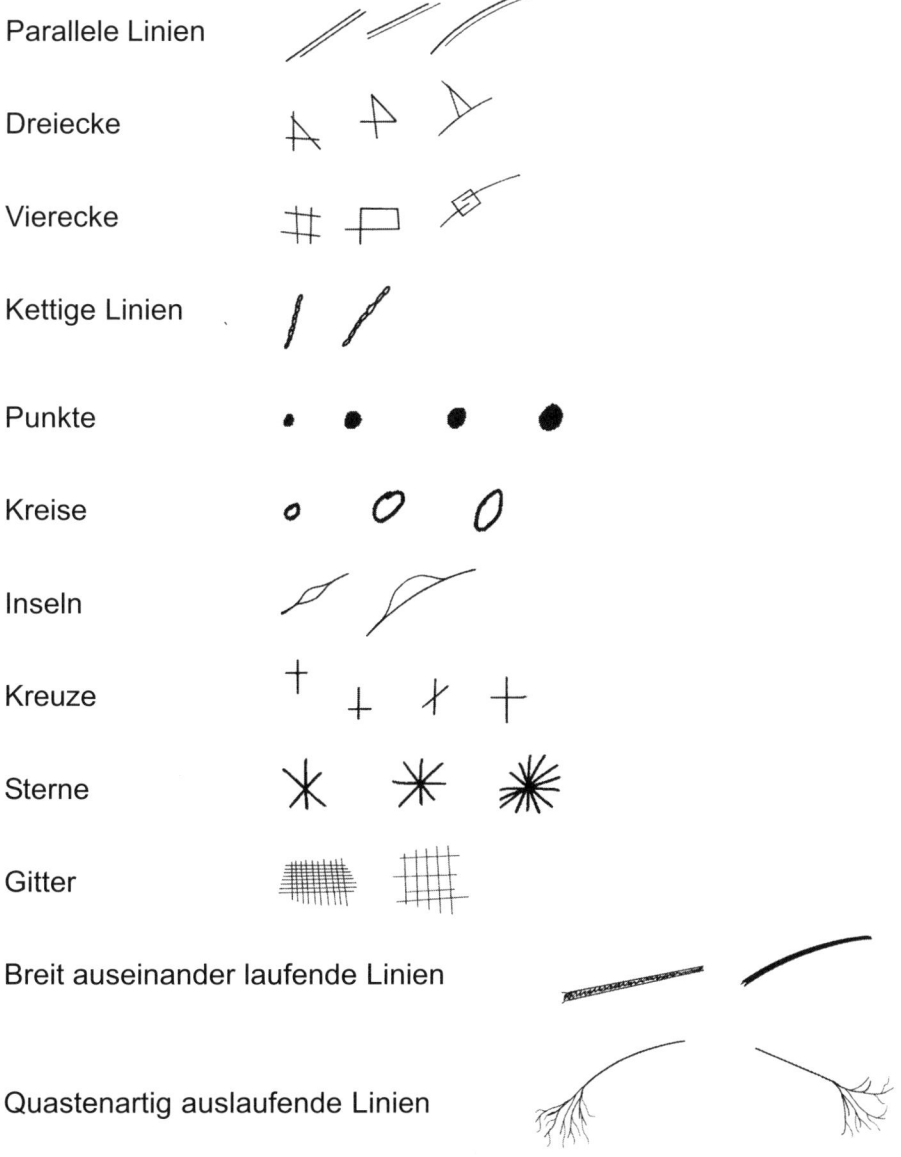

Parallele Linien

Dreiecke

Vierecke

Kettige Linien

Punkte

Kreise

Inseln

Kreuze

Sterne

Gitter

Breit auseinander laufende Linien

Quastenartig auslaufende Linien

Karmische Zeichen und Symbole

Wenn Sie folgende Zeichen sauber gezeichnet in der Hand antreffen, sollten Sie die hier genannte Bedeutung ernst nehmen. „Sauber gezeichnet" heißt, dass die Zeichen recht klar zu erkennen sind. Dabei kann es aber vorkommen, dass das betreffende Zeichen durch eine Kombination einzelner Linien entsteht, so dass einige Linien länger sein können, als auf der Abbildung zu sehen.

Wenn diese Zeichen auf dem Mondberg oder auf dem Venusberg auftauchen, so sind sie in jedem Fall karmischen Ursprungs. Falls Sie eine gewisse Ähnlichkeit mit *Runen-Zeichen* feststellen sollten, so dürfen Sie Ihren Augen ruhig trauen.

1. Wenn Sie dieses Zeichen in Ihrer Hand finden, so stellt es eine Warnung dar. Sie klammern sich zu sehr an die materielle Welt.

2. Wenn Sie dieses Zeichen in Ihrer Hand finden, so ist eine Aufforderung damit verbunden. Suchen Sie nicht nach ihrem Weg. Sie haben ihn längst schon gefunden. Der Weg ist das Ziel; Sie müssen ihn nur noch gehen.

3. Wenn Sie dieses Zeichen in Ihrer Hand finden, so zeigt es Ihnen einen Erfolg an, der für Sie zur Aufgabe und auch zur Belastung werden kann. Denken Sie daran, ein jeder ist seines Glückes Schmied.

4. Wenn Sie diese Zeichen in Ihrer Hand finden, so können Sie gewiss sein, dass Sie in diesem Leben Ihren Führer finden werden.

Wichtig ist es dabei zu beachten, dass ein geistiger Führer dieses nie von sich behaupten würde. Ein weiteres Erkennungsmerkmal ist auch, dass ein solcher Führer niemals irgendetwas von Ihnen erwarten oder verlangen würde. Sind diese Merkmale nicht gegeben, so hüten Sie sich vor einem falschen Führer.

5. Wenn Sie diese Zeichen in Ihrer Hand finden, so können Sie sich der Protektion, des Schutzes sicher sein. Auf dem Mondberg oder dem Venusberg bedeuten sie auch eine große Aufgabe, die alle Ihre Energien aufbrauchen wird. Aber es lohnt sich!

6. Wenn Sie dieses Zeichen in Ihrer Hand finden, so weist dies auf eine Prüfung hin. Viele Aufgaben stehen in Ihrem Leben bevor, die sehr oft nicht einfach sein werden. Erschrecken Sie nicht vor dem Berg, den Sie erklimmen sollen, um Ihr Ziel zu erreichen. Freuen Sie sich vielmehr auf den Weg.

Energiezentren spiegeln sich in den Bergen

Wenn wir uns die Innenhand anschauen, werden wir zunächst die Linien, dann auch bestimmte Erhöhungen sehen. Diese Erhöhungen in der Hand werden als *Berge* bezeichnet. Man kann sich die Berge als Energiezentren vorstellen. In ihnen spiegeln sich hauptsächlich die Charaktereigenschaften und emotionalen Anteile der Person wieder. Je nachdem, wo sich die Berge befinden, können wir die entsprechenden Eigenschaften zuordnen.

Große Berge, ausgeprägte Eigenschaften

An der Größe der Berge können wir erkennen, wie stark die entsprechenden Eigenschaften ausgeprägt sind. Wichtig ist, dass wir beachten, dass sich die Bezeichnung „Berg" nicht unbedingt auf eine Erhöhung, sondern allgemein auf eine bestimmte Fläche auf der Innenhand bezieht. Das bedeutet, dass die Bezeichnung Berge ein wenig irreführend ist. Für uns bedeutet das, wir suchen erst nach dem Gebiet und dann danach, ob und wie stark sich in diesem Gebiet eine Erhöhung ausgeprägt hat.

Tipp: Am Ende des Buches finden Sie im Anhang nochmals zum leichten Auffinden die Abbildungen der Berge und Linien - denn Sie werden diese Anfangs noch brauchen. Sie können sich diese Zeichnungen aber auch kopieren, das hat dann den Vorteil, dass Sie diese immer vor Augen haben und sich die Deutungen schneller einprägen können.

Venusberg (Daumenballen)
Sinnlichkeit, Sexualität, Sinn für das Schöne, Sinn für das Materielle
Körper: Sexualorgane

Jupiterberg (Berg unterhalb des Zeigefingers)
Das Geistige, das Streben
Körper: Kopf, Lunge und Blase

Saturnberg (Berg unterhalb des Mittelfingers)
Das Schicksal, das tiefe Denken
Körper: Knochenbau, Zähne, Epilepsie

Apolloberg (Berg unterhalb des Ringfingers)
Ideale, inneres Universum, Ursprünglichkeit
Körper: Herz, Nieren, Augen

Merkurberg (Berg unterhalb des kleinen Fingers)
Verstand, Reizbarkeit
Körper: Nerven, Gehirn

Marsberg (Berg zwischen Merkur- und Mondberg)
Mut, Starrsinn
Körper: Magen, Darmbereich

Mondberg (Berg unterhalb des Merkurberges)
Phantasie, Empfindsamkeit, Intuition
Körper: Magen, Darm, Unterleib

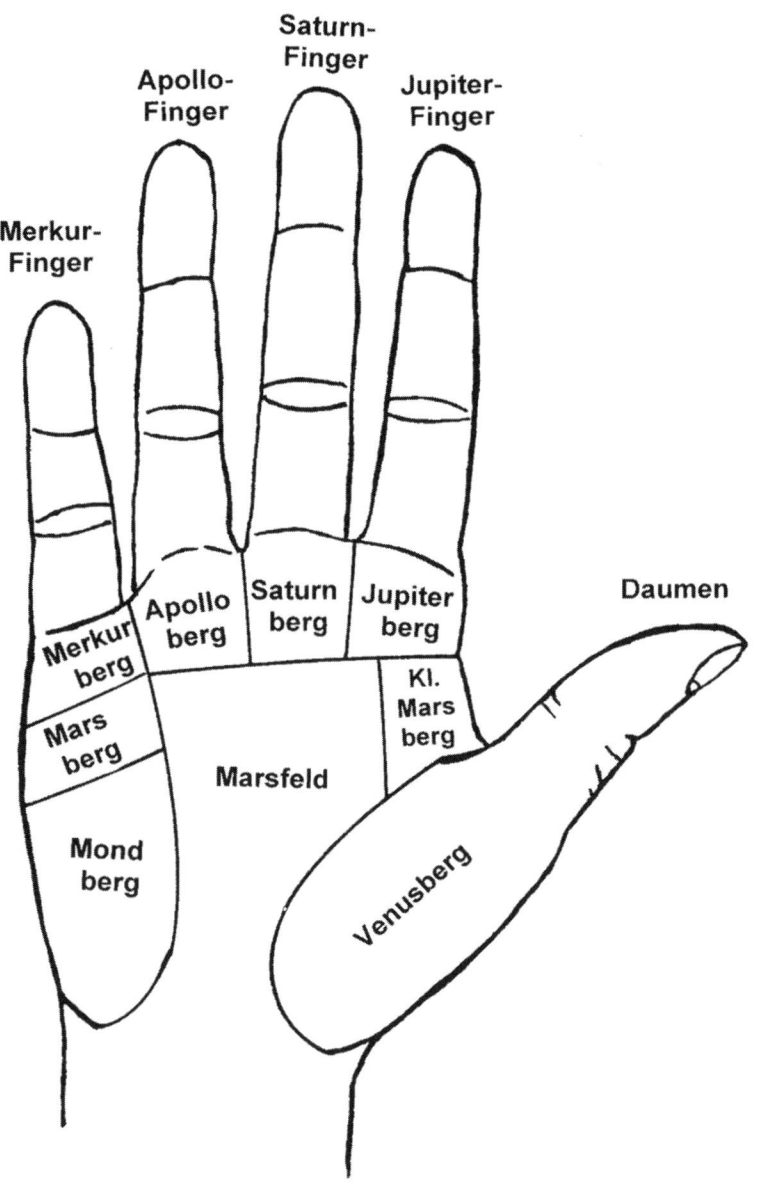

Die Berge im Einzelnen

Wenn wir uns die Berge in der Hand genau anschauen finden wir sehr viel über den Charakter und die Vorlieben des Menschen heraus. Wir können sehen, was den Betreffenden am meisten bewegt, was seine Stärken und auch seine Schwächen sind. In dem Maße, wie ein Berg auf einer Handfläche stark ausgeprägt ist, sind es auch die ihm zugeordneten Eigenschaften. Bitte beachten Sie hierbei, dass hier nicht die Regel gilt: „Je stärker ausgeprägt, desto besser". Selbst wenn die Eigenschaft an und für sich positiv zu bewerten ist, kann sie im Fall der Übertreibung dennoch ins Negative „umkippen". Ein extrem großer oder hoher Berg signalisiert, dass das entsprechende Grundprinzip das Leben eines Menschen in sehr einseitiger Weise beherrscht.

Wenn ein Berg dagegen nur ganz minimal oder gar nicht vorhanden ist, müssen wir von einem Mangel oder der negativen Abwandlung der entsprechenden Eigenschaft ausgehen. Natürlich stellt sich hier sofort die Frage: was ist eigentlich „normal" und was ist „extrem"? Da jede Hand schon allein aufgrund ihrer Form, Konsistenz, Stärke und Größe einzigartig ist, kann ich Ihnen hier keine Maßeinheiten benennen, nach denen Sie die „Normalität" Ihres Charakters in Millimetern angeben könnten. Einen Anhaltspunkt bietet der intuitive Eindruck, dass die Handfläche und deren Berge einen insgesamt harmonischen Eindruck machen. Das heißt, die Berge sind verhältnismäßig gleich stark ausgeprägt, so dass ein harmonisches Gesamtbild entsteht. Also kein Berg ist im Verhältnis zu den anderen Bergen besonders hoch oder flach. In einem solchen Fall kann man meist davon ausgehen, dass es sich um eine ausgeglichene Verteilung der entsprechenden Eigenschaften handelt. Wichtig ist hierbei zu wissen, dass Sie die wirklichen Ausprägungen von Bergen in der Hand nur durch Erfahrung beurteilen können.

Der einfachste Weg, ein Gefühl dafür zu entwickeln, wie die Größenverhältnisse der Handberge zueinander sind, besteht darin, soviel wie möglich in andere Hände zu schauen. Am besten beginnen Sie gleich mit der eigenen Hand und der Ihres Partners.

Beachten Sie jedoch, dass die Berge sich im Laufe eines Lebens verändern können, je nachdem wie sich der Mensch entwickelt. Weiterhin sollte man darauf achten, dass Sie nur die Höhe der Berge unter normalen Umständen analysieren und sie nicht mit Schwielen verwechseln.

Auf der vorne abgedruckten Zeichnung konnten Sie die Verteilung der Berge in der Hand sehen. Wichtig ist hierbei, dass sich die Berge, soweit vorhanden, immer in den eingezeichneten Grenzen befinden. Das heißt, die entsprechenden Eigenschaften finden wir in den eingezeichneten Gebieten, unabhängig davon, ob die Höhe der Erhebung die Bezeichnung „Berg" wirklich rechtfertigt. Auch ein „Flachland" wird hier der Einfachheit halber mit „Berg" bezeichnet, um zu signalisieren, dass die betreffende Fläche Auskunft über einen bestimmten

Themenkreis gibt, der für die betreffende Person größere (hohe Berge) oder geringere (fehlende Erhebungen) Bedeutung hat.

Zur Vorsicht sei noch folgendes vorausgeschickt: Nur alle Berge im Zusammenhang betrachtet können eine wahrheitsgemäße Aussage erbringen. Wenn wir ausschließlich auf der Basis eines einzigen Handberges über einen Menschen urteilen, so wäre das genauso, als würden wir von der Beobachtung eines Menschen auf ein ganzes Volk schließen wollen.

Eine insgesamt „gute" Hand kann einzelne negative Eigenschaften so sehr abschwächen, dass sie sich fast nicht mehr auswirken. Sie kann außerdem die positiven Eigenschaften, die sich aus Einzelbeobachtungen ergeben, verstärken. Eine „schlechte" Hand kann dagegen negative Eigenschaften verstärken und positive Eigenschaften abschwächen. Es hat sich jedoch herausgestellt, dass positive und negative Eigenschaften nicht gleich gewichtet werden können. Wenn sich eine positive und eine negative Eigenschaft, beide gleich stark ausgeprägt, gegenüber stehen, wird immer die positive überwiegen.

Gefühle und Emotionen im Venusberg

Der Venusberg unterhalb des Daumenansatzes ist hinsichtlich der Fläche einer der größten Berge in unserer Hand. Da er sich allein schon durch den Raum, den er einnimmt, von den anderen Bergen unterscheidet, können wir daraus wohl den Schluss ziehen, dass dieser Berg sehr stark das Leben und Denken des Menschen beeinflusst. Der Venusberg dominiert die gesamte Hand und kann dadurch, wenn er gut gewölbt ist, andere negative Aspekte der Hand mildern.

Im Venusberg finden wir das Emotionale, die Gefühle, die Sexualität und natürlich auch die Liebe. Diese Bereiche gehören zu den stärksten Antriebskräften des Menschen. Es gibt kaum jemanden, den diese Dinge in seinem Leben unberührt lassen. Die Liebe ist eine der stärksten und machtvollsten Fähigkeiten des Menschen. Die Stärke des Berges zeigt uns hier wie stark diese Eigenschaften ausgeprägt sind.

Die Form des Venusbergs

Ein *flacher*, wenig entwickelter Venusberg zeugt von einem Mangel an wirklichem emotionalem Leben und auch *Er*leben. Dieser Mangel kann normalerweise durch andere positive Aspekte der Hand ausgeglichen werden. Ich persönlich habe noch nie einen schwachen und wenig entwickelten Venusberg in Zusammenhang mit einer sonst schlechten Hand gesehen. Immer ist in der Hand irgendwo ein Ausgleich vorhanden. Der schwache Venusberg deutet auf ein gewisses Maß an Egoismus und teilweise auch auf übertriebene Vergeistigung in materiellen Dingen hin.

Liebe:

Eher schwierig, es fehlt einfach an wirklicher emotionaler Tiefe und wirklicher Leidenschaft. Es ist nicht so, dass diese Eigenschaften nicht vorhanden sind, sondern sie werden von Vorstellungen und zu vielem Analysieren verdeckt.

Beruf:

Finden wir eigentlich ich allen Berufsgruppen, ist eher schwierig einzuordnen.

Charakter:

Menschen mit flachem Venusberg können sehr herzlich sein, wobei die Ursache dafür nicht unbedingt in der Seele liegt; die Herzlichkeit kann auch nur angelernt sein. Auch eine Neigung zu Emotionslosigkeit im Umgang mit anderen Menschen ist meist vorhanden.

Ein *normal großer* Venusberg deutet auf ein ausgewogenes Vorhandensein dieser Eigenschaften hin.

Liebe:

Absolut in Ordnung

Beruf:

In allen Gruppen zu finden.

Charakter:

Ein netter Mensch mit Sinn für Ästhetik und die schönen Dinge des Lebens. Eigentlich eine recht ausgewogene Natur

Ein *starker* Venusberg zeigt einen Menschen, bei dem diese Eigenschaften stark ausgeprägt sind. Das kann sich in extremer Leidenschaftlichkeit und auch in starkem Sexualverlangen äußern. Der starke Venusberg weist aber auch auf ein sehr intensives Gefühlsleben hin. Weiterhin ist damit Durchsetzungsvermögen, gute Entschlusskraft und Autorität verbunden.

Liebe:

In einer guten Hand kann ich nur sagen: Viel Spaß. In einer schlechten Hand kann es passieren, dass sich die Leidenschaft zur Triebhaftigkeit, das Sexualverlangen zur Perversität und die Liebe zur Habgier wandeln können.

Beruf:

Menschen mit einem starken Venusberg finden wir oft in leitenden Positionen und bei Selbständigen.

Charakter:

Ein Mensch mit starkem Venusberg ist immer ein emotionaler Mensch. Das Gefühl dominiert das Denken. Grundtendenzen sind hier Herzlichkeit und eine liebevolle Ausstrahlung, aber auch impulsives, energisches Verhalten. Wenn der Venusberg verhältnismäßig weich ist, ist der Mensch sehr liebevoll, teilweise sogar *zu* liebevoll.

Ist der Venusberg *sehr stark* ausgeprägt (eher selten), sollte man sich die Hand doch noch genauer ansehen, da dies sehr oft auf unkontrolliertes emotionales Verhalten schließen lässt. Dies kann sich konkret in Form von Gefühlsausbrüchen oder körperlich durch sehr heftige Sexualität (beides nicht gerade von sanfter Art) ausdrücken. Weiterhin weist der sehr starke Venusberg auf ein sehr heftiges Temperament hin, welches sich auch in übertriebenen Reaktionen und Imponiergehabe äußert. Dies jedoch immer nur vorübergehend. Als Vorgesetzter ist ein solcher Mensch für andere nicht einfach zu ertragen, dem Erfolg tut dieses jedoch keinen Abbruch.

Liebe:

Diese Menschen können im Liebesleben recht heftig und unkontrollierbar sein. Auch körperliche Gewalt ist unter Umständen möglich. Als Partner eher heikel.

Beruf:

Diesen Venusberg finden wir eher bei einfachen, manuellen Tätigkeiten.

Charakter:

Menschen mit einem sehr starken Venusberg sind meist sehr liebevoll und recht materiell eingestellt. Oft neigen sie zu heftigen und unkontrollierten emotionalen Reaktionen. Ist der Venusberg sehr weich, fast schwammig, tendiert der Mensch zur Genusssucht.

Die Zeichen auf dem Venusberg

1. Viele feine Linien auf dem Venusberg zeugen von einem sinnlichen Menschen.

Wenn Ihr Kind diese Linien hat,
sollten Sie bedenken, dass man es sehr leicht verletzen kann. Auch ohne dass man dies im ersten Augenblick bemerkt.

2. Werden diese Linien von quer verlaufenden Linien gekreuzt oder gestoppt, so zeugt dies von Hemmnissen und Behinderungen im emotionalen Bereich.

Wenn Ihr Kind diese Linien hat,
neigt es dazu, seine Gefühle nicht auszudrücken; es lässt seine Emotionen nicht wirklich heraus. Diese Linien sind jedoch bei Kindern und Jugendlichen sehr selten. Wenn überhaupt, dann treten sie frühestens ab dem 12. Lebensjahr auf. Bei erwachsenen Menschen findet man sie schon verhältnismäßig oft.

3. Ein Kreuz (klein, einzeln) in der Mitte des Venusberges zeigt die Neigung, sich gefühlsmäßig zu schnell in etwas hineinzusteigern.

Wenn Ihr Kind dieses Zeichen hat,
sollten Sie einfach darauf achten, dass ihm klar wird, dass jede Medaille zwei Seiten hat. Lehren Sie Ihr Kind, vorausschauend zu denken und zu handeln. Sie wissen doch: „Wünsche dir niemals etwas zu sehr, Du könntest es sonst bekommen!"

4. Ein schraffiertes Feld (feine, sich kreuzende Linien) zeigen die Tendenz zur Launenhaftigkeit und die Neigung zu einem ausschweifenden Lebensstil.

Wenn Ihr Kind dieses Zeichen hat,
dann haben Sie es mit der Erziehung sicherlich nicht leicht. Auch dieses Zeichen ist allerdings bei Kindern unter 8 Jahren extrem selten.
Bei älteren Kindern deutet es in jedem Fall auf Probleme in der Erziehung hin.

5. Ein Dreieck auf dem Venusberg verheißt bedachtes Verhalten in Liebesdingen.

Wenn Ihr Kind dieses Zeichen hat,
dann sind Sie später auf jeden Fall vor unliebsamen Überraschungen in Sachen Schwiegersöhne und Schwiegertöchter sicher. Das ist natürlich keine Garantie, aber Ihr Kind neigt dazu, sorgfältig zu prüfen, bevor es sich ewig binden.

Unter Umständen ist es in manchen Dingen sogar allzu zurückhaltend. Ermuntern Sie es!

6. Ein Viereck auf dem Venusberg weist auf unüberlegtes Handeln in Liebesdingen hin.

Wenn Ihr Kind dieses Zeichen hat,
dann haben Sie genau das Gegenteil vor sich wie bei einem Dreieck (5). Machen Sie sich auf jeden Fall auf ein turbulentes Liebesleben Ihres Kindes gefasst. Aber bitte keine Panik! Es ist alles halb so wild. Ihr Kind wird, wie viele andere Menschen auch, positive und negative Erfahrungen machen müssen. Wichtig wäre hier, dass Ihr Kind von Klein auf das Gefühl vermittelt bekommt, dass es mit allen Problemen zu Ihnen kommen kann.

Es wird Sie sicherlich öfters brauchen.

7. Ein Stern auf dem Venusberg zeigt starke Beeinflussbarkeit durch das andere Geschlecht.

Wenn Ihr Kind dieses Zeichen hat,
ist die Gefahr gegeben, dass es sich später unüberlegt in Beziehungen stürzt und sich auch vom Partner beeinflussen lässt.

Das sollte man aber nicht als negativ sehen. Es gibt mehr als genügend Beziehungen, in denen die Partner sich gegenseitig positiv ergänzen und beeinflussen.

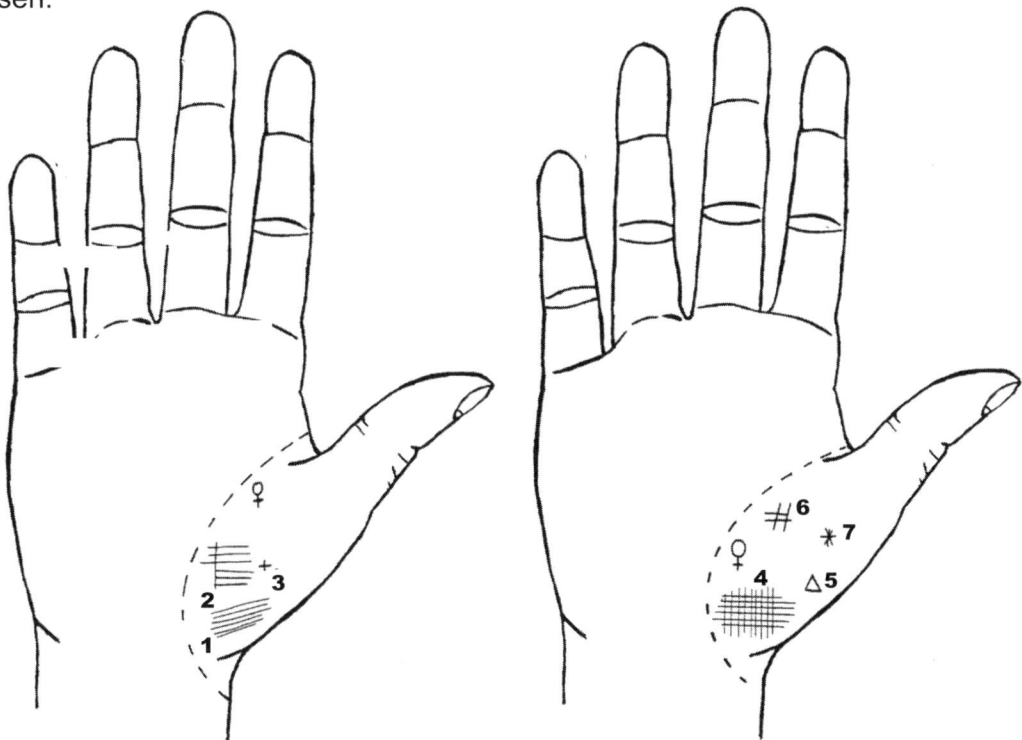

Ehrgeiz und Erfolg im Jupiterberg

Dem Jupiterberg sind die Erkenntnis und der Ehrgeiz zugeordnet. Damit verbunden sind natürlich „artverwandte" Eigenschaften wie Stolz, Erfolg, Strebsamkeit, Religiosität. Der Jupiterberg bezieht sich hauptsächlich auf weltliche Dinge des Lebens.

Die Form des Jupiterberges

Ist der Jupiterberg *sehr flach oder gar eingefallen*, so deutet er auf Berechnung und Egoismus hin, eventuell auch auf eine gewisse Berechnung im Liebesleben. Menschen mit einem sehr *flachen* Jupiterberg sind in geregelten Arbeits- oder Angestelltenverhältnissen gut aufgehoben. Auch mittlere Leitende Tätigkeiten (z. B. Abteilungsleiter) sind möglich, aber wahrscheinlich nicht von langer Dauer.

Liebe:
Eher ein sachlicher, berechnender Typus. Wenn alles nach „seiner Nase" geht, kann das funktionieren.

Beruf:
Angestellter und mittlere leitende Tätigkeiten sind geeignet. Aber auch Handwerkliche Berufe. Jedoch nicht sehr erfolgreich in selbstständiger Tätigkeit.

Charakter:
Ein Mensch mit einem sehr flachen Jupiterberg zeichnet sich durch Bequemlichkeit und Egoismus aus. Ihn lässt so ziemlich alles kalt, was nicht zu seinem eigenen Vorteil dient. Anstand und Ehre sind ihm ziemlich fremd.

Bei einem *normalen* Jupiterberg sind die Eigenschaften eher ausgewogen und kommen wie folgt zum Tragen: Ehrgeiz und Streben stehen in einem vernünftigem Verhältnis zueinander. Fleiß und Strebsamkeit sind gut ausgeprägt, jedoch nicht so übertrieben, dass andere Menschen (z. B. der Lebenspartner oder Geschäftspartner) darunter leiden müssten. Menschen mit einem normalen Jupiterberg haben gute Chancen, sich langsam aber sicher hochzuarbeiten. Bei führenden Angestellten und Unternehmern findet man oft dieses Detail der Handform.

Liebe:
Verlässlicher und solider Partner/in.

Beruf:
Fleißiger und aufstrebender Charakter. Erfolgsorientiert und auch oft in Heilberufen anzutreffen.

Charakter:

Ein Mensch mit normal ausgeprägtem Jupiterberg zeigt ein recht ausgewogenes Verhältnis von Ehrgeiz und Strebsamkeit. Ehrgefühl und Anstand sind ihm wichtig. Er ist eine „ehrliche Haut".

Ein *starker* Jupiterberg zeugt von übertriebener Strebsamkeit und ein wenig zuviel Ehrgeiz. Man stellt sich gerne über die Dinge und meint, alles zu können, muss jedoch diesbezüglich vom Leben oft eines Besseren belehrt werden. Meist wird diese Lehre jedoch nicht angenommen. Ein solcher Partner ist ein wenig mit Vorsicht zu genießen. Wenn die Hand sonst ausgesprochen gut ist, ist alles halb so wild. Wir müssen dann lediglich damit rechnen, dass ein solcher Mensch arg selbstgefällig ist und leichte Anflüge von Größenwahn zeigt. Das kann aber auch ganz amüsant sein.

Schon bei einer sonst normalen Hand sollte man es sich reiflich überlegen, ob dieser Mensch zu einem passt. Bei einer schlechten Hand muss jedoch kategorisch von einer Beziehung abgeraten werden. Im Berufsleben finden wir diesen Handtyp sehr oft bei selbständigen Unternehmern und bei Tätigkeiten, bei denen eine gewisse Eigenständigkeit und auch Enthusiasmus gefordert wird.

Liebe:

Eher mit Vorsicht zu genießen. Die Beziehung steht immer an zweiter Stelle. Mit dem entsprechenden Gegenpart kann das funktionieren.

Beruf:

Eher in Selbständigkeit zu finden, aber auch als Freiberufler. Eher ein Typus mit oft wechselnden Tätigkeiten.

Charakter:

Ein Mensch mit starkem Jupiterberg ist meist sehr ehrgeizig, und dies auf Kosten anderer. Er stellt sein persönliches Wohl (auch wenn er dies bestreitet) über das der anderen.

Ein *sehr starker* Jupiterberg verstärkt die zuvor genannten negativen Aspekte. Wegen des ausgeprägten Ehrgeizes und der Neigung, den Erfolg oft um jeden Preis anzustreben, ist dieser Handtyp im Berufsleben bei Kollegen nicht eben beliebt. Ein solcher Mensch passt allerdings geradezu perfekt in die so genannte Ellenbogen-Gesellschaft. Eigenständigkeit oder Selbständigkeit sind hier die beste Lösung.

Liebe:

Wenn Sie sich gerne unterordnen, devot veranlagt sind oder eine starke Hand brauchen wäre es in Ordnung. Ansonsten lassen Sie einfach die Finger davon, es ist gesünder. Solange Sie nützlich sind wird es wohl gehen.

Beruf:

Karrieretyp, Selbständig, oft auch Unternehmer. Jedoch niemals auf lange Zeit erfolgreich.

Charakter:

Ein Mensch, der es mit Sicherheit nicht leicht mit sich selber hat. Seine herausragenden Merkmale sind übertriebener Stolz und Überheblichkeit. Ruft jemand „mein Gott!" aus, so fühlt er sich gewiss angesprochen. In einer sonst schlechten Hand besteht Neigung zur Kriminalität.

Die Zeichen auf dem Jupiterberg

1. Ein dunkler Punkt auf dem Jupiterberg zeugt von beruflichem Abstieg und Ärger im Kollegenkreis.

2. Ein Kreis auf dem Jupiterberg ist immer positiv zu bewerten. Er verspricht Anerkennung und Wohlbefinden.

3. Ein Kreuz verheißt gute Gelegenheiten, die es zu nutzen gilt: im beruflichen wie auch im emotionalen Bereich.

4. Ein schraffiertes Feld zeigt eine Neigung zu Selbstsucht und Eigensinn. Unrealistische Selbstüberschätzung ist oft vorhanden.

5. Ein Dreieck zeigt Verhandlungsgeschick und gepflegte Umgangsformen.

6. Ein Stern auf dem Jupiterberg zeugt von Erfolg durch Ehrgeiz und Beharrlichkeit. In jedem Fall ist es ein gutes Zeichen für Investitionen und selbständige Geschäfte.

7. Ein Viereck auf dem Jupiterberg deutet auf starken Ehrgeiz hin, der durch Zähigkeit und Ausdauer zum Erfolg führt. Gleichzeitig ist es ein Schutzzeichen vor *übertriebenem* Ehrgeiz.

8. Ein Mond auf dem Jupiterberg warnt vor falschen Gedanken und Beeinflussbarkeit durch andere Menschen. Dergleichen kann alle positiven Aspekte zunichte machen.

9. Ein stehendes oder liegendes „N" auf dem Jupiterberg zeugt von Talent zum Handel.

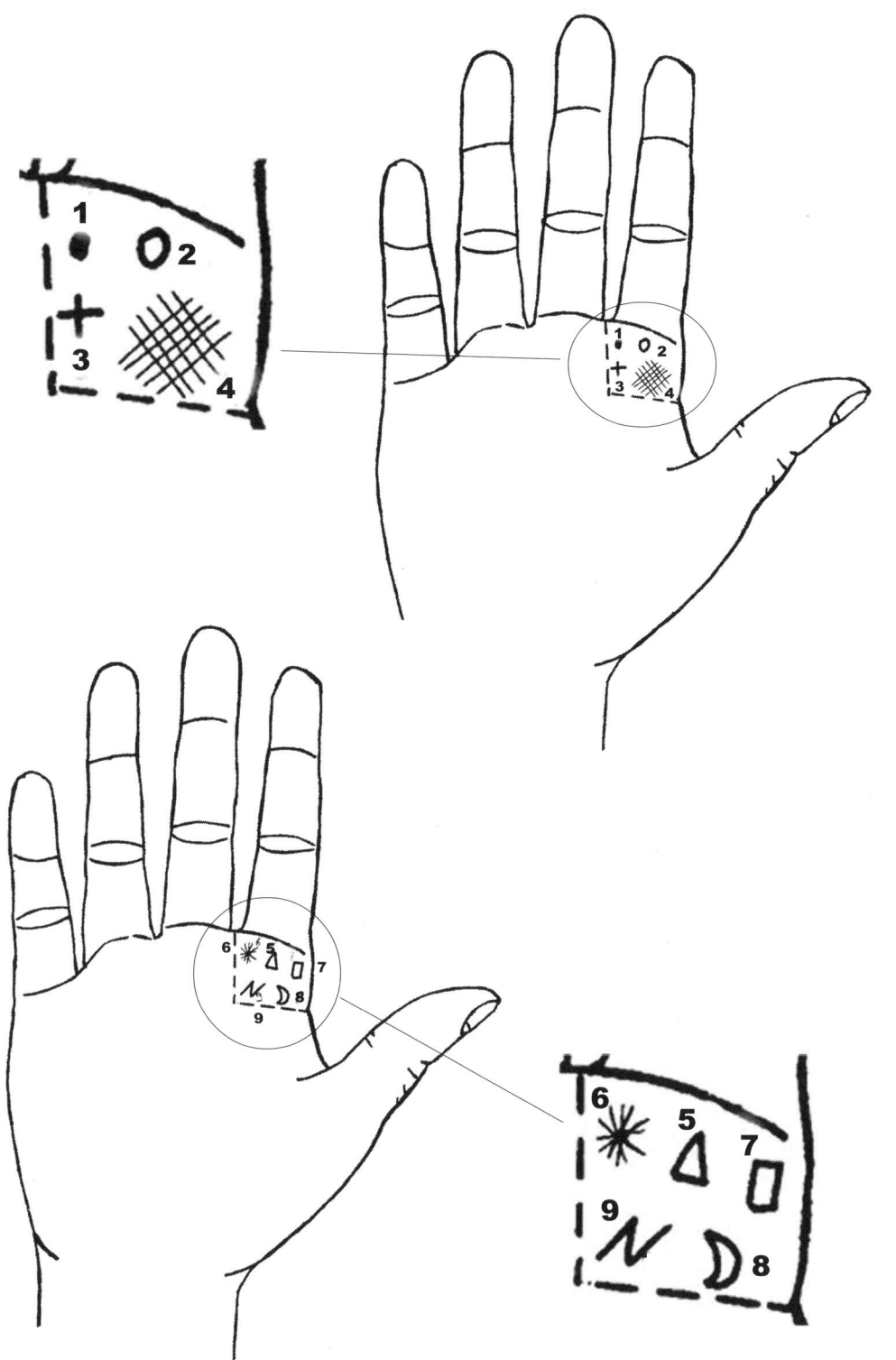

Weitere Zeichen auf dem Jupiterberg

1. Ein Kreis auf dem Jupiterberg ist immer positiv zu bewerten. Er zeugt von Anerkennung und Wohlbefinden.

Wenn Ihr Kind dieses Zeichen hat,
können Sie sich freuen. Dieses Zeichen ist wie ein Stützpfeiler für ein erfolgreiches Dasein.

2. Ein Kreuz zeugt von guten Gelegenheiten die es zu nutzen gilt. Im beruflichen wie auch im emotionalen Bereich.

Wenn Ihr Kind dieses Zeichen hat,
werden Ihrem Kind immer wieder Chancen und Gelegenheiten geboten, die es im materiellen oder auch emotionalen Bereich vorwärts bringt.

3. Ein schraffiertes Feld zeigt Eigensinn und starkes Streben nach Erfolg. Vorsicht auch vor Selbstüberschätzung.

Wenn Ihr Kind dieses Zeichen hat,
kann sein Eigensinn zwar manchmal recht anstrengend sein, jedoch werden Sie sich niemals über Langeweile zu beklagen haben. Sie sollten darauf achten, dass das Erfolgsstreben nicht zu sehr im Vordergrund steht.

4. Ein Dreieck zeigt Verhandlungsgeschick und gepflegte Umgangsformen.

Wenn Ihr Kind dieses Zeichen hat,
ist das wirklich ein positives Zeichen für den Lebensweg. Ihr Kind neigt zu diplomatischem Verhalten und wird sehr feine Wesenszüge an den Tag legen. Ehrgeiz wird vorhanden sein, jedoch nur in dem Maße, dass niemand anderes darunter leidet.

5. Das Venuszeichen wirkt sich positiv auf das Liebesglück aus.

Wenn Ihr Kind dieses Zeichen hat,
freuen Sie sich darauf, dass Ihr Kind, wenn es erwachsen sein wird, in gute Hände kommt.

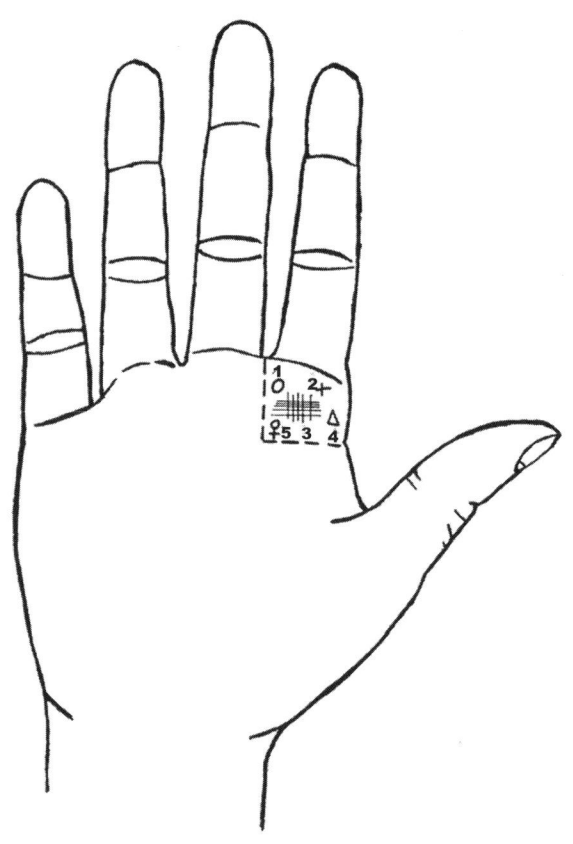

Mystik und Schicksal im Saturnberg

Der Saturnberg steht für das Schicksal (auch für das Prinzip des Karmas). Weiter werden dem Saturnberg Religion und Mystik zugeordnet. Das tiefe Denken und materielle Erfolge finden wir auch dort. Der Saturnberg ist eng verwandt mit der Saturn- (Schicksals-) Linie. Bei der Deutung des Saturnberges sollte man in jedem Fall die Schicksalslinie mit berücksichtigen. Eine gute Schicksalslinie schwächt Negatives ab und verstärkt Positives. Bei einer schlechten Schicksalslinie wird Positives abgeschwächt und Negatives verstärkt.

Die Form des Saturnberges

Ein Mensch mit *flachem* oder nicht vorhandenem Saturnberg hat ein recht einfaches Leben vor sich. Keine ausgeprägten Höhen oder Tiefen. Speziell hier kann die Saturnlinie starken Einfluss ausüben.

Liebe:
Wenn Sie keine allzu großen Ansprüche stellen kann es eine grundsolide Partnerschaft werden.

Beruf:
Vieles Möglich, aber eher als Beamter oder Angestellter zu finden.

Charakter:
Menschen mit flachem Saturnberg neigen dazu, sich ein wenig hängen zu lassen. Oft fehlt ihnen das gesunde Maß an Optimismus. Diese Menschen schränken sich, mangels Vertrauen in sich selbst, viel zu sehr ein.

Ist der Saturnberg *normal* groß, zeugt er von Beständigkeit und tiefem Denken. Jedoch ist auch der Drang nach Unabhängigkeit vorhanden, und der betreffende Mensch lebt gern etwas zurückgezogen. Eine solche Person kann ein sehr treuer und zuverlässiger Partner sein, vorausgesetzt, man engt ihn nicht ein und lässt ihm seinen Freiraum.

Liebe:
Mit ein wenig Toleranz eine ganz gesunde Angelegenheit.

Beruf:
In der Hauptsache selbständiges Arbeiten. Dies kann der leitende Bauführer als auch der Firmeninhaber sein.

Charakter:
Menschen mit normal großem Saturnberg sind recht beständig und zuverlässig. Gewissenhaft und zäh gehen sie ihren Weg. Manchmal sind sie ein wenig zu konservativ.

Ist der Saturnberg _stark_ entwickelt, zeugt dies von übertriebenem Unabhängigkeitsdrang und Besitzstreben. Ein solcher Mensch betrachtet auch ganz gerne seinen Partner als Eigentum.

Charakter:
Menschen mit einem starken Saturnberg neigen einerseits zu übertriebenem Freiheitsdrang, verlangen aber im gleichen Atemzug, dass andere sich ihnen anpassen. Auch haben sie Talent, an Dingen festzuhalten, die wirklich schon längst vorbei sind.

Liebe:
Hier wird viel Toleranz und Anpassungsvermögen verlangt.

Beruf:
Eigentlich alle Arten von Berufen. Oft aber mit Bewegung (körperlich) und Reisen verbunden.

Bei einem _übermäßig starken_ Saturnberg haben wir es mit einem Menschen zu tun, der es wirklich nicht leicht hat. Er hat häufig mit Melancholie zu kämpfen, versinkt viel zu oft in negative Gedanken. Sehr oft kann dieser Mensch seine Emotionen nicht ausleben oder mitteilen.

Liebe:
Mit Sicherheit ein treuer und verlässlicher Partner. Jedoch nicht einfach zu händeln. Braucht viel Zuwendung und Verständnis.

Beruf:
Freiberufler und bildende Künstler finden wir hier oft. Aber auch Schriftsteller und Lebenskünstler.

Charakter:
Menschen mit einem sehr starken Saturnberg sind meist sehr verschlossen und leben zu sehr in sich selbst. Ein recht schwieriger Charakter, der negative Situationen oft förmlich anzieht. Der sehr starke Saturnberg tritt nicht allzu häufig auf.

Die Zeichen auf dem Saturnberg

1. Dunkle Punkte (sehr selten) sind eher ungünstig und lassen auf viele Prüfungen im Leben schließen.

Wenn Ihr Kind dieses Zeichen hat,
dürfte es ihm (und damit auch Ihnen als Eltern) nicht erspart bleiben, im Auf und Ab des Lebens auch bestimmte Durststrecken zu durchwandern. Stärken Sie in ihm von Anfang an das Vertrauen in seine eigene Kraft, die es ihm ermöglicht, alle Hindernisse zu überwinden.

2. Eine längliche Linie, vom Venusberg kommend, zeugt von Liebesgeschick und Verführungskunst.

Wenn Ihr Kind dieses Zeichen hat,
müssen Sie aufpassen, dass Sie (und auch andere) nicht um den kleinen Finger gewickelt werden.

3. Ein Stern zeigt meist, dass dieser Mensch keine innere Ruhe findet. Eine Neigung, sich in einer abgeschlossenen Innenwelt zu verkriechen, ist gegeben. Besonders in Verbindung mit einem starken Mondberg sollte man auf psychische Erkrankungen achten.

Wenn Ihr Kind dieses Zeichen hat,
braucht es viel Zuwendung und Vertrauen. Wichtig ist es auch, ab und zu mal etwas mehr Autorität zu zeigen. Dies jedoch nur zu dem Zweck, das Kind ein wenig aus seiner inneren Isolation zu reißen.

4. Ein schraffiertes Feld zeigt den Drang zur Melancholie. Auch hier ist bei stark ausgeprägtem Mondberg Vorsicht geboten.

Wenn Ihr Kind dieses Zeichen hat,
sollten Sie darauf achten, dass es sich viele Dinge nicht zu sehr zu Herzen nimmt. Schrauben Sie Ihre Anforderungen nicht zu hoch. Lassen Sie Ihr Kind immer wissen, dass es mehr auf den Kern des Menschen, auf seine Persönlichkeit ankommt, als auf Erfolg in Schule und Beruf. Ihr Kind muss sich immer sicher sein können, dass Sie, egal was kommt, hinter ihm stehen.

5. Eine Mondsichel auf dem Saturnberg warnt vor trüben Gedanken.

Wenn Ihr Kind dieses Zeichen hat,
neigt es dazu, zu sehr in sich selbst zu leben und sich schon in jungen Jahren eine eigene Wirklichkeit zu konstruieren, die mit der Realität wenig zu tun hat.

6. Ein Viereck verheißt Schutz vor Gefahren. Dieser Schutz kommt von Außen aus der Geistigen Welt. Nennen Sie es Ihren Schutzengel, Ihren Geistführer oder einfach nur eine gute Seele, die für Sie schaut.

Wenn Ihr Kind dieses Zeichen hat,
kann dies wie ein fester Vertrag mit dem Schutzengel angesehen werden.

7. Ein Kreis zeugt von beruflichem Erfolg beim Handel im großen Stil. Riskieren Sie ruhig mal was.

Wenn Ihr Kind dieses Zeichen hat,
zeugt es von Glück und Geschick im beruflichen und materiellen Bereich.

8. Ein Dreieck auf dem Saturnberg verweist auf eine Neigung zu esoterischen und religiösen Lehren.

Wenn Ihr Kind dieses Zeichen hat,
deutet dies auf großes Interesse an Mystik und geheimen Lehren hin. Auch ist dies ein Zeichen der Suchenden und Forschenden.

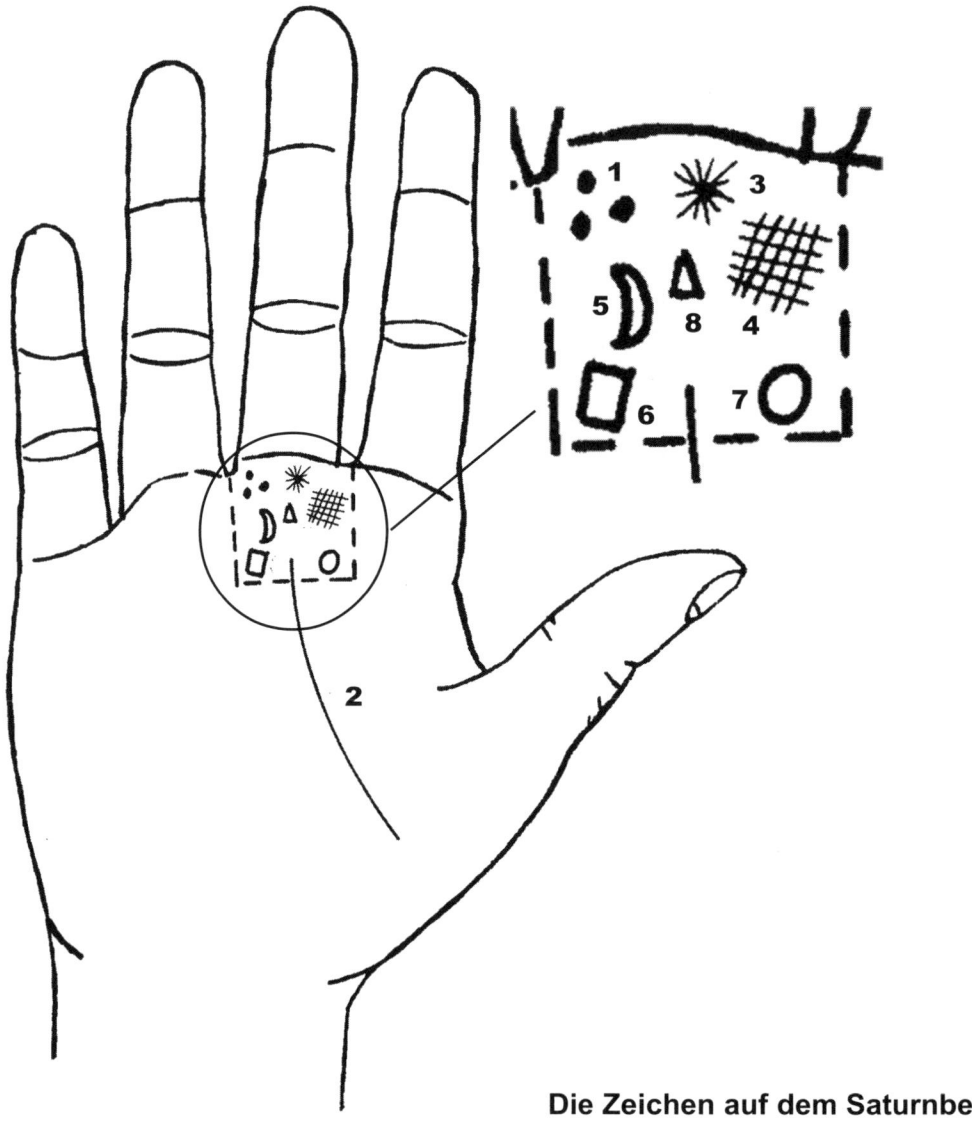

Die Zeichen auf dem Saturnberg

Ideale und Ästhetik im Apolloberg

Im Apolloberg finden wir den Sinn für das Schöne, das innere Leben sowie das ursprüngliche, das natürliche Leben wieder.

Die Form des Apolloberges

Bei einem Menschen mit einem _flachen_ oder nicht vorhandenen Apolloberg haben wir es mit einer (seelisch) nicht stark entwickelten Natur zu tun. Sehr wahrscheinlich handelt es sich um eine junge Seele. Das Materielle überwiegt. Es ist wenig Sinn für Höheres vorhanden. Falls doch, kann man davon ausgehen, dass es sich hierbei nicht um wirkliche Ideale handelt, sondern eher um Zielstrebigkeit.

Liebe:
Sicherlich ein guter Partner, jedoch ohne hohen Anspruch.

Beruf:
Arbeiter und Angestellter. Zur Selbständigkeit eher nicht geeignet.

Charakter:
Menschen mit einem flachen Apolloberg sind von recht schlichter Natur. Eventuell ist ein Mangel an Toleranz vorhanden. Hier geben die anderen Berge mehr Aufschluss.

Bei einem _normal_ geformten Apolloberg haben wir einen Menschen mit recht ausgewogenem Sinn für das Schöne und die Ästhetik vor uns.

Liebe:
Gibt es nicht viel zu sagen. Ist einfach in Ordnung.

Beruf:
In allen Bereichen zu finden. Öfters jedoch als „Freiberufler".

Charakter:
Ein Mensch mit normal geformtem Apolloberg zeigt Toleranz und ist begeisterungsfähig.

Bei einem _stark_ ausgeprägten Apolloberg finden wir sehr oft Zügellosigkeit im materiellen Bereich. Ebenso auch die Neigung, mehr zu versprechen als man halten kann.

Liebe:
Lebendig und voller Fantasie. Steckt oft viel Energie in die Beziehung. Einziger „Wermutstropfen" ist eine eventuelle Unbeständigkeit.

Beruf:
Für alle Berufsgruppen geeignet. Jedoch finden wir sie oft in Berufen, in denen

starke Motivation und Kreativität gefordert werden.

Charakter:
Ein Mensch mit starkem Apolloberg neigt gelegentlich dazu, nicht ganz die Wahrheit zu sagen. Dies aber nicht aus Falschheit, sondern eher aus Selbstüberschätzung. Diese Menschen versuchen es allen recht zu machen, ohne zu bedenken, ob sie dies überhaupt können. Oft versprechen sie Dinge, die sie bei klarer Überlegung nie halten können. Leider machen sie auch gerne andere für ihre Fehler verantwortlich.

Haben wir eine *extrem starken* Apolloberg vor uns, so sollten wir uns ein wenig vorsehen. Dieser Mensch neigt dazu, unzuverlässig zu sein und sehr freizügig mit anderer Leute Geld, Zeit, sowie Hab und Gut umzugehen. Unter Umständen könnte dieser Mensch auch mit dem Gesetz in Konflikt geraten.

Liebe:
Einerseits faszinierend, andererseits aber auch extrem Anstrengend.

Beruf:
Ohne Einschränkung in allen Berufsgruppen zu finden.

Charakter:
Menschen mit einem extrem starken Apolloberg sind sehr schwer einzuschätzen. Die Wahrheit ist für sie ein sehr dehnbarer Begriff, die so gedreht wird wie sie gerade gebraucht wird. Diese Menschen stellen sich gerne über andere und jegliche Toleranz ist ihnen fremd.

Die Zeichen auf dem Apolloberg

1. Dunkle Punkte auf dem Apolloberg sind als Negativ zu werten. Dieser Mensch neigt dazu im beruflichen Bereich Probleme zu provozieren.

2. Ein Kreis deutet auf erhöhte Risikobereitschaft hin, die jedoch zumeist ein gutes Ende nimmt. Hier gilt: Wer nicht wagt, der nicht gewinnt.
Wenn Ihr Kind dieses Zeichen hat,
haben Sie mit Sicherheit einen Rabauken vor sich. Wenn es noch keiner ist, wird es noch einer werden. Versprochen! Machen Sie sich aber keine Gedanken! Ihr Kind hat mit dieser Eigenschaft auch gleich den dazugehörigen Schutzengel mitbekommen.

3. Ein Stern zeugt von Erfolg und Gelingen bei Unternehmungen.
Wenn Ihr Kind dieses Zeichen hat,
wird es im späteren Leben erfolgreich sein. Da aber die Gefahr besteht, dass es eventuell *zu* erfolgreich werden könnte und dann die wirklich wichtigen Dinge des Lebens nicht mehr zu schätzen weiß, sollten Sie ihm heute schon beibrin-

gen, dass man für die Geschenke des Lebens dankbar sein, sie aber auch weitergeben und teilen sollte.

4. Eine Mondsichel warnt vor übertriebenem Enthusiasmus.

Wenn Ihr Kind dieses Zeichen hat,
müssen Sie einfach ein wenig darauf achten, dass die Interessen Ihres Kindes in die richtigen Richtungen gelenkt werden. Die Neigung zu starkem Enthusiasmus ist nun mal vorhanden und kann sogar sehr positiv sein, wenn sie nicht dazu führt, dass man sich in das Falsche „verrennt".

5. Das Venuszeichen auf dem Apolloberg ist meist in den Händen von erfolgreichen, kreativen Menschen zu finden.

Wenn Ihr Kind dieses Zeichen hat,
fördern Sie es einfach. In welche Richtung es auch immer will, es wird seinen Weg machen.

6. Das Zeichen des Merkur zeugt von Talent und Erfolg im Handel.

Wenn Ihr Kind dieses Zeichen hat,
können Sie davon ausgehen, dass es viel Geschick entwickeln wird, andere von sich zu überzeugen und für sich einzunehmen.

Beruflich sind Erfolge in allen Bereichen, die mit Geld oder Handelswaren zu tun haben, zu erwarten.

Intellekt und Geschäft im Merkurberg

Im Bereich des Merkurberges finden wir den Intellekt, den Verstand, sowie auch den Geschäftssinn. In Zusammenhang mit dem Mondberg auch den Okkultismus. Natürlich nicht zu vergessen sind die Ehelinien, die wir auch im Bereich des Merkurs finden.

Die Form des Merkurberges

Ein Mensch mit einem _flachen_ oder nicht vorhandenen Merkurberg besitzt nicht unbedingt das größte Geschick für den Handel oder die Wissenschaft. Von größeren Geschäften, bei denen es um alles oder nichts geht, ist in jedem Fall abzuraten. Auch der Bereich des Okkultismus ist zu meiden.

Liebe:
Einfach, lieb, fürsorglich und gut!

Beruf:
Handwerk und Dienstleistung sind hier gut geeignet.

Charakter:
Menschen mit einem flachen Merkurberg sind von ihrem Wesen her recht leichtgläubig und es mangelt ihnen an gesunder Kritikfähigkeit.

Haben wir einen _gut entwickelten_ Merkurberg vor uns, so können wir von Talent für das Handelsgewerbe und die Naturwissenschaften sprechen. Auch finden wir einen Sinn für das Mystische und Okkulte.

Liebe:
Hier finden wir einen Partner, dessen Gefühle in die Tiefe gehen. Falls keine gegenteiligen Zeichen vorhanden sind einen Menschen für eine tiefe und vertrauensvolle Beziehung.

Beruf:
Handel, Wissenschaft, Medizin, Philosophie.

Charakter:
Menschen mit einem gut entwickelten Merkurberg sind sehr neugierig und auch kritisch. Der Wissensdurst ist eine starke Triebkraft. Auch sind diese Menschen sehr gute Zuhörer.

Ist der Merkurberg _sehr stark_ ausgeprägt, muss man auf Unehrlichkeit und Berechnung gefasst sein. Auch Lüge und Egoismus gehören möglicherweise zum Verhaltensrepertoire.

Liebe:
Nicht der Hit. Ein Partner, der seine eigenen Bedürfnisse in den Vordergrund stellt.

Beruf:

In jeder Berufsgruppe zu finden.

Charakter:

Menschen mit einem sehr starken Merkurberg neigen dazu, ihren Verstand und ihr Talent in geschäftlichen Dingen zu sehr zu ihrem Vorteil zu nutzen. Sehr oft werden andere dabei ausgenützt. Die Wertvorstellungen sind hier ein wenig aus dem Gleichgewicht geraten. Dasselbe gilt auch für das Rechtsempfinden.

Die Zeichen auf dem Merkurberg

1. Ein kleiner Punkt (rot oder dunkel) auf der Berghöhe warnt vor Misserfolgen bei Geschäften. Möglichst sollte man die Risiken gering halten und sich keinesfalls zu sehr auf andere verlassen.

Wenn Ihr Kind dieses Zeichen hat,

sollten Sie es sich doch einmal zur Seite nehmen und das eine oder andere Wort mit ihm reden. Denn dieses Zeichen warnt nicht nur vor Leichtsinn, sondern es zeigt auch eine gewisse Veranlagung für leichtsinnige Geschäfte.

2. Ein Stern auf dem Merkurberg zeugt von Erfolgen in Geschäftsleben und Forschung.

Wenn Ihr Kind dieses Zeichen hat,

freuen Sie sich und versuchen Sie seinen Lebensweg in die richtige Richtung zu lenken.

3. Ein Dreieck zeugt von Besonnenheit. Dies ist förderlich in Berufen, wo Ruhe und Sachlichkeit bei Untersuchungen und in Entscheidungsprozessen verlangt werden.

Wenn Ihr Kind dieses Zeichen hat,

ist das sehr zu begrüßen. Sie können davon ausgehen, dass Ihr Kind immer versuchen wird, wohlüberlegt zu handeln.

4. Viele kleine Linien auf dem Merkurberg zeigen einen Menschen, der zu viele Dinge beginnt und dann Probleme hat, sie auch alle umzusetzen.

Wenn Ihr Kind dieses Zeichen hat,

müssen Sie sich damit abfinden, dass es immer mehrere Baustellen auf einmal eröffnet. Gehen Sie davon aus, dass es dieselbe Begeisterung, die es heute für eine Sache aufbringt, morgen für die nächste einsetzen kann und das angefangene Projekt von gestern links liegen lässt. Sie haben hier auf jeden Fall die Garantie, dass es nicht langweilig wird.

5. Ein Kreuz auf dem Merkurberg ist bei Geschäften - und dies gilt nicht nur für den Beruf - als förderlich anzusehen.

Wenn Ihr Kind dieses Zeichen hat,

freuen Sie sich einfach. Es wird im materiellen Bereich immer ein gutes Händchen haben.

6. Ein Kreis warnt vor Verlusten auf Reisen oder bei Auslandsgeschäften.

Wenn Ihr Kind dieses Zeichen hat,
sollten Sie einfach ein wenig auf es Acht geben. Alles was mit Reisen zu tun hat ist nicht so sein Ding. Keine Katastrophe, aber dennoch zu beachten.

7. Ein großer Stern zeugt bei einem Arzt (egal welchen Fachgebiets) von einem glücklichen Händchen.

Wenn Ihr Kind dieses Zeichen hat,
fördern Sie es einfach in die richtige Richtung. Hier liegen die Gene für einen begabten Mediziner.

8. Mehrere parallele senkrechte Linien auf dem Merkurberg zeigen eine große Begabung für ein Studium, insbesondere der Medizin und Wissenschaften.

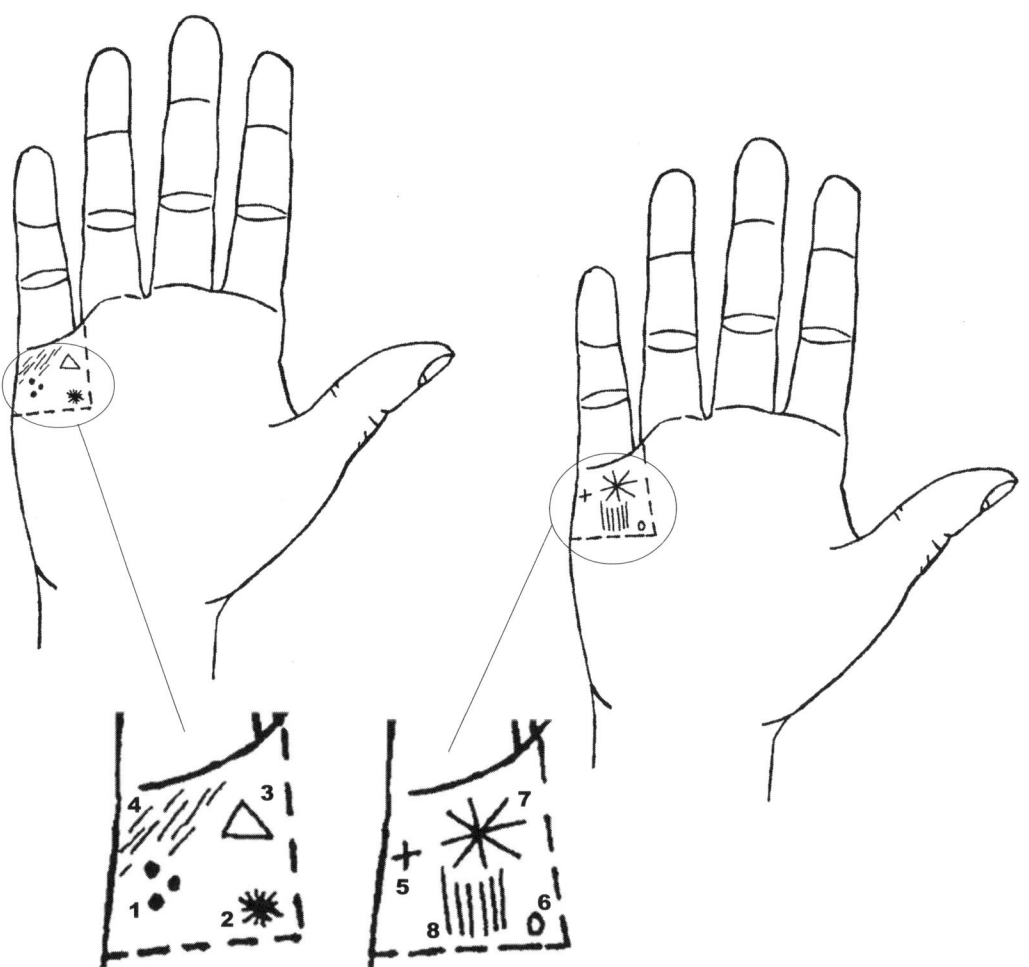

Das Temperament im Marsberg

Im Bereich des Marsberges finden wir die Antriebskräfte, das Temperament, die Power.

Die Form des Marsberges

Bei einem _sehr flachen_ Marsberg mangelt es an Mut, Kraft und Energie. Selbständiges Arbeiten ist wohl nicht die größte Stärke dieses Menschen. In jedem Fall ist man im normalen Angestelltenverhältnis besser aufgehoben. Auch wird die Arbeit immer nur einen sekundären Stellenwert haben.

Liebe:
Eher ein ruhiger Partner. Emotional zurückhaltend und für sich lebend. Dennoch absolut zuverlässig.

Beruf:
Handwerk, Büro, Dienstleister.

Charakter:
Menschen mit einem sehr flachen Marsberg lassen sich gerne Treiben und warten auf den entsprechenden Impuls (Menschen) von außen. Diese Menschen sind auch leicht zu manipulieren. Ihre Eigeninitiative besteht darin, abzuwarten.

Ist der Marsberg _normal stark_ ausgeprägt besitzt dieser Mensch reichlich Energie und Kraft, die er auch mutig einsetzt. Sehr gut geeignet, wo Power und Energie gefordert sind. In Kombination mit einem starken Venusberg, steht einer Karriere nicht allzu viel im Wege.

Liebe:
Lebendig und Leidenschaftlich. Sexuell sehr aktiv und leicht dominant.

Beruf:
In allen Berufen zu finden, vorzugsweise jedoch in aktiven Berufen. Also kein „Bürohengst".

Charakter:
Menschen mit einem normal ausgeprägten Marsberg sind meist mutig und neuen Dingen gegenüber aufgeschlossen. Sie sind kritisch gegenüber anderen, aber auch sich selbst.

Bei einem _extrem stark_ ausgeprägten Marsberg können die positiven Eigenschaften in extreme Eigenschaften ausarten. So können sehr schnell aus Energie und Kraft, Rücksichtslosigkeit, Härte und Streitsucht entstehen. Ein sehr starker Marsberg ist sehr hilfreich beim Weg auf der Berufsleiter nach oben, jedoch muss man sich damit abfinden, dass man auf der Beliebtheitsskala unter Umständen an letzter Stelle steht.

Liebe:

Nicht einfach aber auch keinesfalls langweilig. Alle Eigenschaften des normal ausgeprägten Marsberges sind hier erheblich stärker vorhanden. Hier sind viel Toleranz und gute Nerven gefragt.

Beruf:

Typischer Chef, Manager oder leitender Angestellter.

Charakter:

Menschen mit einem extrem starken Marsberg sind oft rücksichtslos gegen sich und andere. Wenn sie einmal ein Ziel ins Auge gefasst haben, versuchen sie es um jeden Preis zu erreichen. Dabei geschieht es oft genug, dass andere wichtigere Dinge und auch Menschen auf der Strecke bleiben.

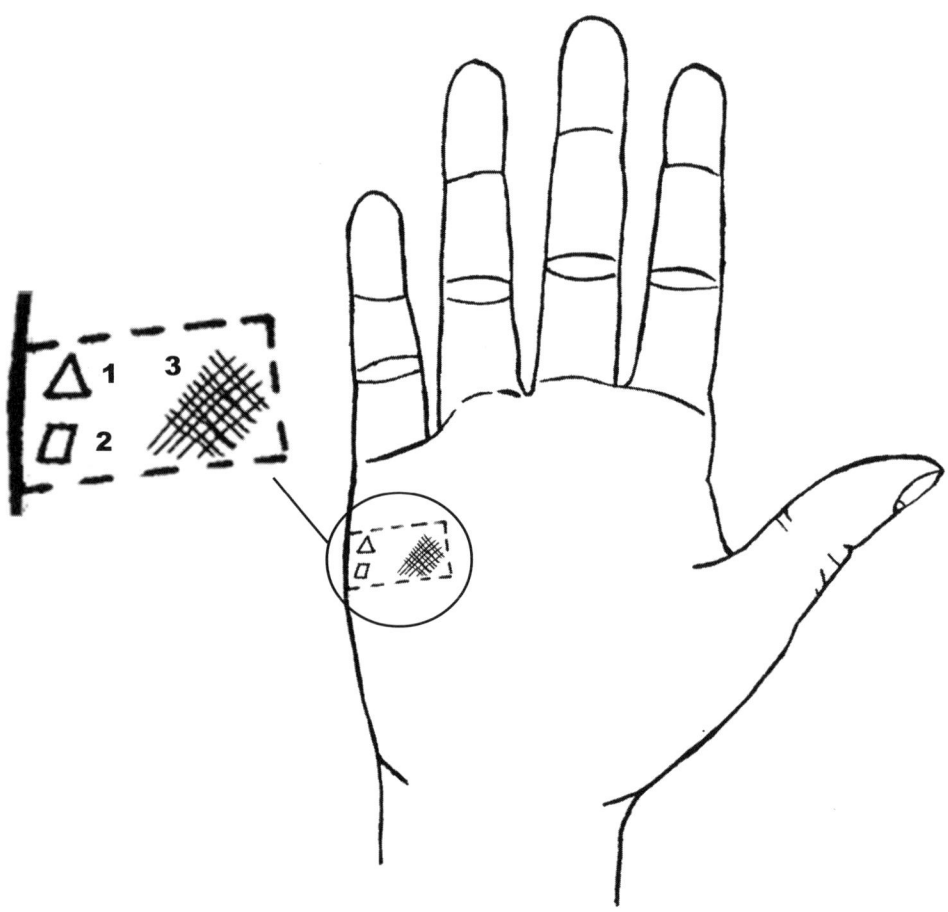

Die Zeichen auf dem Marsberg

1. Ein Dreieck auf dem Marsberg zeigt strategisches Talent und analytisches Denken.

Wenn Ihr Kind dieses Zeichen hat,
haben Sie einen kleinen Strategen vor sich. Ihr Kind wird es verstehen, Sie mit Schläue und Geschick auszutricksen, wo es nur geht. Diese Eigenschaft kann aber auch ein belebendes, spielerisches Element in die Familie bringen.

2. Ein Viereck auf dem Marsberg bedeutet Schutz und Protektion.

Wenn Ihr Kind dieses Zeichen hat,
ist das mehr als erfreulich; das Viereck auf dem Marsberg ist seit jeher das Zeichen für Schutz. Diese Protektion kommt jedoch nicht aus der uns bekannten materiellen Welt. Wie auch immer, seien Sie und auch Ihr Kind dankbar dafür. Dieser Schutz kommt aber erst dann zum Tragen, wenn akute Gefahr oder extreme Situationen auftreten.

3. Ein eng schraffiertes Feld ist als negativ anzusehen. Mit vielen Widerständen und Auseinandersetzungen ist zu rechnen.

Wenn Ihr Kind dieses Zeichen hat,
sollten Sie es frühzeitig lehren, mit seinen Energien dosiert umzugehen. Wichtig ist es hier auch, Rücksichtnahme gegenüber anderen zu lernen. Wenn diese Eigenschaften nicht gefördert werden, ist es wahrscheinlich, dass Ihr Kind immer wieder anecken wird.

Intuition und Stimmungen im Mondberg

Im Bereich des Mondberges finden wir die Intuition, die Stimmungen, die Phantasie, das Gemüt, das Intuitive und die Kunst. Aber auch die Abenteuerlust, die Reisen und die Bewegung (Unruhe) hinterlassen hier ihre Spuren.

Die Form des Mondberges

Ist der Mondberg nur _sehr flach_ oder gar eingefallen haben wir es mit einem Menschen zu tun, bei dem das Materielle und Praktische im Vordergrund steht.

Liebe:
Ein sachlicher und praktischer Partner. Eher zurückhaltend. Emotionaler Tiefgang ist hier nicht zu erwarten.

Beruf:
In allen Berufssparten zu finden. Mehrheitlich jedoch eben in praktischen und sachlichen Bereichen.

Charakter:
Menschen mit einem sehr flachen Mondberg sind in vielen Bereichen einfach phantasielos. Man könnte auch sagen, sie sind langweilig. Menschen dieser Art sehen die Dinge entweder praktisch oder gar nicht. Jeglicher Sinn für tiefes Empfinden fehlt.

Bei einem _normal_ ausgeprägten (leicht erhöhten) Mondberg können wir von recht ausgewogenen Eigenschaften sprechen.

Liebe:
Keine besonderen Merkmale.

Beruf:
In allen Bereichen zu finden.

Charakter:
Menschen mit einem normal ausgeprägten Mondberg haben eine recht realistische Vorstellung von der Welt. Ideelle Werte spielen für sie eine große Rolle. Materielles Denken ist normal ausgeprägt.

Bei einem _starken_ (gut erhobenen) Mondberg finden wir viele Talente für Kunst und musische Dinge. Auch eine schriftstellerische Begabung liegt hier nahe. Ein Gespür für feinstoffliche Schwingungen und für die praktische Anwendung von esoterischen Lehren ist in jedem Fall vorhanden. Diese Menschen können sich gut in ihr Gegenüber einfühlen und mit ihm empfinden.

Liebe:
Tiefes Verständnis und hohe Sensibilität sind hier vorhanden. Die Zuverlässigkeit lässt zwar gelegentlich zu wünschen übrig, aber dennoch ein guter Partner.

Beruf:
Vom Autor über den Psychologen bis zum Therapeuten ist alles möglich. Auch der Künstler und der spirituelle Lehrer ist hier zu finden.

Charakter:
Menschen mit einem starken Mondberg können sich sehr gut in einen anderen Menschen hineinfühlen. Ihr Empfinden ist stark ausgeprägt. Sie sind ausgezeichnete Gesprächspartner.

Ist der Mondberg *sehr stark* ausgeprägt, dann dominiert die Phantasie, welche im Extremfall zur Phantasterei ausarten kann. Diese Neigung zu blühender Phantasie und Verträumtheit spielt sich meist - für Außenstehende kaum bemerkbar - in einem seelischen Innenraum ab. Als Resultate können sich Verschlossenheit und Depressionen einstellen. Auch ist ein Hang zu Launenhaftigkeit und extremen sexuellen Vorlieben vorhanden.

Liebe:
Kein schlechter Mensch. Eher schwierig als Partner. Letztendlich ein ewiger „Pflegefall".

Beruf:
In allen Sparten zu finden.

Charakter:
Menschen mit einem sehr stark ausgeprägten Mondberg sind zwar sehr redegewandt, fühlen sich aber meist von der Welt nicht verstanden. Oft neigen sie dazu, sich in sich selbst zurückzuziehen. Leider muss man sagen, dass sie gelegentlich realitätsfremd sind.

Die Zeichen auf dem Mondberg

1. Ein Kreuz auf dem Mondberg zeigt uns die Veranlagung zur Melancholie. Bei einem sehr starken Mondberg verstärkt sich diese Veranlagung nochmals. Befindet sich das Kreuz jedoch im unteren Bereich des Mondberges, so hat es eine vollkommen andere Bedeutung. Es ist ein Zeichen für Erfolg und Reichtum im letzten Drittel des Lebens.

2. Ein Stern auf dem Mondberg stellt in diesem Fall eine Steigerung des Kreuzes dar. Die Veranlagung zur Melancholie ist sehr stark. Daraus resultiert sehr oft eine Persönlichkeit, die sehr intensiv in ihrer eigenen Welt lebt und gelegentlich die Phantasien mit der Realität verwechselt. Sind es positive Phantasien, dann ist das oft nicht allzu schlimm, bei negativen Fantasien kann es jedoch schnell krankhaft werden. Auch ist hier Achtung geboten bei Investitionen jeglicher Art. Man muss aufpassen, das einem die eigene Gutgläubigkeit nicht das Hab und Gut kostet. Trau - Schau - Wem.

Wenn Ihr Kind ein Kreuz oder einen Stern auf dem Mondberg hat, dann sollten Sie sich darüber im Klaren sein, dass es sehr oft in sich selbst verkrochen ist. Manchmal scheint es, als sei es in Gedanken von dieser Welt entrückt. Dies ist aber nicht ganz so schlimm, wie es sich anhört.

Wichtig ist, dass Ihr Kind schon früh lernt, positiv zu denken und sich eine Art von Gedankendisziplin aneignet. Dadurch ist es möglich, negatives Denken, welches bis zur Depression führen kann, im Keim zu ersticken. Das funktioniert wirklich - und nicht nur bei Kindern.

3. Ein Dreieck auf dem Mondberg zeugt von Talent und Begeisterung für Mystik, Okkultismus und Esoterik. Interessant ist hierbei, dass es sich nicht um phantasievolle Spinnereien handelt, sondern dass die Person recht realistisch mit diesen Dingen umgeht. Dieses Zeichen in einer sonst guten Hand ist geradezu ideal um die Spiritualität mit dem Beruf zu verbinden. Persönliche Entwicklung und Beruf lassen sich hier vereinen. Man braucht es nur noch zu tun.

Wenn Ihr Kind dieses Zeichen hat,
ist dies etwas sehr Positives. Wichtig ist dabei nur, dass Sie lernen, Ihr Kind ernst zu nehmen und ihm auch wirklich zuzuhören, wenn es Geschichten erzählt, die dem ersten Anschein nach eher in den Bereich der Träume gehören.

4. Ein Viereck bedeutet hier Schutz oder Protektion auf Reisen. Auch ist es ein Schutzsymbol vor der eigenen Phantasie.

Wenn Ihr Kind dieses Zeichen hat,
so ist es zum einen geschützt vor Gefahren auf Reisen, zum anderen auch vor seiner eigenen, manchmal sehr lebhaften Phantasie.

5. Ein eng schraffiertes Feld zeugt von extremer Empfindsamkeit, die sich sehr oft als hinderlich in Bezug auf klares Denken auswirkt. Diese Person ist nervlich nicht sonderlich belastbar. Dies kann beim Erwachsenen unter entsprechend belastenden Bedingungen bis zum nervlichen Zusammenbruch führen.

Wenn Ihr Kind dieses Zeichen hat,
sollten Sie sehr behutsam und auch verständnisvoll sein. Ihr Kind hört und sieht zwar die anderen Menschen, in der Hauptsache aber *empfindet* es sie. Diese Empfindungen entsprechen meist auch der Wahrheit. Es ist also schwer, Ihrem Kind etwas vorzumachen. Auch wenn es vielleicht den Eindruck einer robusten Natur vermittelt, die nichts umwerfen kann, so handelt es sich hier dennoch um einen sehr empfindsamen Menschen, den man sehr schnell unbewusst verletzen kann.

6. Eine waagerechte Linie auf dem Mondberg ist seit jeher als Reiselinie bekannt.

Wenn Ihr Kind diese Linie hat,
wird es sehr wahrscheinlich viele längere Reisen unternehmen.

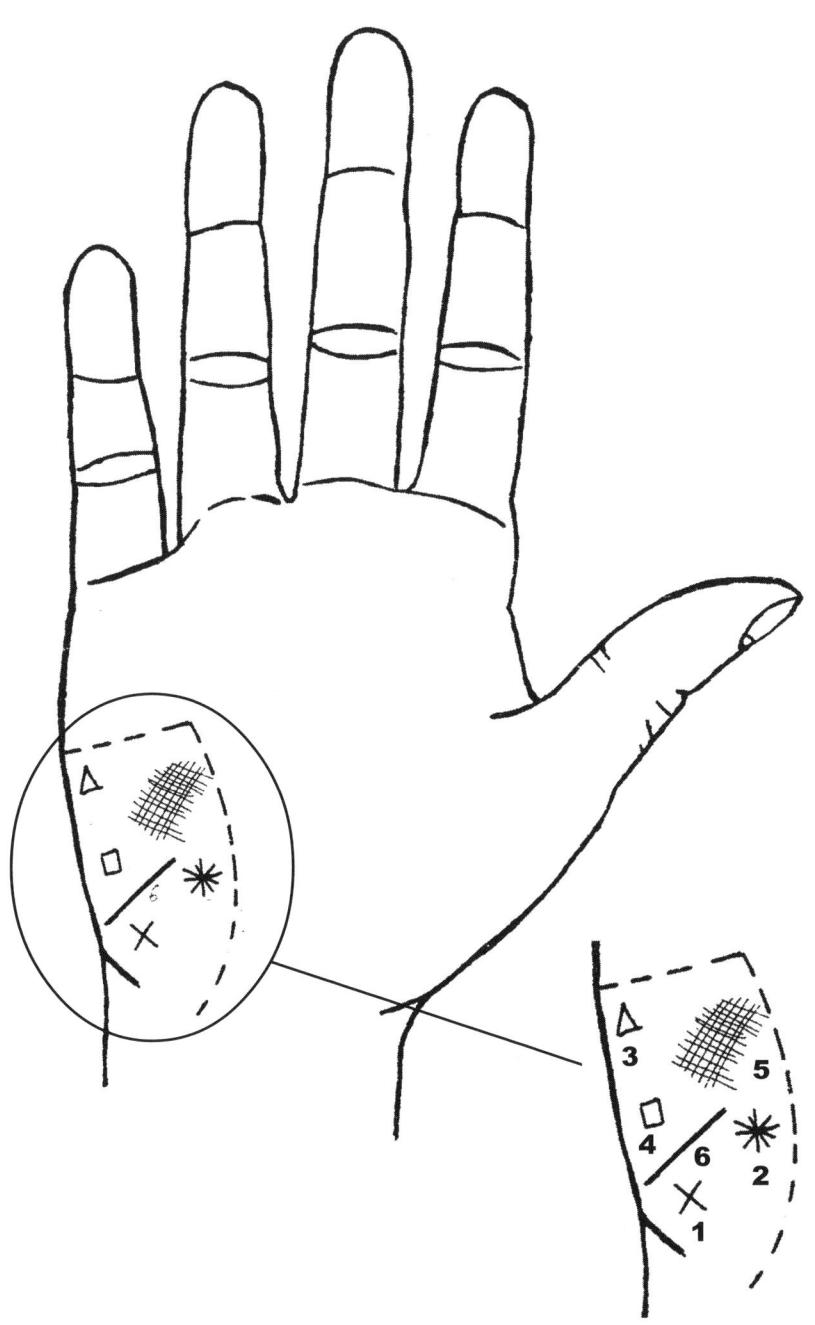

Der Energiefluss zeigt sich in den Linien
Einführung

Die Lebenslinie

Sie gibt Aufschluss über die körperliche Allgemeinkonstitution, über Krankheiten (oft ernster Natur) oder Hindernisse auf dem Lebensweg. Auch finden wir Zeichen für körperliche Schwäche und für Verluste (familiärer und emotionaler Natur). Aber auch Hinweise auf Zeiten der Stärke und des Erfolgs. Darüber hinaus kann man anhand der Lebenslinie (in Zusammenhang mit allen anderen Linien) eine ungefähre Aussage über die wahrscheinliche Lebenserwartung machen.

Die Kopflinie

Sie gibt Aufschluss über alles, was mit dem Kopf zusammenhängt. Zum einen in gesundheitlicher Hinsicht (Kopfschmerz, Migräne, Gehirnerkrankung, Augen, Kiefer, Ohren); zum anderen in Bezug auf die Art, wie die jeweilige Person denkt, sowie auch auf die Stärken und Schwächen dieses Denkens.

Die Herzlinie

Sie gibt Aufschluss über das Herz (organisch) sowie über das Empfindungsleben, natürlich auch über die Liebe dieses Menschen zu anderen Wesen, sowie auch zu sich selbst.

Die Schicksalslinie

Sie zeigt, wie die betreffende Person mit ihrem Leben und ihrer Bestimmung umgeht. Außerdem gibt sie darüber Aufschluss, wann Zeiten des Erfolges oder auch der Veränderung eintreten können. Weitere Aspekte dieser Linie sind Hinweise auf Erkrankungen, die meist ererbt sind. Die Schicksalslinie ist nicht immer vorhanden.

Die Magenlinie

Die Magenlinie wird auch Merkurlinie genannt. Sie verweist in der Hauptsache auf gesundheitliche Aspekte und ist nicht in jeder Hand zu finden.

Die Verletzungslinien

Sie zeigen Verletzungen durch äußere Einflüsse (z. B. Unfälle) und operative Eingriffe an. Verletzungslinien sind nicht immer vorhanden.

Die Apollolinie

Zum einen wird der Apollolinie eine Hinweisfunktion auf Glück und Erfolg nachgesagt, zum anderen spiegelt sie aber auch den Zustand unseres „Nervenkostüms" wieder. Nicht jeder Mensch hat eine Apollolinie.

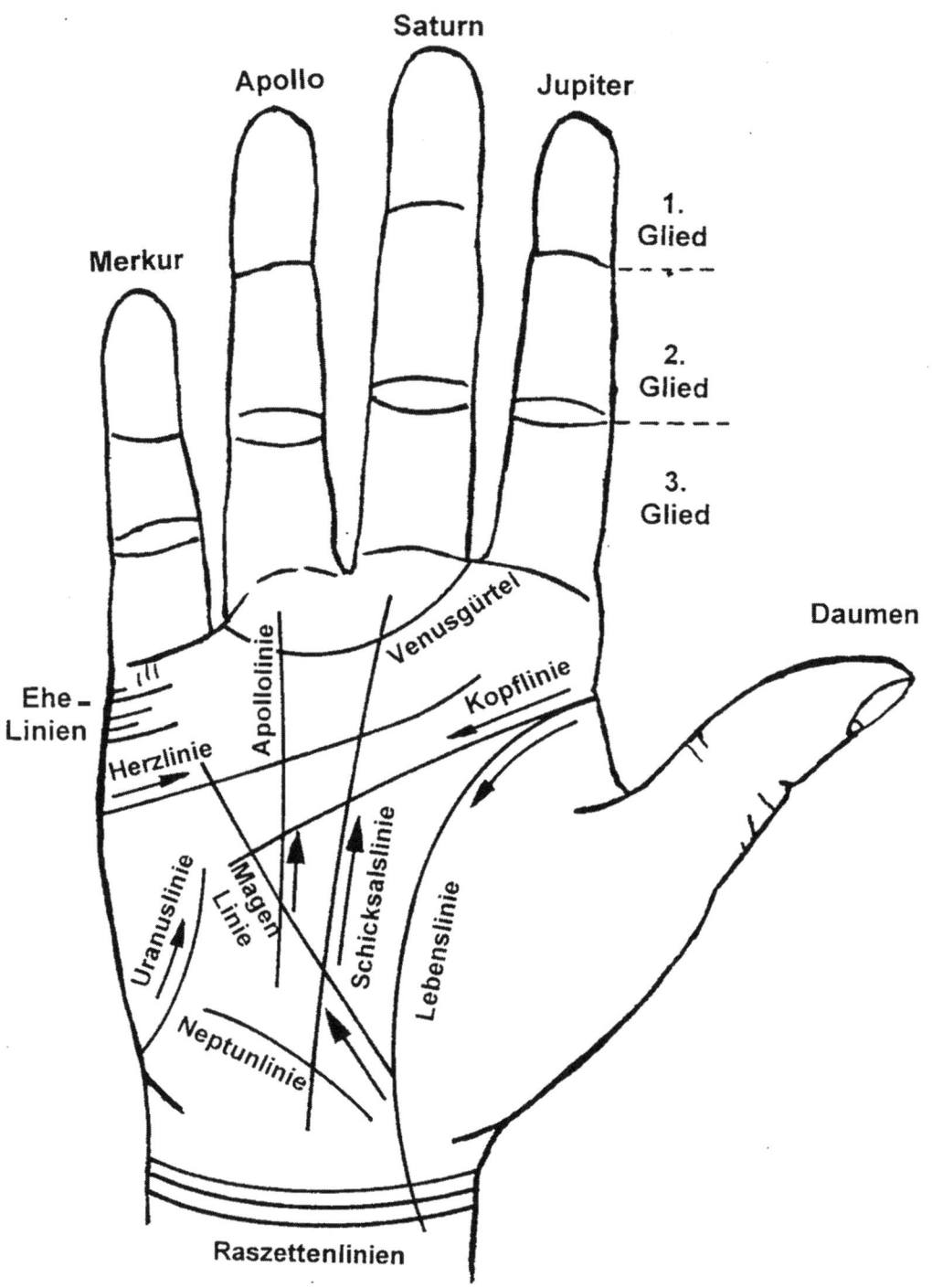

Saturn

Apollo

Jupiter

Merkur

1.
Glied

2.
Glied

3.
Glied

Daumen

Ehe -
Linien

Apollolinie

Venusgürtel

Kopflinie

Herzlinie

Uranuslinie

Magen
Linie

Schicksalslinie

Lebenslinie

Neptunlinie

Raszettenlinien

129

Der Venusgürtel

Der Venusgürtel ist nicht zwingend vorhanden. Er verweist auf das Gefühlsleben, die Sexualität, aber auch auf Bereiche des Rückgrads.

Die Raszetten

Sie gibt Aufschluss über die Lebensenergie und betrifft gesundheitliche Bereiche des Unterleibs.

Die Uranus- oder Intuitionslinie

Die Uranuslinie bezieht sich auf das Intuitive, das seelische Empfinden, sowie auf die Verbindung zwischen Gehirn und Seele. Die Uranuslinie ist nicht immer vorhanden, kommt sogar eher selten vor.

Die Neptunlinie

Auch Giftlinie genannt, deutet sie auf das Vorhandensein von Giftstoffe im Körper hin. Auch die Uranuslinie ist nicht immer vorhanden.

Auf der vorhergehenden Seite können Sie auf einer Zeichnung einen Überblick darüber gewinnen, wie die Linien normalerweise in der Hand angeordnet sind. Bitte beachten Sie, dass die Handlinien in Stärke, Schwung und Länge variieren können. Herz-, Kopf- und Lebenslinie sind normalerweise immer vorhanden. Alle anderen Linien oder auch Zeichen *können*, müssen aber nicht, vorhanden sein.

Die Linien im Speziellen

So wie wir die Berge in der Hand als Sammelzentren für Energien betrachten, so ist es am einfachsten, wenn Sie sich die Handlinien wie Flüsse vorstellen. In diesen Flüssen fließt nun statt Wasser Energie.

Ist eine Linie dünn und schwach, so kann dort auch nur wenig Energie durchfließen. Ist die Linie stark und tief, kann man davon ausgehen, dass dort auch stärkere Energien fließen. Haben wir eine starke Hauptlinie, die sich in einem Bereich stark verengt, so haben wir es an dieser Stelle, oder - wenn wir die Zeit bestimmen -, zu dieser Zeit mit Hemmnissen oder Hindernissen zu rechen. Am deutlichsten sehen wir dies natürlich an den Hauptlinien. Bei den Nebenlinien, die naturgemäß nicht ganz so stark und dominierend sind, gilt dasselbe. Hier erkennt man auch, dass eine Nebenlinie nicht unwichtig ist, jedoch im Einzelnen nicht ganz so starke Einflüsse widerspiegelt. Natürlich sieht es wieder vollkommen anders aus, wenn man die Nebenlinien in einem Handbereich als Ganzes betrachtet. Da wiederum addieren sich die Ströme (viele kleine Flüsse können genauso viel transportieren, wie ein Großer). Ist eine Linie unterbrochen, so ist hier natürlich auch eine Unterbrechung des Energieflusses vorhanden. Bei den Hauptlinien sollte dies zwar nicht der Fall sein, jedoch ist dies, solange es sich nicht um die Lebenslinie handelt, von nicht allzu großer Tragik. Eine Unterbrechung der Lebenslinie ist in jedem Falle ernst zu nehmen, insbesondere, wenn sich die Unterbrechung in beiden Händen zu finden ist. Hier ist in jedem Fall mit einer stärkeren Problematik zu rechnen.

Befinden sich Inseln oder Querlinien in den Linien, so werden hier die Energien geschwächt oder gar blockiert. Haben die Hauptlinien Abzweigungen und sind diese schön geschwungen oder gut gezeichnet gerade, so kann man diese als Verstärkung der entsprechenden Linie ansehen. Sind die Abzweigungen fransig oder faserig, so können wir hier von einem Energieverlust ausgehen.

Befinden sich Punkte oder Vertiefungen in den Linien, so muss man sich vorstellen, dass dort Verwirbelungen der Energien entstehen. Diese Verwirbelungen sind nicht als absolut negativ anzusehen, sie zeigen jedoch in jedem Fall ein Thema, welches die Gesundheit betrifft. Sie zeigen, dass in dem jeweiligen Bereich ein Problem liegt.

Dies muss nicht unbedingt eine schwere Krankheit sein, sondern kann auch ein Hinweis auf ein nicht so starkes Organ, auf welches man achten sollte, sein.

Sehen wir viele kleine zarte Linien in einer Hand, so handelt es sich hierbei schon mal grundsätzlich um einen empfindsamen und zartfühlenden Menschen, den man sehr schnell verletzen kann. Dieser Mensch ist oft von nicht allzu robuster Natur und hat des Öfteren mit leichten Erkrankungen zu tun. Feinstoffliche Medizin kommt hier gut zur Wirkung.

Bei einer Hand in der wir nur die Hauptlinien stark gezeichnet finden, haben wir es mit einer recht robusten und widerstandsfähigen Natur zu tun.

Die Lebenslinie (Vitalis), der rote Faden des Lebens

Eine dünne Lebenslinie zeugt immer von einer nicht allzu robusten Natur. Dies könnte sich in genereller Anfälligkeit für Infektionskrankheiten oder in einer eingeschränkten Leistungsfähigkeit äußern. Ist die Lebenslinie dünn und mit kleinen Abzweigungen versehen, so deutet dies auf viele Aufgaben oder Hemmnisse im Leben hin. Bei einer kettigen Lebenslinie müssen wir von oft auftretenden (vorübergehenden) Krankheiten ausgehen, welche oft nicht komplett kuriert werden.

Ist die Lebenslinie dagegen stark und breit, haben wir eine recht robuste Person vor uns, die über ziemlich gute körperliche Reserven verfügt und sich immer wieder aus den widrigsten Umständen befreien kann. Ist die Lebenslinie obendrein noch feurig rot, sollte die Person doch lieber einmal in Betracht ziehen, ihr aufbrausendes bis übereifriges Temperament im Zaum zu halten. Bei einer blassen bis bläulich gefärbten Lebenslinie ist die Blutzirkulation oder die Sauerstoffversorgung nicht in Ordnung.

Eine Insel in der Lebenslinie ist in jedem Falle als eine (begrenzte) Zeit der Krankheit oder Schwäche anzusehen. Hierbei deutet die Größe und Stärke der Lebenslinie auf die Größe oder Stärke der Krankheit bzw. der Schwäche hin. Befindet sich eine Insel im unteren Viertel der Lebenslinie, so kann man davon ausgehen, dass es sich hierbei um einen Hinweis auf das Auftreten von Zelldegeneration bei den Vorfahren des Klienten handelt. (Linke Hand: Vorfahren mütterlicherseits; rechte Hand: Vorfahren väterlicherseits.) Vorsicht! Eine Krebserkrankung bei den Vorfahren heißt noch lange nicht, dass die betreffende Person auch damit zu tun haben muss. Passen Sie auf, was Sie Ihrem Gegenüber unter Umständen mit einer solchen Aussage antun können.

Die Länge der Lebenslinie gibt uns Aufschluss über die wahrscheinliche Lebenserwartung. Aufgrund von überlieferten Quellen geht man bei einer durchschnittlichen Handgröße von 1 mm pro Lebensjahr aus. Wenn Sie sich jetzt einmal überlegen, wie schwierig es ist, auf einer unregelmäßigen Handlinie exakt auf den Millimeter genau zu messen, dann können Sie sich sicher vorstellen, wie sinnvoll und zuverlässig eine genaue Datierung ist. Obendrein gibt es Hände von verschiedensten Größen.

Beachten Sie aber auch: Die Lebenslinie gibt zwar einen wichtigen Hinweis zur Lebenserwartung; man darf sie hierzu jedoch niemals allein zu Rate ziehen. Immer müssen Kopf-, Herz- und Schicksalslinie mit einbezogen werden. Auch müssen alle Anzeichen in beiden Händen vorhanden sein, um eine ungefähre Lebenserwartung zu berechnen. Ich sage hier ganz bewusst: eine *ungefähre* Lebenserwartung, denn letztendlich entscheidet Gott über das Kommen und Gehen in dieser Welt.

Außerdem mal ganz ehrlich: Wollen Sie es sich wirklich anmaßen, jemand anderem vorherzusagen, wann er sterben muss?

Alle Linien in der Hand dürfen gebrochen oder durch eine Querlinie geschnitten werden. Alle, bis auf die Lebenslinie. Eine unterbrochene oder geschnittene Lebenslinie deutet immer auf eine Zeit schwerwiegender körperlicher Schwäche oder auf ernst zu nehmende Unfälle hin. Bitte beachten Sie aber, dass diese Anzeichen dann in beiden Händen korrespondieren müssen.

Hört die Lebenslinie plötzlich auf, oder wird sie an ihrem Ende von einer Querlinie geschnitten, kann man auch von einem plötzlichen Ableben ausgehen. Wenn sie sich langsam und gleichmäßig verliert, erkennt man darin das gleichmäßige Nachlassen der Lebenskraft.

Ist diese Lebenslinie weit geschwungen und umschließt den Venusberg weiträumig **(1)**, so haben wir es mit einem Menschen zu tun, der sehr in der materiellen Welt lebt. Dies bedeutet nicht, dass die entsprechende Person ausschließlich materiell denkt; sie weiß nur die schönen Dinge des Lebens (und nicht nur materieller Art) sehr zu schätzen. Dazu gehören natürlich auch das Emotionale und die Sexualität (siehe auch Venusberg).

Charakter: Hier haben wir einen eher emotionalen Menschen vor uns. Meist sehr liebevoll und bei einer linienreichen Hand sehr empfindsam.

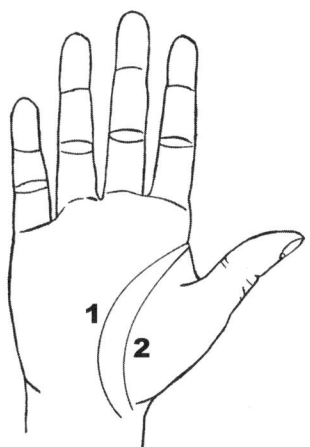

Liegt die Lebenslinie sehr eng am Daumen, wodurch der Venusberg im Ausmaß kleiner ausfällt **(2)**, überwiegen mehr die geistigen und ideellen bzw. immateriellen Werte.

Charakter: Hier haben wir einen weniger emotionalen Menschen vor uns. Seine Stärken liegen eher im Bereich des nüchternen Denkens. Ist der Venusberg wenig gewölbt, so muss man schon von einer gewissen Kaltherzigkeit sprechen.

Falls die Lebenslinie sehr eng am Daumen anliegt, wodurch der Venusberg in seiner Fläche sehr klein wirkt, kann dies einen übertriebenen Egoismus bis hin zur Kaltherzigkeit zur Folge haben. Wenn obendrein der Venusberg sehr flach oder gar eingefallen ist, so haben wir es mit einem Menschen zu tun, den wir privat oder auch beruflich besser meiden sollten.

Eine zarte Lebenslinie zeugt in jedem Fall auch von einer zarten Natur. Das bedeutet, dass die Widerstandskräfte bei diesem Menschen nicht allzu stark sind. Dies wird jedoch sehr oft durch Zähigkeit ausgeglichen.

Inseln und Unterbrechungen der Lebenslinie sind in jedem Fall als Zeichen der Krankheit oder Schwäche zu sehen. Je nachdem, in welcher Größe und an welcher Stelle in der Lebenslinie die Störungen vorhanden sind, ist eine Zeitbestimmung möglich.

1. Eine Insel in der Lebenslinie deutet auf eine Zeit der Krankheit und Schwäche hin. Dies kann, muss aber nicht unbedingt, eine ernste Erkrankung sein. Auf jeden Fall ist dies eine Zeit in der nicht die volle Energie zur Verfügung steht.

2. Eine Insel im letzten Viertel der Lebenslinie deutet auf Krebserkrankung bei den Vorfahren hin. Dies ist lediglich ein Zeichen dafür, dass diese Erkrankung bei unseren Ahnen auftrat, mehr nicht. Natürlich empfiehlt es sich, sich entsprechenden Vorsorgeuntersuchungen zu unterziehen und vor allen Dingen entsprechend gesund zu leben.

3. Ein Ring in der Lebenslinie verweist auf eine Zeit, in der man mit seinen Energien nicht ökonomisch umgeht. Dies kann sehr schnell zu Überlastungen führen. Oder auch dazu, dass man in der Arbeit nicht mehr ganz bei der Sache ist. Akute Gefahr besteht bezüglich Unfällen durch Unachtsamkeit.
Besonders der Bereich der Augen ist gefährdet.

4. Eine Unterbrechung der Lebenslinie ist ein Zeichen für die Gefährdung des Körpers oder Unfälle schwerer Art.

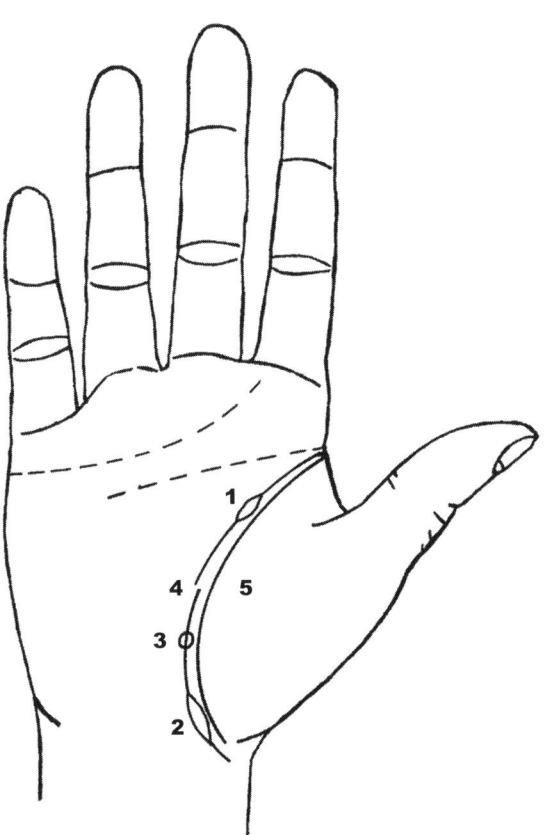

5. Eine zweite (doppelte) Lebenslinie verstärkt die positiven Aspekte der Lebenslinie. Eigentlich kann man fast von Verdoppelung der Energien sprechen.

1. Beginnt die Lebenslinie am Jupiterberg, so ist dies, wenn es sich um eine ansonsten gute Hand handelt, ein Zeichen für Erfolge im ganzen Leben.

2. Eine parallele Lebenslinie verstärkt die Energien in dem Zeitraum wo die Verdoppelung auftritt.

3. Eine kettige Lebenslinie verweist auf eine zarte Gesundheit und auch ein wenig Labilität im seelischen Bereich.

4. Viele kleine Linien, die die Lebenslinie kreuzen, zeigen Widerstände im Leben an.

5. Endet die Lebenslinie mit einem scharfen Schnitt (in beiden Händen), so kann man von einem plötzlichen Ableben ohne großes Leiden ausgehen.

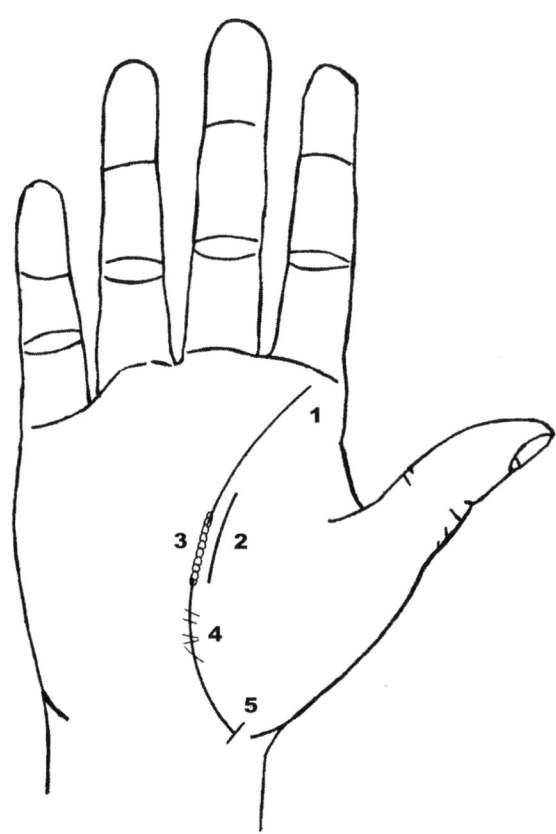

1. Beginnt die Lebenslinie mit einem Zusammenfluss mehrerer feiner Linien, so ist dies ein Zeichen für Schwäche in der Jugend. Eventuell bedeutet sie auch eine schwierige Kindheit.

2. Steigen aus der Lebenslinie andere Linien auf, so sind diese meist als Erfolgslinien anzusehen. Diese Erfolge beziehen sich hauptsächlich auf den materiellen und beruflichen Bereich.

3. Eine Linie, aus dem Venusberg kommend, welche die Lebenslinie schneidet, verweist auf Ängste und Probleme - meist emotionaler Natur.

4. Steigt eine Linie, von der Lebenslinie ausgehend, in Richtung Jupiterberg auf, so ist dies ein günstiges Zeichen für ehrgeizige Projekte, die gegen jede Wahrscheinlichkeit realisiert werden.

5. Endet die Lebenslinie mit feinen, quastenartigen Linien, so ist dies ein Zeichen für langsam nachlassende Lebenskraft.

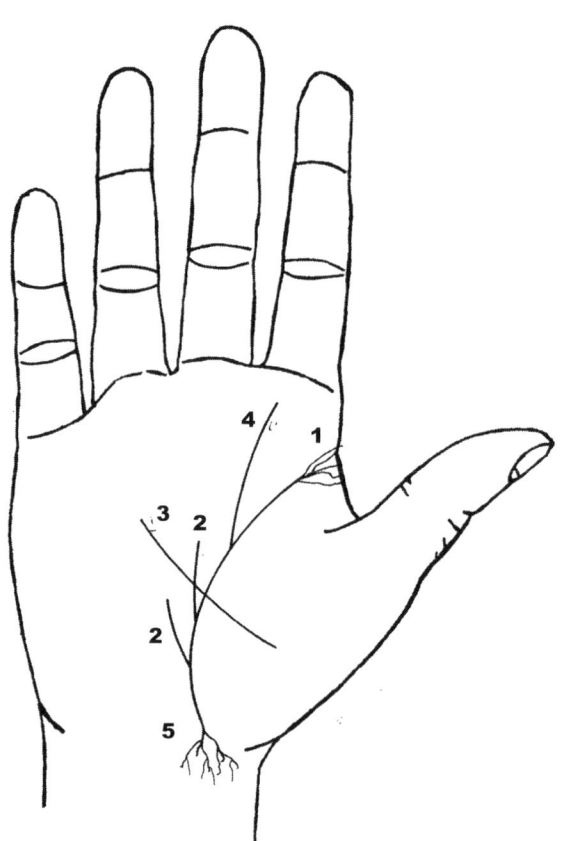

1. Die Insel bei Punkt 1 befindet sich gleich zu Beginn der Lebenslinie. Sie weist auf körperliche Schwäche oder Krankheit in den ersten Lebensjahren hin.

Unter Umständen kann dies auch ein Hinweis auf Lebensgefahr, eventuell durch einen Unfall, sein. Wenn Sie diese Insel in einer Kinderhand sehen, erschrecken Sie nicht gleich. Dergleichen ist gar nicht so selten, wie Sie vielleicht glauben mögen. Viele Menschen sind als Kinder in Situationen gekommen, wo ihnen der Schutzengel mehr als nur geholfen hat. So viele Inseln es zu Beginn der Lebenslinie gibt, so viele Schutzengel gibt es auch.

2. Diese Insel zeigt eine Zeit der Schwäche oder eine recht schwache Widerstandskraft im 28. bis 34. Lebensjahr an.

Dies kann sich in Empfänglichkeit für Infektionskrankheiten (langwierig) äußern. Je nach Konstellation der anderen Linien, kann es aber auch eine Zeit der Mutlosigkeit, des mangelnden Antriebs sein.

3. Diese Insel ist ein Vererbungszeichen. Sie deutet auf Krebserkrankung der Vorfahren hin (in der linken Hand: mütterlicherseits, in der rechten Hand: väterlicherseits). Je nach Stärke und Ausdehnung der Insel wurde eine Disposition zur Krebserkrankung ererbt. Dies bedeutet nun keinesfalls, dass die entsprechende Person an Krebs erkranken muss. Vielmehr ist eine solche Insel als eine Aufforderung zur Achtsamkeit zu verstehen.

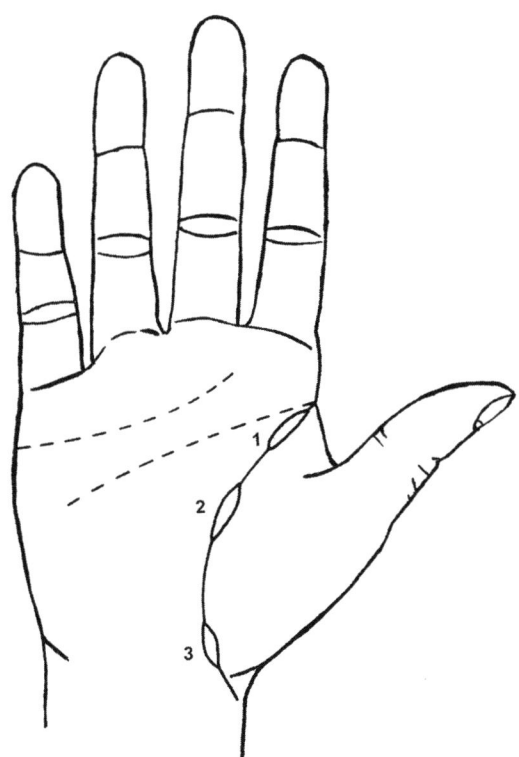

1. Die Lebenslinie ist im Anfangsbereich leicht kettig. Dies ist als Hinweis auf mehrere leichte Erkrankungen oder auch für ein permanentes Kränkeln zu werten. In diesem Zeitraum, den man ausmessen kann, ist die allgemeine Widerstandskraft reduziert.

Bei einer stark abfallenden Kopflinie kann es sich auch um eine Zeit der Labilität handeln.

2. Ein Ring (rund) in der Lebenslinie deutet auf eine Verletzungsgefahr der Augen hin. Zugleich kann dies auch ein Hinweis auf den leichtfertigen Umgang mit der eigenen Gesundheit sein.

3. Ein Stern in der Lebenslinie ist immer als ein Zeichen der Gefahr zu werten. Sei es durch Unfall oder durch äußere Einflüsse. In diesem Zeitraum sollte man sich besser etwas vorsehen.

4. Wird die Lebenslinie mit einem scharfen Schnitt beendet, so deutet dies auf ein plötzliches Ableben hin. Ist dieser Schnitt in beiden Händen vorhanden, kann man, unter Berücksichtigung der Länge von Kopf und Herzlinie, davon ausgehen, dass die betroffene Person sehr plötzlich, ohne langes Leiden, unsere Welt verlassen wird. Von einer möglichen Datierung rate ich ab.

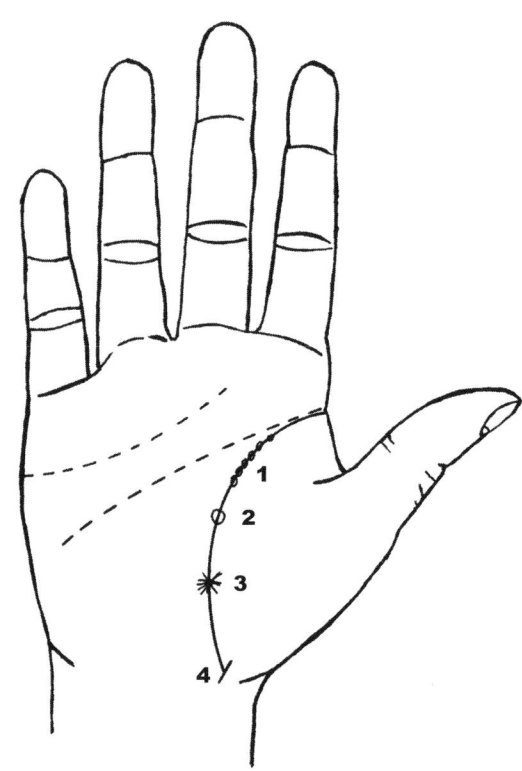

1. Die Lebenslinie ist hier sehr stark und kräftig. Dies zeigt Energie, Tatendrang, Widerstandskraft und Robustheit schon von jungen Jahren an bis in das 40. Lebensjahr.

2. Im Bereich des 40. Lebensjahres sehen wir eine Unterbrechung der Lebenslinie. Eine solche Unterbrechung ist recht ernst zu nehmen. Sie ist ein sicherer Hinweis auf eine gesundheitliche Krise in diesem Lebenszeitraum. Bei diesem Beispiel sind die Auswirkungen ernster Natur, da bei Punkt 3, direkt nach der Unterbrechung, die Lebenslinie dünner wird und letztendlich bei Punkt 4 auseinander gleitet.

3. Die Lebenslinie wird dünner, dies zeigt weniger Lebensenergie und geringere Widerstandskräfte.

4. Die Lebenslinie läuft quastenartig auseinander. So wie sich bei einem Fluss das Wasser in vielen kleinen Bächen verlaufen kann bis es versickert. Dieses Bild kann man auch auf die Lebensenergie übertragen. Sie verläuft sich solange, bis sie fast nicht mehr vorhanden ist.

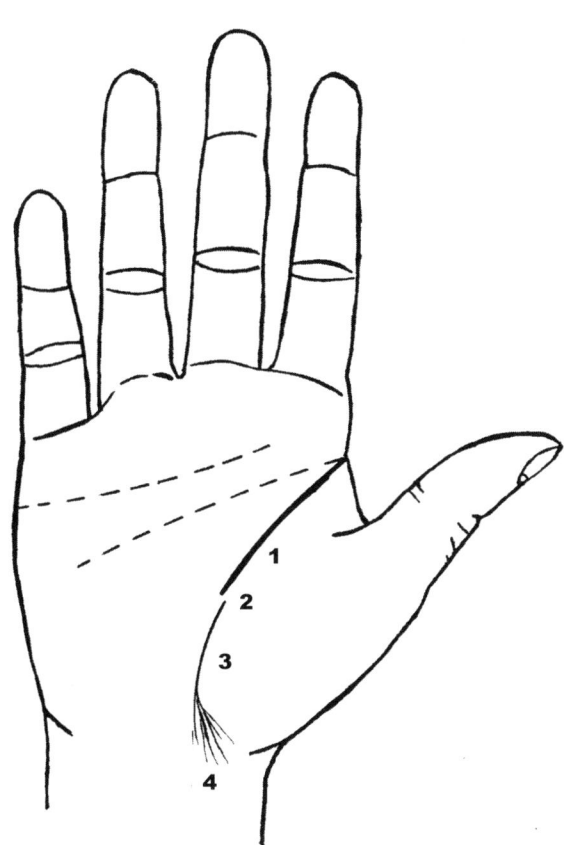

1. Die Lebenslinie ist zu Beginn recht ausgefranst. Ein Zeichen für Schwäche und mangelnde Widerstandskraft in der Jugend. Kann auch als Hinweise auf Kreislaufproblematik und Schwindel in der Jugend angesehen werden.

2. Ein scharfer Schnitt im 16. Lebensjahr. Dies kann eine schwere Krankheit oder einen Unfall anzeigen. Es kann aber auch den Verlust eines Familienangehörigen bedeuten. In jedem Fall ist der Schmerz in erster Linie seelischer Natur.

3. Ein scharfer Schnitt im höheren Alter. Unfall, Operation oder, wenn in beiden Händen an selber Stelle vorhanden, das plötzliche Ableben.

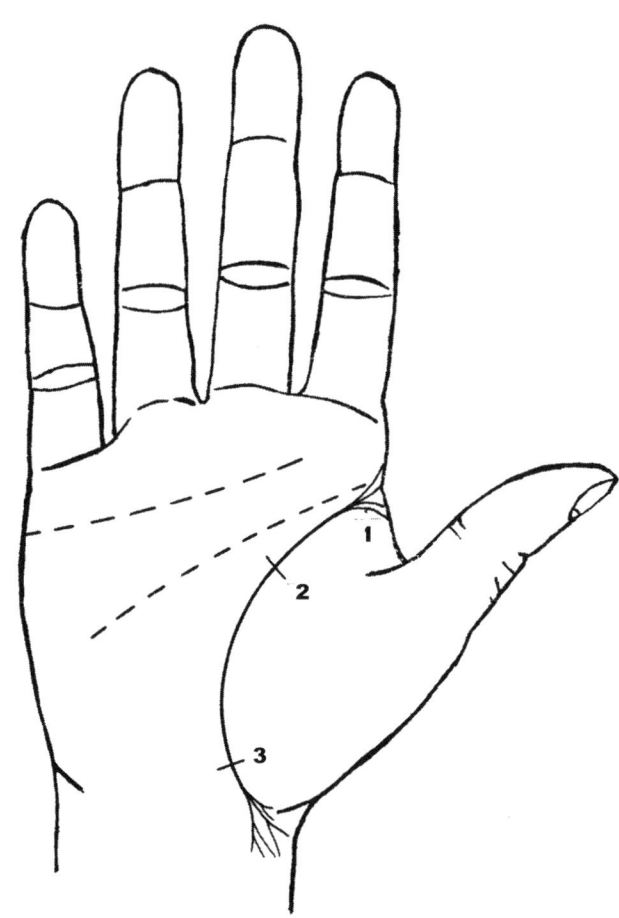

Verstandes- und Nervenkräfte in der Kopflinie (Cerebralis)

Die Kopflinie beginnt, wie auch die Lebenslinie, zwischen Daumen und Zeigefinger. Sie überquert die Handfläche waagerecht oder abfallend und verläuft meist in Richtung Mond- oder Marsberg. Dass die Kopflinie einen Aufwärtsbogen beschreibt, ist äußerst selten und in meiner Praxis nur einmal vorgekommen. Es ist daher wissenschaftlich ohne Aussagewert.

Die Kopflinie kann mit der Lebenslinie zusammen oder auch getrennt von ihr beginnen. An dieser Linie können wir alles ablesen, was mit unserem Verstand und unserer Art zu denken zusammenhängt. Auch Gemütsstimmungen wie Melancholie, depressive Veranlagung, die Lebhaftigkeit unserer Phantasie, sowie Probleme im Bereich der bewussten Persönlichkeitsschicht sind hier zu erkennen.

In der Kopflinie finden wir aber auch alles, was mit dem Kopf (organisch) zusammenhängt. Dazu gehören die Sinnesorgane: Augen, Mund, Nase und Ohren, sowie natürlich auch das Gehirn. Probleme in diesen Bereichen werden meist durch Punkte oder Inseln in der Kopflinie angezeigt. Eine Insel unterhalb des Ringfingers deutet auf Kopfschmerz oder Migräne hin. Eine Insel zu Anfang der Kopflinie deutet auf Schaden der Augen.

Einzelne Punkte in der Kopflinie deuten auf mangelnde Belastbarkeit der Kopfnerven hin. Dies ist nicht weiter tragisch, solange man sich dessen bewusst ist und darauf achtet, dass die nervlichen Belastungen nicht allzu groß werden.

Eine dünne und kurze Kopflinie zeugt nicht unbedingt von mangelnder Intelligenz. Sie zeigt vielmehr, dass die Person im nervlichen Bereich nur begrenzt belastbar ist. Auch erkennt man daraus, dass sie eher von den äußeren Umständen getrieben wird, anstatt selbst bewusst zu agieren.

Eine starke Kopflinie zeugt von guter Denkfähigkeit, kann jedoch auch darauf hinweisen, dass die Person zu stark „verkopft" ist, dass also der emotionale und intuitive Wesensanteil zu kurz kommt. Ist die Kopflinie doppelt vorhanden, so ist dies ein Hinweis auf Alkoholismus bei den Vorfahren. Für die betreffende Person ist hier erhöhte Aufmerksamkeit gegenüber Suchtmitteln angesagt. Ist die Kopflinie übermäßig lang und endet im unteren Bereich des Mondberges, so können wir zum einen von einem Menschen ausgehen, der zu viel grübelt, zum anderen eine Tendenz zu depressiver Verarbeitung negativer Erfahrungen vermuten.

Wenn die Kopflinie über eine lange Strecke quer über die Hand läuft, also die Hand in zwei Hälften teilt, haben wir einen Menschen vor uns, der entweder nur vom Verstand oder nur vom Gefühl her entscheidet und handelt. Eine solche Persönlichkeit hat es oft nicht ganz leicht, da es für sie meist nur absolut Schwarz oder absolut Weiß gibt. Ein ausgewogenes Grau ist ihr meist fremd. All dies wird im Folgenden genauer erklärt.

Der Beginn der Kopflinie ist relativ wichtig, da er uns Informationen darüber gibt, inwieweit unser Verhalten von spontanen Impulsen, oder aber von überlegtem Denken bestimmt wird.

Wenn die Kopf- und Lebenslinie zusammen beginnen **(1)**, so können wir von einem recht ausgewogenen Verhältnis von Spontaneität und Besonnenheit ausgehen. Ein Zusammenlaufen auf einer Strecke von ca. 1 cm oder ein getrennter Beginn mit einem Abstand von nicht mehr als 2 bis 3 mm ist noch als normal (der Norm entsprechend) anzusehen.

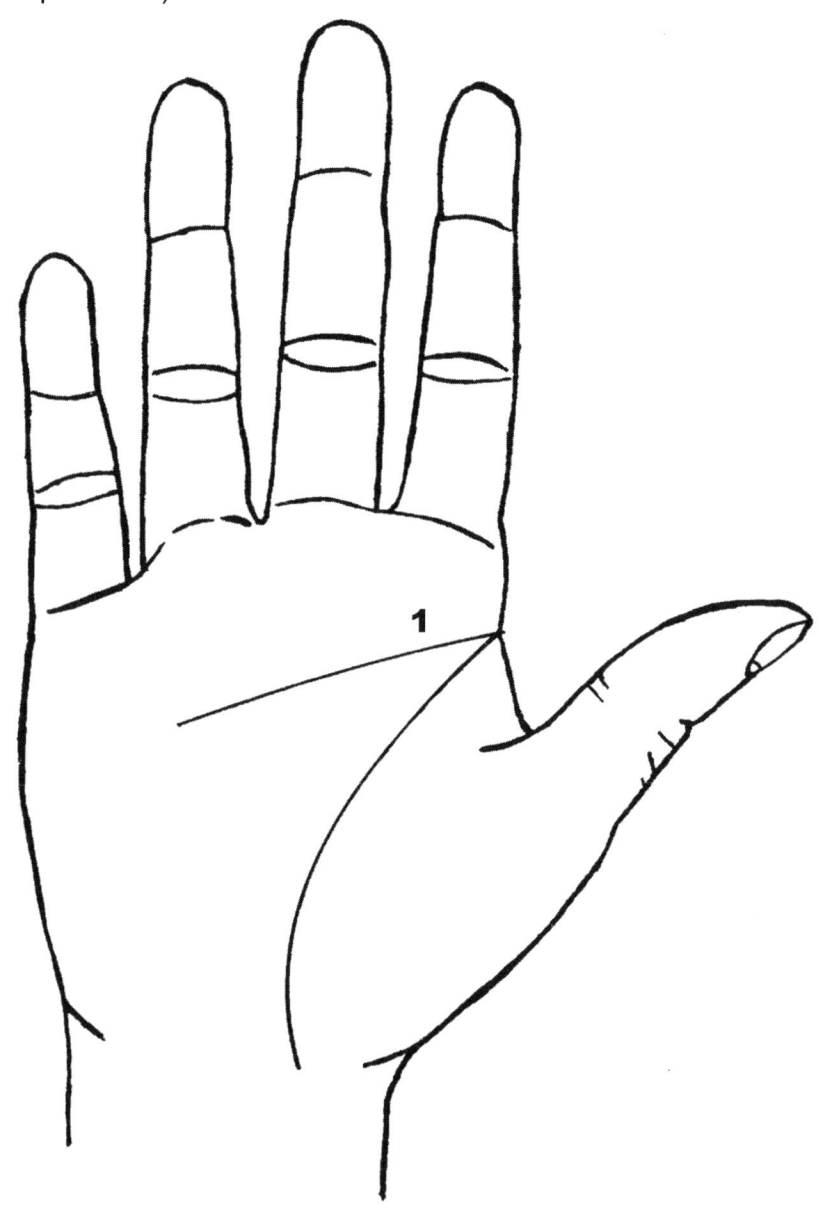

Läuft die Lebenslinie über eine Strecke von mehr als 1 cm mit der Kopflinie zusammen **(2)**, so können wir davon ausgehen, das diese Person eher überlegt handelt. Dies kann eventuell bis zur Unentschlossenheit führen.

Oft können wir auch Unsicherheit und mangelndes Selbstvertrauen bei diesen Menschen feststellen. Was jedoch zumeist völlig unbegründet ist. Manchmal sollte man einfach nicht zu viel denken, sondern einfach nur handeln. Sehr oft neigen Menschen mit dieser Linienkombination dazu, keine klare Entscheidung zu fällen.

Beruf:

Für Berufe wo schnelles Entscheiden und spontanes Reagieren gefragt sind, ist diese Konstellation denkbar ungeeignet. Hier sind eher Berufe angesagt, wo Tätigkeiten vorgegeben sind, und es mehr auf Geschick und Gewissenhaftigkeit ankommt.

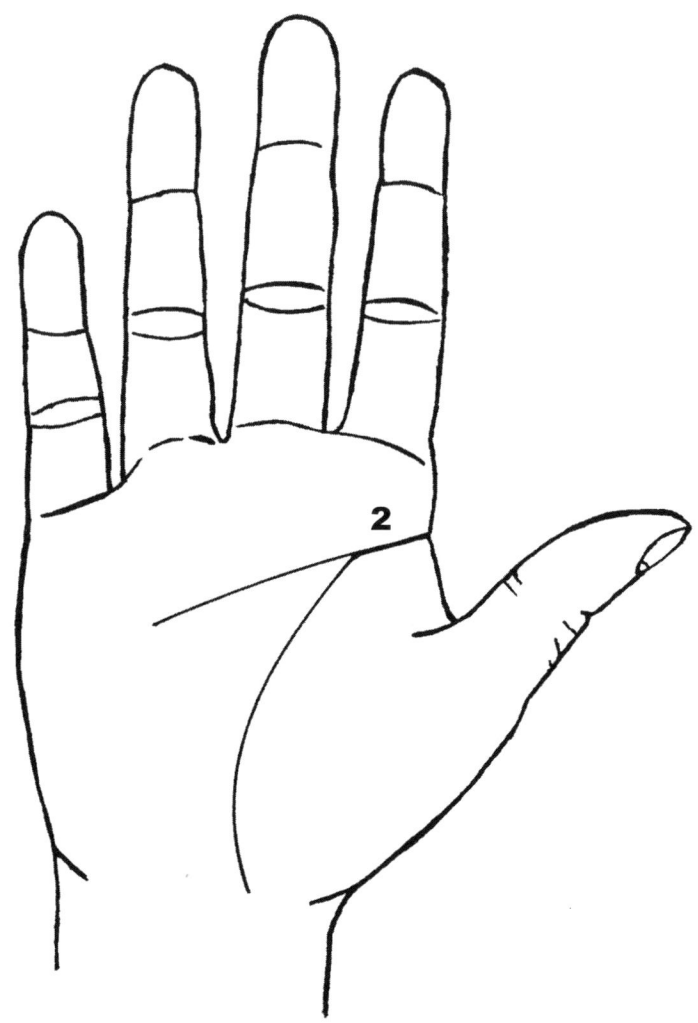

Beginnen Kopf- und Lebenslinie nicht zusammen und haben einen größeren Abstand als 4 mm **(3)**, so haben wir einen recht spontanen und entschlussfreudigen Menschen vor uns. Oft passiert es, dass erst gehandelt und dann gedacht wird. Interessanterweise haben diese Menschen anscheinend einen Vertrag mit ihrem Schutzengel. Optimismus und Selbstvertrauen sind hier in ausreichendem Maße vertreten.

Beruf:

Berufe, wo schnelles Entscheiden und auch eine gewisse Risikobereitschaft gefordert werden sind hier am besten geeignet.

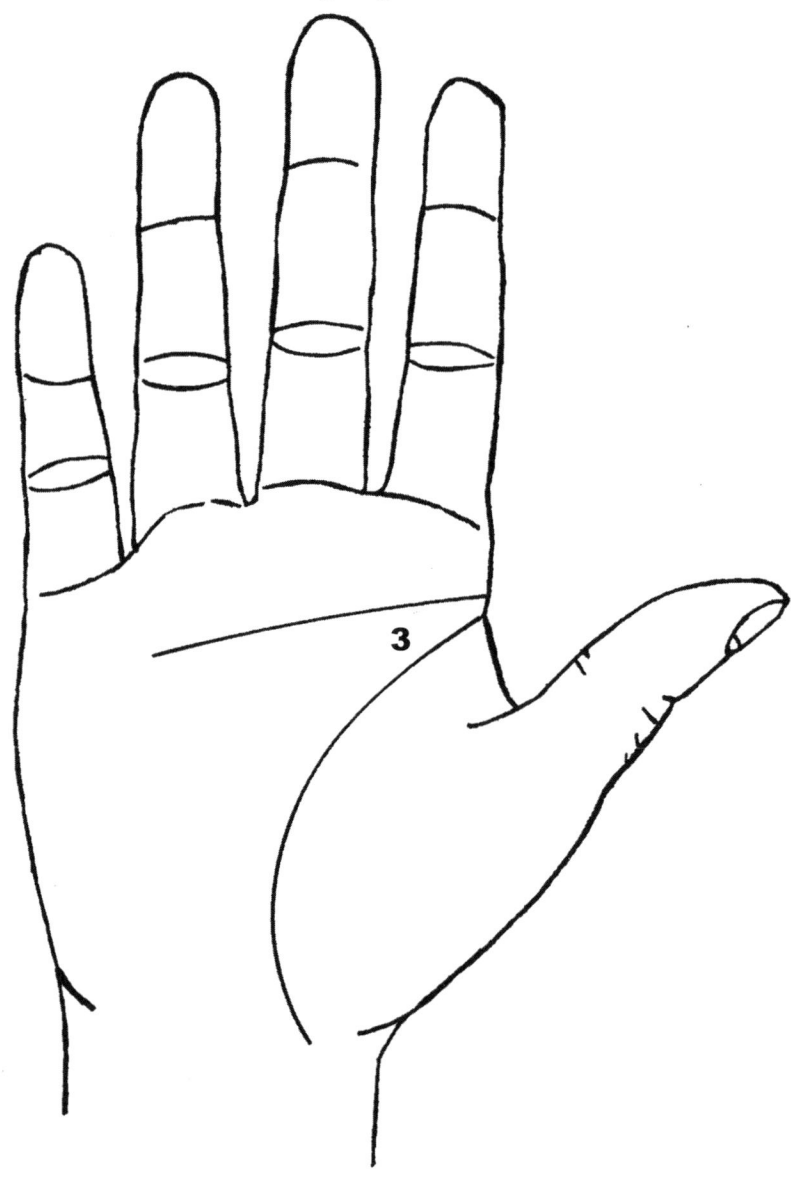

Beginnen beide Linien sehr weit voneinander entfernt **(4)**, so haben Sie es mit einem Menschen zu tun, der manchmal doch ein wenig zu spontan reagiert und die Folgen seines Verhaltens überhaupt nicht berücksichtigt. Dies kann unter Umständen zu Problemen führen. Auch ein gewisses Maß an Selbstüberschätzung kann hier auftreten. Trotzdem geht die Sache meist gut. Tipp: Fahre niemals schneller als dein Schutzengel fliegen kann.

Beruf:

Beruflich ist es hier ein wenig problematisch. Bei dieser Kombination dauert es recht lange, bis man seinen Weg gefunden hat. Selbständigkeit im kleineren Stil ist sehr zu empfehlen.

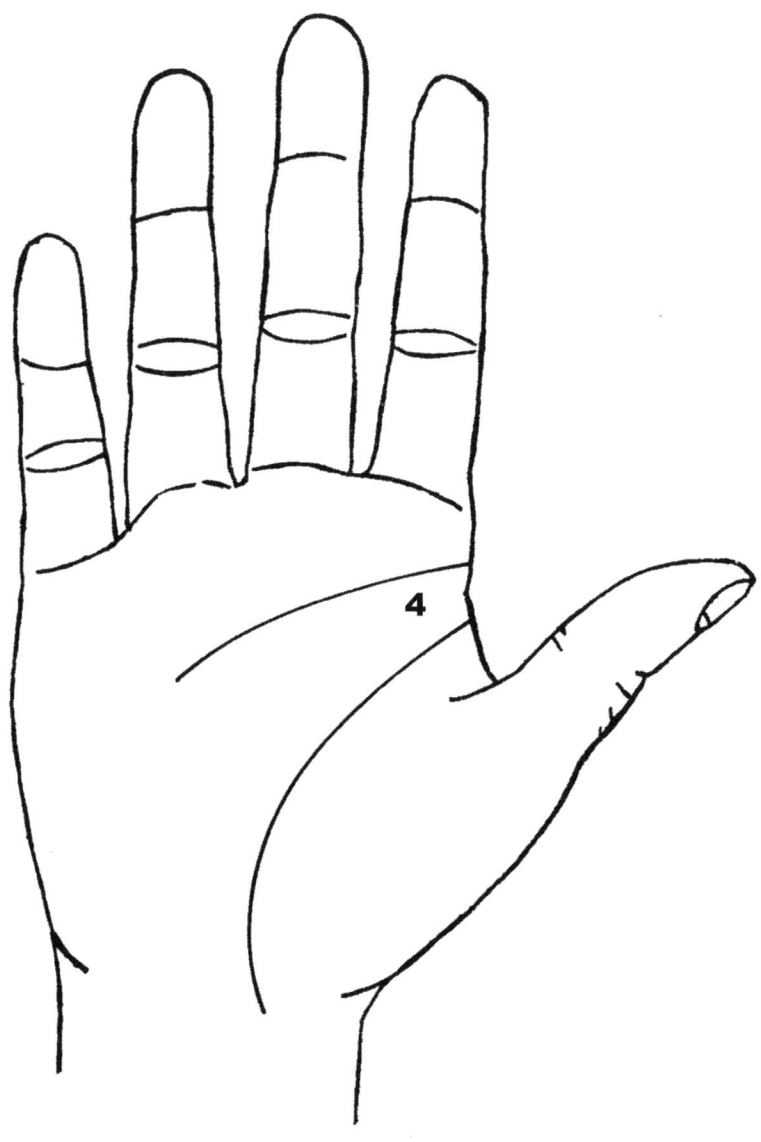

Egal, wie weit entfernt die Lebens- und Kopflinie voneinander beginnen. Alles hat seine Vor- und Nachteile. Wenn man zu spontan handelt, können einem gelegentlich auch Nachteile durch Unüberlegtheit passieren. Interessanter Weise hat man bei solchen Menschen das Gefühl, sie haben einen festen Vertrag mit ihrem Schutzengel.

Wenn man zu überlegt handelt, so kann es ohne weiteres passieren, dass man sich so manches schöne Erlebnis entgehen lässt und gelegentlich auch Nachteile hat, dadurch dass man einfach zu lange zögert.

Man sollte nicht 60 Minuten darüber nachdenken, ob man den Zug, der in einer halben Stunde fährt, nehmen soll oder nicht. Denn der Zug ist manchmal schneller abgefahren als man glaubt. Da empfehle ich lieber das Risiko in einen Zug mit unbekanntem Ziel einzusteigen, als ewig auf dem Bahnhof herum zu irren.

In Bezug auf den Beruf, sollte man einfach abwägen, ob es nun passt oder nicht.

Ein extrem spontaner und entscheidungsfreudiger Mensch wird niemals als Beamter hinterm Schreibtisch glücklich werden. Es widerspricht sich einfach zu sehr.

Andererseits wird ein sehr bedachter und zögernder Mensch niemals in einem Beruf der nach schnellen Entscheidungen fragt bestehen können.

146

Beginnt die Kopflinie unterhalb der Lebenslinie (eher selten) **(1)**, so haben wir es mit einer Persönlichkeit zu tun, die sich sehr stark von ihren Trieben steuern lässt. Das Denken erhält seine machtvollsten Impulse vom Instinkt und von der Triebnatur. Unbeständiges Verhalten und eine aggressive Ausstrahlung prägen meist die äußere Erscheinung dieses Menschen. Er sucht manchmal förmlich die Auseinandersetzung. Meist finden wir diese Formation auch in der linken Hand, die die Entwicklung in den ersten 30 Lebensjahren repräsentiert. Ein solcher Mensch versucht vor allem durch Konfrontation seine Erfahrungen mit der Welt zu sammeln.

Beruf:

Beruflich sollte man einfach darauf achten, dass man es sich nicht mit den anderen verscherzt. Leider ist es so, dass diese Menschen nicht sonderlich beliebt sind. Wobei diese Menschen im Kern eigentlich sehr kollegial und liebenswürdig sind, sie haben halt nur eine recht eigene Art den Dingen auf den Grund zu gehen.

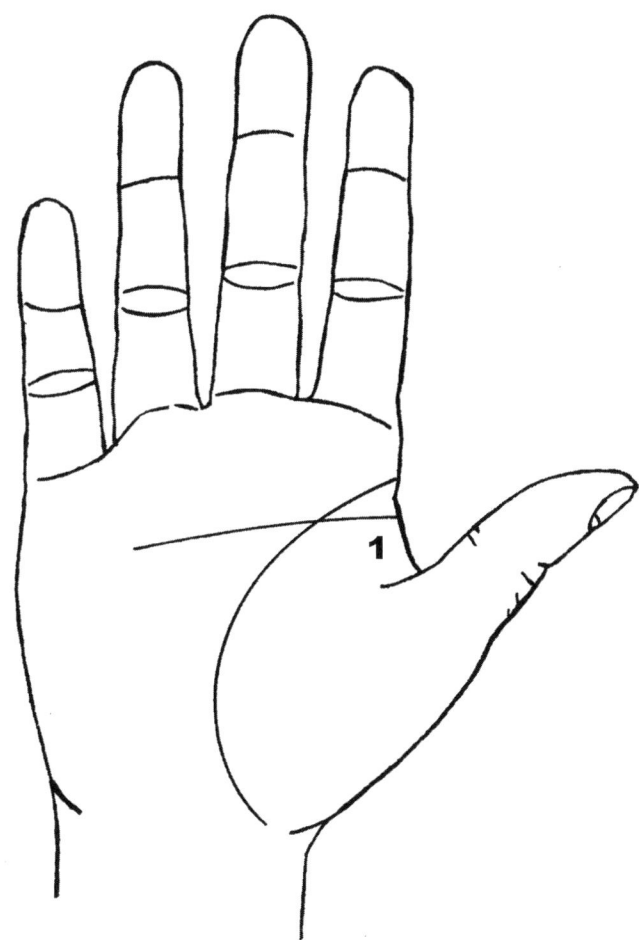

Beginnt die Kopflinie nicht direkt am Handrand, sondern mehr in der Hand-innenfläche **(2)**, so fehlt es dem Menschen meist an eigenem Antrieb.

Je mehr der Beginn der Kopflinie in der Handinnenfläche liegt, desto mehr fehlt der eigene Impuls.

Dieser Mensch wird dazu neigen, alles beim Alten zu lassen, solange, bis er einen wirklich triftigen Grund sieht, etwas zu verändern. In seinem Verhalten macht dieser Mensch einen etwas zurückhaltenden, abwartenden Eindruck. Was jedoch noch lange nicht bedeutet, dass dies seinem wahren Wesen entspricht. Oft braucht dieser Mensch Impulse von Außen, um seine Ideen und Vorhaben in die Tat umzusetzen. Manchmal ist der „Tritt ins Kreuz" von einem guten Freund angebracht.

Beruf:

Beruflich gesehen passt ein solcher Mensch in ein normales Angestelltenverhält-nis mit genau umrissenen Aufgaben und Regeln. Der perfekte Sachbearbeiter oder Beamte.

Charakter:

Hier haben wir es mit einem eher zurückhaltenden Men-schen zu tun. Von der Grund-tendenz her ist dieser Mensch eher ein passiver Typ.

Eine gut gezeichnete Kopflinie lässt auf gute Gehirnkräfte schließen.

Gehirn- und Nervenkraft ha-ben nichts mit Intelligenz zu tun. Dies ist eher so zu verste-hen, dass die Person vernünf-tig überlegen kann und „gute Nerven" hat.

Ist die Kopflinie dünn und un-scheinbar, sowie leicht ver-zweigt, so geht man von einem nervlich nicht so stark belast-baren Menschen aus.

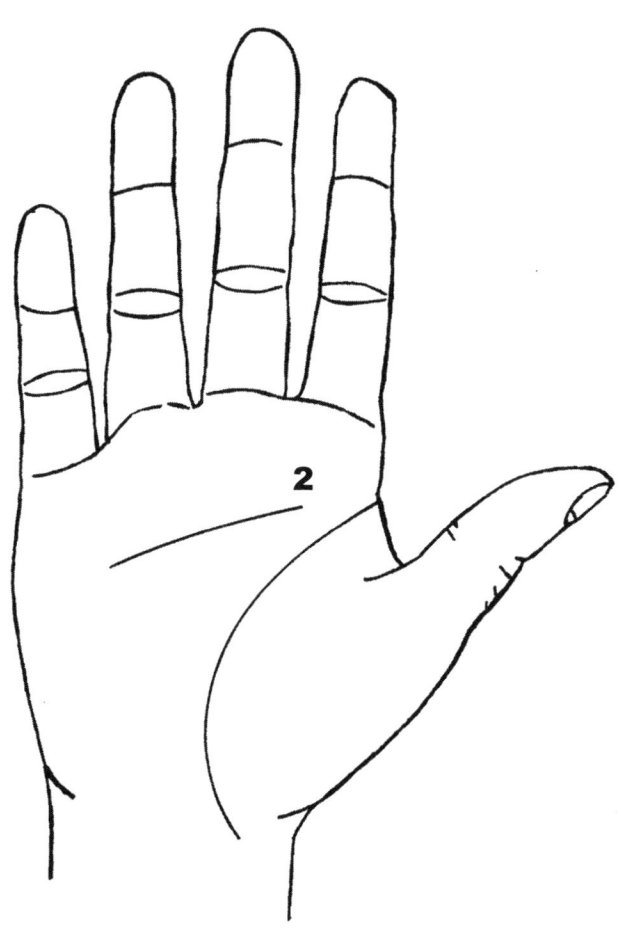

Der Verlauf und die Länge der Kopflinie

Wenn wir uns den Verlauf der Kopflinie genauer anschauen, dann können wir sehr viel darüber erfahren, wie der Mensch denkt und welches Verhältnis er zur Außenwelt hat. Um den Verlauf der Kopflinie genauer zu bestimmen, müssen wir vorher die Handinnenfläche in zwei Hälften einteilen. Dies geschieht, indem wir eine Linie von der Mitte des Saturnfingers (Mittelfingers) nach unten zur Mitte des Handgelenks ziehen. Meist verläuft diese gedachte Linie ähnlich wie die Saturn-Schicksalslinie. Um es sich einfacher zu machen, kann man die Handfläche auch senkrecht halbieren.

Die Daumenseite der Handfläche entspricht dem Ich, dem inneren Leben der Person und dem, was er über sich selbst denkt; die andere Seite entspricht dem Du, der Außenwelt.

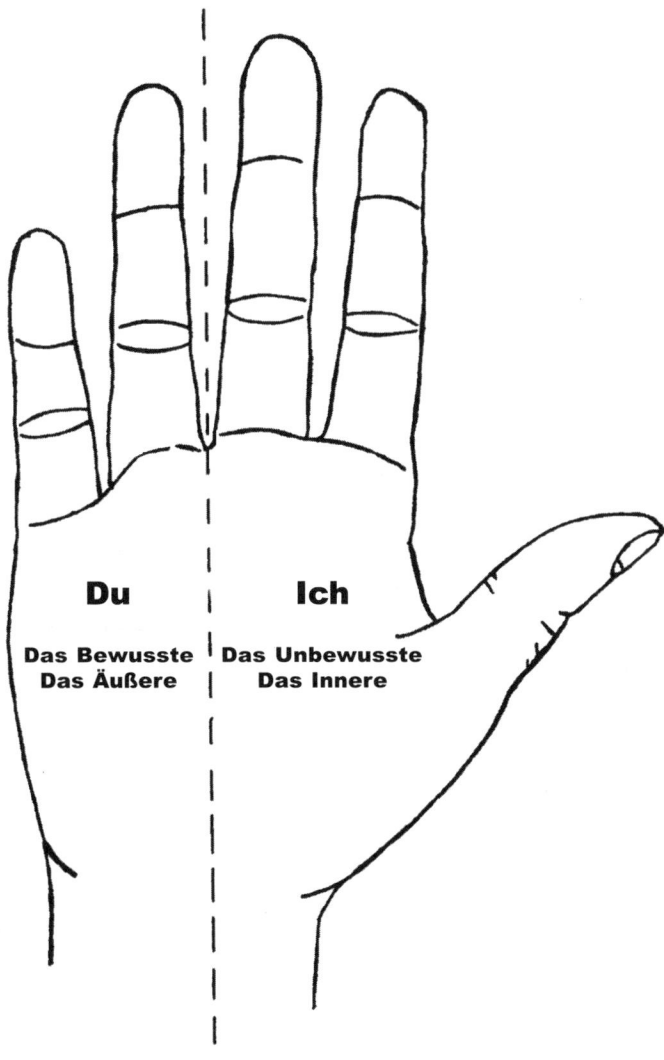

Du

Ich

Das Bewusste
Das Äußere

Das Unbewusste
Das Innere

Bei einer kurzen Kopflinie, die noch auf der Ich Seite endet **(1)**, handelt es sich um einen Menschen, der viel in seiner eigenen Welt lebt und Auseinandersetzungen mit der Außenwelt vermeidet. Er tut dies auch nicht ohne Grund. Dieser Mensch ist nervlich nicht allzu sehr belastbar und eine Auseinandersetzung mit anderen Menschen kann ihn sehr rasch an seine Grenzen bringen.

Charakter:

Ein Mensch, der mehr in seiner inneren Welt lebt und weniger gern aus sich herausgeht. Er ist oft unsicher und das Selbstbewusstsein ist nicht allzu stark ausgeprägt. Häufig wird diese Veranlagung jedoch mit Schlagfertigkeit überspielt.

Verläuft die Kopflinie schnell abfallend noch auf der Ich-Seite **(2)**, so haben wir einen Menschen vor uns, der zu sehr in sich selbst lebt. Es fehlt ihm an lebendigem Austausch mit der Welt. Sehr oft können diese Menschen nicht aus sich herausgehen. Als Folge können sich Melancholie und Depression einstellen. Das Hauptproblem liegt hier in der Tatsache begründet, dass dieser Mensch andere Menschen nur schwer an sich heran kommen lässt und damit auch jegliche Hilfe und Aufmunterung von außen ablehnt.

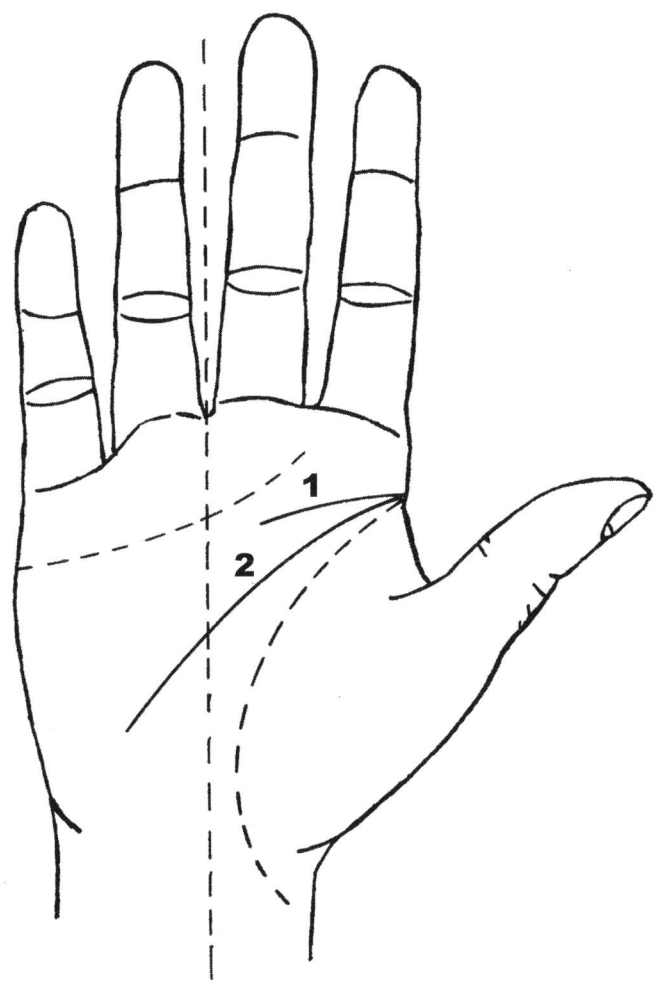

Charakter:

Ein Mensch, der sich oft minderwertig und missverstanden fühlt. Sehr oft ist auch eine Weigerung vorhanden, umzudenken und sich neue Gegebenheiten anzupassen.
Dieser Mensch hat es wirklich nicht leicht.

Verläuft die Kopflinie quer über den Handteller **(1)** und endet im Bereich des Marsbergs, so haben wir es mit einem Menschen zu tun, der sehr verstandesbetont handelt. Die Realität, die Fakten, werden der Phantasie und dem Emotionalen übergeordnet. Dies bedeutet nicht, dass wir es zwingend mit einem reinen Kopfmenschen zu tun haben, jedoch wird dieser Mensch den logischen Schlussfolgerungen mehr Bedeutung beimessen als den Gefühlen.

Aber auch die Gefahr der Berechnung und des zu starken Willens, oft auf Kosten anderer, ist gegeben. Ist die Kopflinie dabei sehr gut und klar gezeichnet, hat der Mensch einen sehr guten Intellekt.

Beruf:

Beruflich sind dies Personen, die die Karriereleiter sehr schnell erklimmen. Die Erfolge sind quasi vorprogrammiert. Jedoch ist hier in jedem Fall zu bedenken, dass Wohlstand und Erfolg auf Kosten anderer niemals zu wirklichem Glück und wahrhaftiger Zufriedenheit führen kann.

Charakter:

Ein Mensch, der Prinzipien schätzt und sich oft schwer tut, sich in andere Menschen einzufühlen. Dadurch kann er oft verletzend sein, wenn es um zwischenmenschliche Angelegenheiten geht. Dies geschieht aber keinesfalls aus bösem Willen!

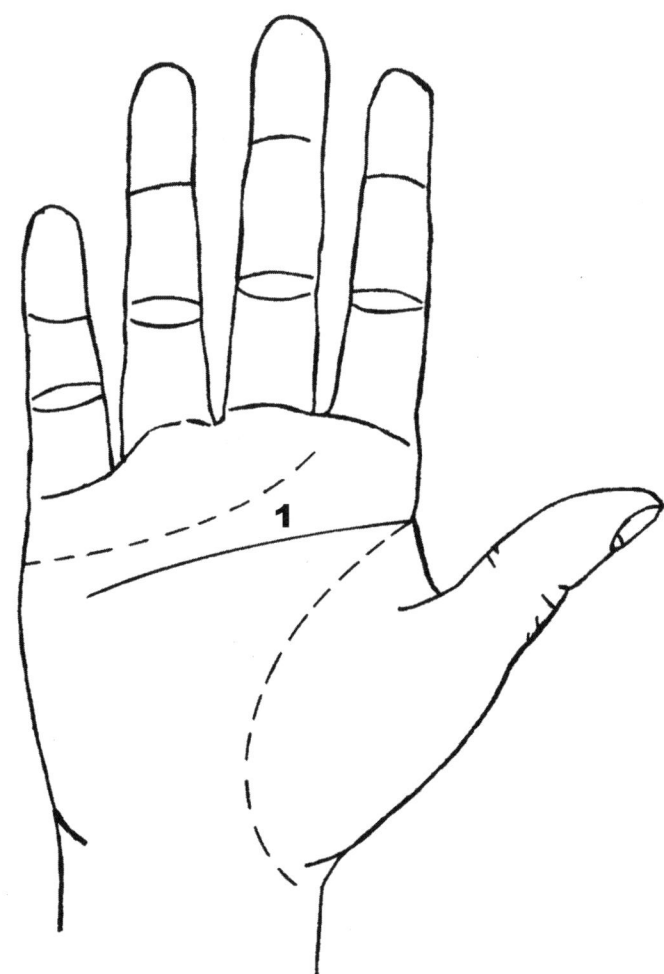

Wenn die Kopflinie die Hand komplett überquert **(1)**, so dass die Hand in eine obere und eine untere Hälfte geteilt erscheint, dann haben wir einen Menschen vor uns, der dazu neigt, ein recht schwieriger Diskussionspartner zu sein.

Er lässt selten eine andere Meinung gelten. Dieser Mensch ist absolut von sich und seiner Logik überzeugt. Jedenfalls nach außen hin. Interessanterweise werden bei diesem Menschen Entscheidungen entweder nur mit dem Verstand oder nur emotional getroffen. Diesen anderen, emotionalen Anteil, gibt er jedoch nur selten zu. Kein ganz leicht zu „handhabender" Mensch.

Beruf:

Beruflich gesehen finden wir solche Menschen sehr oft in führenden Positionen.

Charakter:

Ein Mensch, der sehr von sich und den Dingen, die ihm wichtig sind, überzeugt ist. Da er sehr oft in Widerspruch zu sich selbst gerät, passt er sich die Wahrheit an sein Weltild an um sich selbst zu rechtfertigen.

Fällt die Kopflinie leicht ab und endet im oberen Bereich des Mondberges **(2)**, so zeugt dies von einer großen Wendigkeit des Verstandes und auch von einer gewissen Anpassungsfähigkeit.

Beruf:

Eigentlich in allen Berufssparten zu finden.

Charakter:

Ein Mensch, der offen für alles und flexibel im Denken ist. Eine selbstbewusste Persönlichkeit, die gern auch andere gelten lässt.

Wenn die Kopflinie stark abfällt und sich bis tief in den Mondberg hineinzieht **(3)**, so spielt sich bei diesem Menschen sehr viel im Reich der Phantasie und der Wunschvorstellungen ab. Im positiven Fall zeugt dies von Kreativität und Erfindungsreichtum. Aber natürlich gibt es auch hier die Kehrseite der Medaille: Solche Menschen denken und träumen manchmal ein wenig zuviel. Dies kann so weit gehen, dass er den Bezug zur realen Welt verliert und sich von einer negativen Gedankenspirale beherrschen lässt. Unter negativen Umständen können sich hier schnell Melancholie und Depressionen einstellen.

Beruf:

Selbständige Berufe sind hier ungeeignet. Gut geeignet sind Tätigkeiten in der Beratung und in der Psychologie, jedoch nur mit fundierter Ausbildung und nicht selbständig.

Charakter:

Ein Mensch, der meist sehr wechselhaft in seinen Einstellungen ist. Oft sind seine Ansichten ein wenig weit ab von der Realität. An sich eine liebenswerte Persönlichkeit, die man einfach nehmen muss wie sie ist.

Wenn die Kopflinie im mittleren Mondberg endet **(4)** und auch sonst gut gezeichnet ist, haben wir einen Menschen vor uns, der ein sehr gutes Verhältnis zu Menschen, insbesondere Kindern, aber auch Tieren hat.

Charakter:

Eine liebevolle Seele!

Beruf:

Berufe mit anderen Menschen, mit Kindern oder auch mit Tieren sind hier am besten geeignet. Eigentlich auch alles, was mit sozialer Kompetenz zu tun hat.

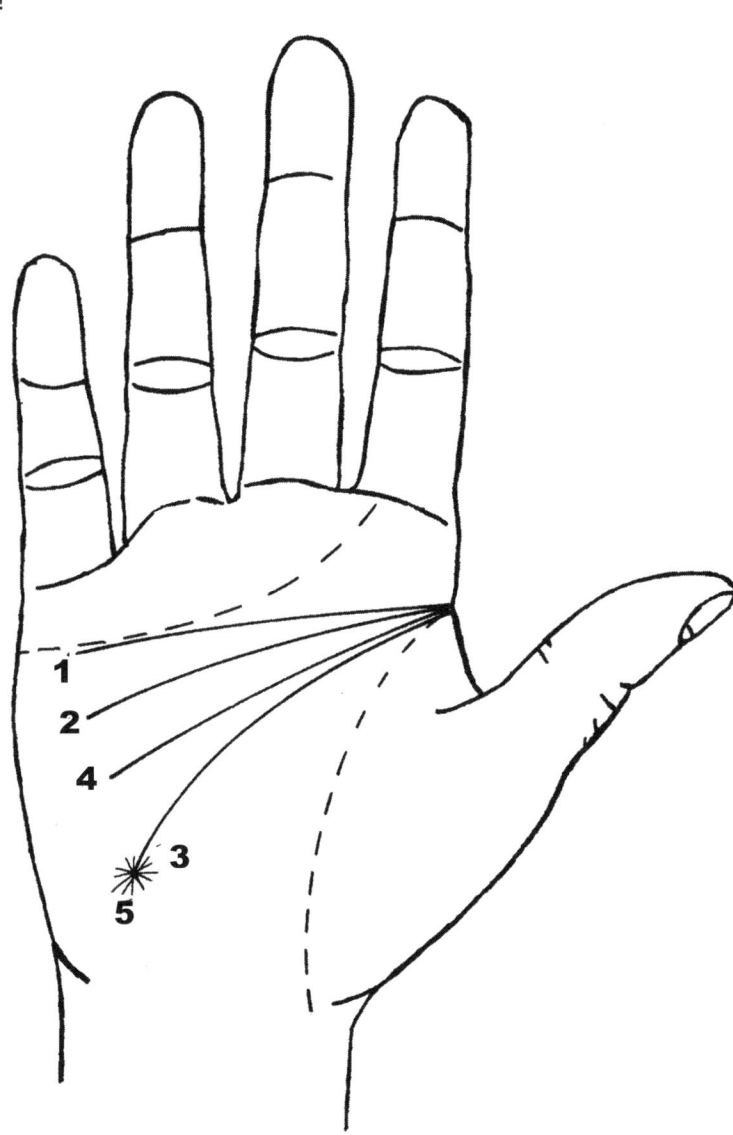

Wenn die Kopflinie im unteren Mondberg mit einem Stern endet **(5),** was aber recht selten ist, so ist dies eine Zeichen für extreme Labilität im geistigen Bereich. Dies kann auch ein Zeichen für leichte Psychosen sein. Psychosen, die durch dieses Zeichen angezeigt werden, sind jedoch im Leben verhältnismäßig gut integrierbar.

Bei der Berufswahl sollte man dies unbedingt berücksichtigen.

Steht die Kopflinie frei, also ohne dass sie am Anfang oder Ende von einer anderen Linie berührt wird und ist sie zu Beginn und Ende gegabelt **(1)**, so können wir von einer sehr großen Disposition zur Psychose ausgehen.

Befindet sich in der Kopflinie eine Unterbrechung, so ist dies ein Zeichen für eine Verletzung am Kopf oder eine Operation am Kopf **(2)**.

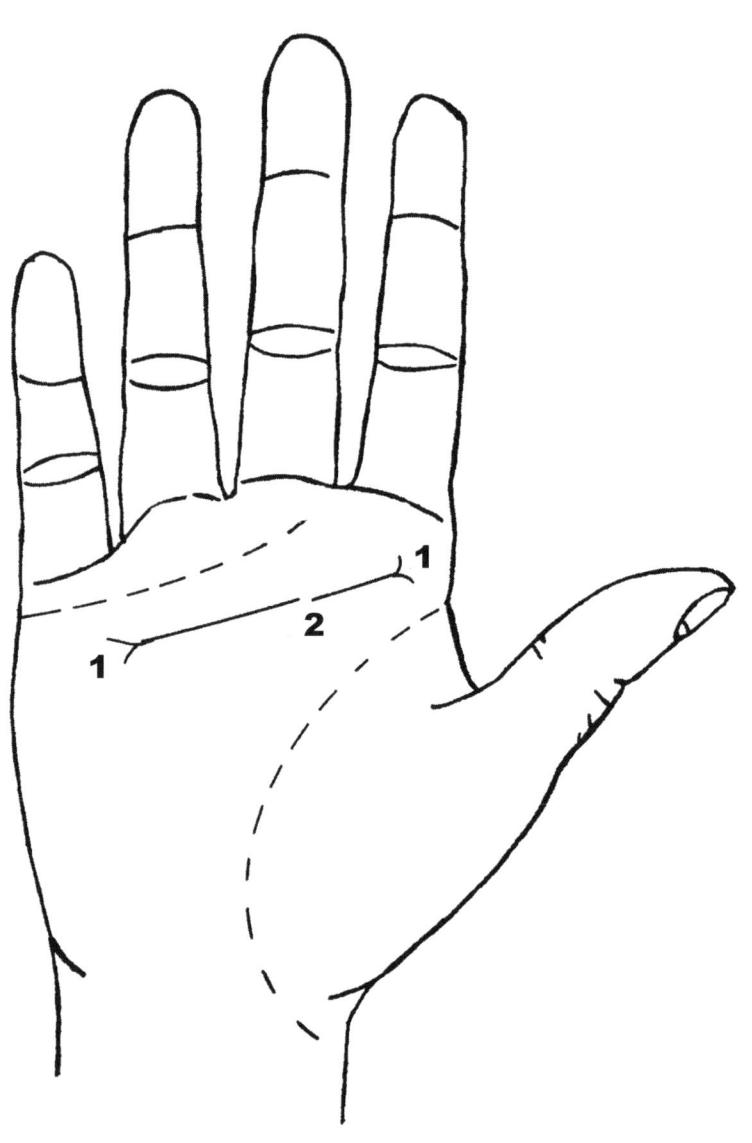

Teilen wir die Handfläche durch eine gedachte senkrechte Linie - beginnend in der Mitte der Handwurzel, dann senkrecht aufsteigend bis genau zwischen Mittel- und Ringfinger -, so können wir die Hand in 2 Bereiche einteilen. Der 1. Bereich - von der Daumenseite bis zur gedachten Mittellinie - bezieht sich auf das Unbewusste. Der 2. Bereich - von der gedachten Mittellinie bis zum Handrand - bezieht sich auf die bewussten Anteile.

Spaltet sich von der Kopflinie eine zweite Linie nach unten ab, so können wir in jedem Fall von einer Problematik der Psyche ausgehen. Dies kann sich in wechselhaftem Verhalten, aber auch in Schizophrenie oder gar Irrsinn auswirken. Aber Achtung, wichtig ist hierbei, dass darauf geachtet wird, wo genau die Spaltung einsetzt. Je näher am Daumen, desto problematischer ist die Situation. Man kann hierbei die gedachte Mittellinie als Anhaltspunkt verwenden. Befindet sich die Spaltung im Bereich Mittellinie bis Handrand, so handelt es sich um Tendenzen zu Instabilität und Wankelmut, eventuell auch zu Melancholie oder Schwermut. Finden wir die Spaltung im Bereich Mittellinie bis Daumenseite, so haben wir es mit einer Problematik zu tun, die im Unbewussten begründet liegt. In einem solchen Fall kann die betreffende Person unter Umständen auf Hilfe angewiesen sein. Sie kann aber auch im Grunde völlig gesund sein, jedoch durch entsprechend widrige Umstände so sehr belastet werden, dass es zu einem Nervenzusammenbruch kommt, von dem sich die Person dann nur schwer wieder erholt. Ein Beispiel: Bei einer 40jährigen Person, bei der diese Anzeichen in der linken Hand zu sehen sind, in der rechten jedoch nicht, war diese Gefahr wahrscheinlich als Potential gegeben, dürfte in der Realität jedoch nicht mehr zum Tragen kommen.

Bei der folgenden Abbildung sehen wir die Aufteilung der Hand in den bewussten und den unbewussten Bereich. Wir teilen die Hand durch eine senkrechte Linie, beginnend in der Mitte des Handgelenks und endend zwischen Saturn- und Apollofinger.

Ist die Kopflinie nun sehr kurz, so dass sie kaum in die bewusste Hälfte der Hand hineinreicht, so wird die Person in der Hauptsache vom Unbewussten gesteuert. Ist die Kopflinie dagegen verhältnismäßig lang, so wird die Person eher durch eigenständiges Denken gelenkt, was jedoch nicht immer als vorteilhaft zu bezeichnen ist. Es ist gut möglich, dass hier zuviel mit dem Kopf gearbeitet wird und das intuitive Element, das den Menschen schließlich ebenso ausmacht, auf der Strecke bleibt. Es gibt Dinge, die man nicht gut mit dem Verstand lösen kann. Wenn man Erlebnisse nur mit dem Kopf verarbeitet und die Emotionen dabei ausklammert, so bleibt oft nur „Gehirnakrobatik" übrig und das Gefühlsleben bleibt auf der Strecke.

Wenn die Kopflinie lang ist und wie auf der Zeichnung etwas tiefer in den Mondberg hineinreicht, können wir zwar einerseits von einem halbwegs ausgeglichenem Verhältnis zwischen bewusstem und unbewusstem Denken ausgehen;

bedingt durch die Tatsache, dass die Kopflinie im Mondberg endet, finden wir hier jedoch auch eine Veranlagung zu Grübelei und leicht depressivem Verhalten.

1. Große, tiefe Punkte in der Kopflinie beziehen sich auf Verletzungs- und Unfallgefahr im Bereich des Kopfes.

2. Kleine, tiefe Punkte (wie mit einer Stecknadel gestochen) beziehen sich auf eine Überlastung der Kopfnerven.

3. Endet die Kopflinie mit einem Stern oder Halbstern, liegt die Gefahr einer Augenentzündung nahe.

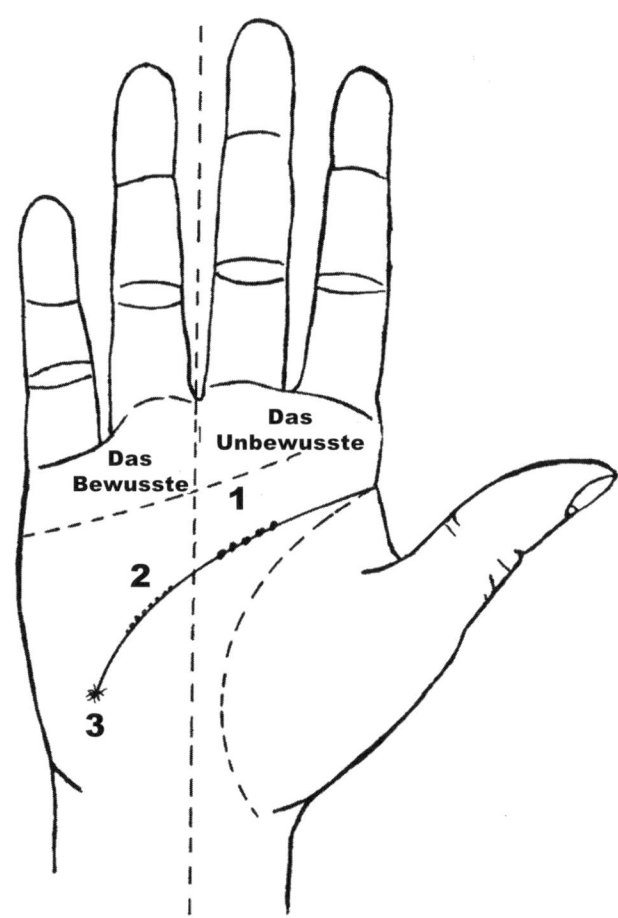

In dieser Hand sehen wir eine stark in den Mondberg abfallende Kopflinie. Dies lässt darauf schließen, dass die Person sehr oft grübelt und sich einfach zu sehr mit ihren Problemen beschäftigt. Dieser Person fällt es sehr schwer, die Dinge einfach geschehen zu lassen und im Augenblick zu leben. Sie werden feststellen, dass überall dort, wo Sie eine stark abfallende Kopflinie vorfinden, diese Menschen mehr in der Vergangenheit und in der möglichen Zukunft leben als im Hier und Heute.

Die in der Kopflinie eingezeichneten Inseln können in ihrer Größe variieren. Je nach Größe und Stärke sind die Dispositionen und Krankheiten verschieden ausgeprägt. Bitte achten Sie darauf, ob sich die Inseln in der linken Hand (linke Körperhälfte) oder in der rechten Hand (rechte Körperhälfte) befinden. Diese Aufteilung kann auch auf eine Disposition bis zum 30. Lebensjahr oder nach dem 30. Lebensjahr hinweisen.

1. Eine Insel im Anfangsbereich der Kopflinie deutet auf eine Augen- oder Seh-schwäche hin. Befindet sich die Insel in der linken Hand, so betrifft dies die linke Kopfhälfte. Befindet sich die Insel in der rechten Hand, so betrifft es die rechte Kopfhälfte.

2. Eine Insel bei Punkt 2 deutet auf eine Problematik der Ohren bzw. des Gehörapparates hin. Dies kann sich in Form von Hörschwäche oder auch als übermäßige Emp-findlichkeit der Gehörorgane äu-ßern. Auch hier gilt: linke Hand = linkes Ohr, rechte Hand = rechtes Ohr.

3. Eine Insel bei Punkt 3 deutet auf Migräne. Achtung, hier gilt: linke Hand = bis zum 30. Lebensjahr, rechte Hand = nach dem 30. Le-bensjahr.

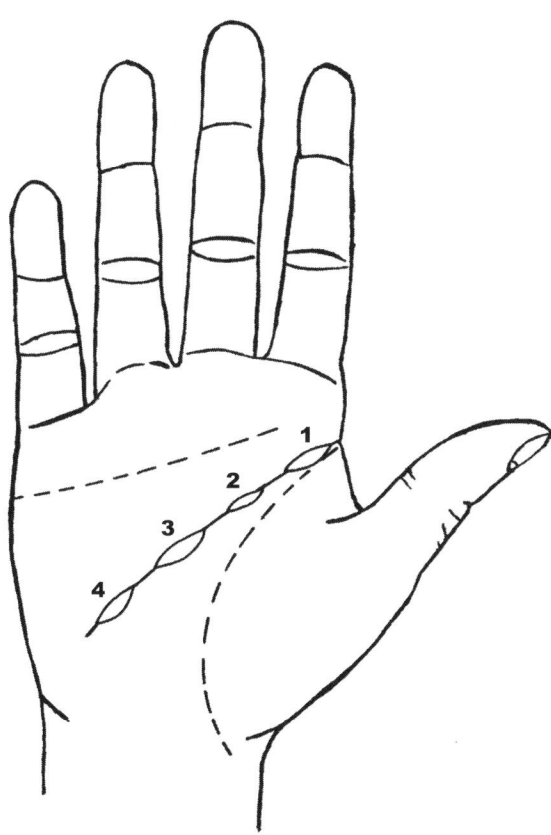

4. Eine Insel bei Punkt 4 deutet auf Nasenleiden, eventuell auch auf eine Tendenz zu Gedächtnis-problemen. Auch hier gilt: linke Hand = bis zum 30. Lebensjahr, rechte Hand = nach dem 30. Le-bensjahr.

1. In der Hand sehen wir eine Kopflinie, die sehr stark in den unteren Bereich des Mondberges fällt. In diesem Fall haben wir es mit einem Menschen zu tun, der sehr stark zur Depression neigt. Zuviel seines Denkens spielt sich in seiner Phantasie ab. Dies kann sich unter Umständen (bei starkem Mondberg) so weit steigern, dass es in krankhafte Phantasterei ausartet. Je stärker der Mondberg, desto weiter nähert sich die Phantasie dem Wahn an.

2. Beschreibt die Kopflinie wie bei Punkt 2 im Mondberg einen Aufwärts-strebenden Haken, so haben wir es mit einer sehr labilen Persönlichkeit zu tun. Sehr häufige starke Gefühlsänderungen sind hier die Regel. Falls diese Person keine Hilfe von außen erhält, können diese Gefühlsausbrüche, die eher depressiver Natur sind, sehr stark überhand nehmen. Dies kann so weit gehen, dass dieser Person ihr Realitätsbewusstsein abhanden kommt. Unter Umständen kann das Leben hier im Suizid enden.

3. Bei Punkt 3 sehen wir ein Kreuz oder einen Stern am Ende der Kopflinie, welche tief im unteren Mondberg endet. Hier handelt es sich um eine Ver-anlagung zur Erkrankung der Nerven im Gehirnbe-reich. Eine solche Erkran-kung ist keinesfalls gene-rell mit Irrsinn oder Idiotie gleichzusetzen; wahr-scheinlicher sind Gedächt-nisprobleme oder Koordi-nationsschwierigkeiten. Nicht vergessen: Wir re-den hier von Veranlagun-gen, nicht von akuten Er-krankungen.

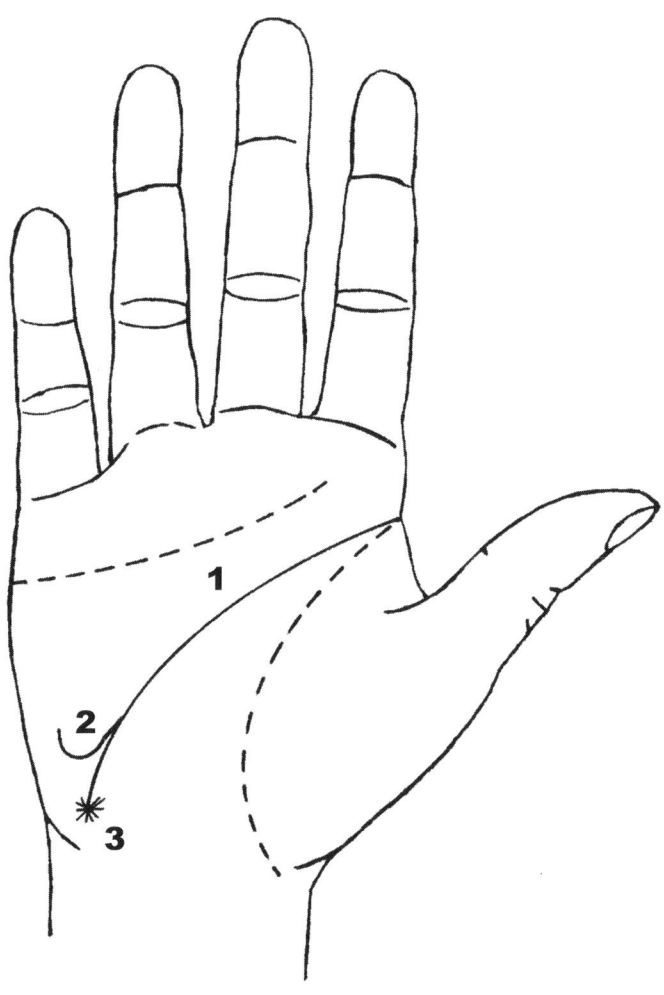

In dieser Hand finden wir eine gespaltene Kopflinie. Dies zeugt immer von einer Problematik oder Überlastung der Gehirnnerven. Je nachdem, wo sich diese Aufspaltung befindet, ist es mehr oder weniger belastend für die Person.

Befindet sich die Spaltung in der bewussten Seite der Hand (in Richtung des kleinen Fingers), so können wir von Wechselhaftigkeit und einer sich oft ändernden Meinung ausgehen. Diese Person ist immer zwischen zwei Arten des Denkens hin und her gerissen: Zum einen wird streng logisch gedacht, zum anderen sehr realitätsfremd. Da sich dies alles jedoch im bewussten Bereich abspielt, gibt es immer noch eine kontrollierende Instanz.

Befindet sich die Spaltung, wie unten dargestellt, mehr auf der Seite des Unbewussten, so sieht es schon ernster aus. Hier haben wir es mit einer schwerwiegenden Störung des Denkvermögens zu tun. Die Spaltung setzt bereits in der unbewussten Zone ein; dies bedeutet, dass die Person sich der Problematik meist nicht bewusst ist. Dies kann bis zur Schizophrenie führen.

In jedem Fall ist es von immenser Bedeutung, in welcher Hand sich die Spaltung befindet. Nehmen wir das Beispiel eines 40jährigen: Er hat in der linken Hand (sie steht für die ersten 30 Lebensjahre) eine abfallende, gespaltene Kopflinie, bei der die Spaltung bereits auf der unbewussten Seite der Hand beginnt; in der rechten Hand (die späteren Lebensjahre ab 30) hat er jedoch eine gut gezeichnete Kopflinie ohne Spaltung. In diesem Fall können wir davon ausgehen, dass diese Person bis zum 30. Lebensjahr mit einem solchen Problem zu kämpfen hatte, dass nun aber diesbezüglich keine Schwierigkeiten mehr zu erwarten sind. Diese Person verdient unseren aufrichtigen Respekt, da sie mit Sicherheit bis zu ihrem 30. Lebensjahr schwerste Probleme hatte, diese nun aber allem Anschein nach in den Griff bekommen hat.

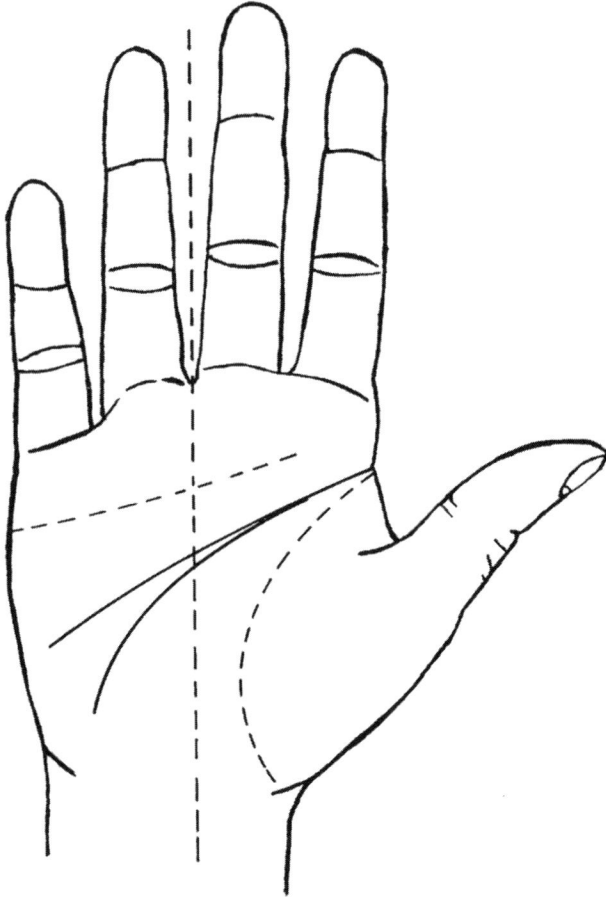

Herzenskraft und Kreislauf in der Herzlinie
(Emotionalis oder Mensalis)

Die Herzlinie hat, wie der Name schon sagt, mit dem Herzen zu tun. Dies gilt sowohl für den biologischen als auch für den emotionalen Aspekt des Begriffs „Herz".

Die Herzlinie beginnt unterhalb des kleinen Fingers am Handrand und verläuft entgegengesetzt der Kopflinie in Richtung Jupiterberg. Ihr Ende ist zumeist aufsteigend und befindet sich im Bereich des Jupiter- oder Saturnbergs. Sie kann aber auch waagrecht verlaufen oder in Ausnahmefällen abfallen und in der Kopflinie enden.

Aus der Beschaffenheit, Form und Länge der Herzlinie können wir Rückschlüsse auf die Empfindungswelt, die Liebe, die Treue sowie das seelische Empfinden ziehen. Kurz gesagt alles was in direktem Zusammenhang mit den Gefühlen steht.

Sowie alles über die gesundheitlichen Aspekte des Herzens, einiger Bereiche des Kopfes, sowie auch der Nieren und Blase.

Die Herzlinie ist eine wirklich wichtige Linie. Sie entscheidet darüber, ob man ein glückliches Leben führt oder nicht. Sicherlich werden Sie diese Aussage erst einmal in Zweifel ziehen (und damit nicht einmal Unrecht haben). Wir sollten uns stets darüber im Klaren sein, dass es ein absolut glückliches Dasein nicht gibt. Es wird immer Höhen und Tiefen im Leben eines Menschen geben.

Wenn wir gewisse Aspekte, wie zum Beispiel die Bestimmung oder das Karma eines Menschen einmal unberücksichtigt lassen, so können wir uns das menschliche Leben einfach als Sinuskurve vorstellen. Ich weiß, dass dies eine grobe Vereinfachung ist, aber es macht den Sachverhalt etwas anschaulicher.

Wenn Sie nun ein Leben im Überblick betrachten, werden Sie erkennen, dass immer ein gewisser Ausgleich zwischen positiven und negativen Aspekten hergestellt wird. Die „Gretchen-Frage" lautet also diesbezüglich: *Ist das Wasserglas nun halbvoll oder halbleer?*

Es geht hier also gar nicht mehr um eine allgemein gültige Realität, vielmehr darum, wie *wir* diese Realität oder auch das Leben empfinden. Dies ist letztendlich die einzig wirkliche Realität - und auch diejenige, mit der wir letztendlich leben müssen.

Aus dem eben Gesagten folgt, dass es so viele Realitäten geben muss, wie es Zentren von Bewusstsein, also Lebewesen gibt. Und genauso ist es auch! Natürlich werden jetzt viele sagen: „Moment, so einfach ist das nun auch wieder nicht. Was ist denn dann mit der Wissenschaft, der Physik, der Chemie? Das alles ist doch Realität und zwar für jeden von uns, unabhängig von seiner individuellen Wahrnehmung." Wer so denkt hat auf seine Weise ebenfalls Recht.

Die Wissenschaft bietet uns Regeln und Systeme, auf die sich eine größere

Gruppe von Individuen aufgrund gleichartiger Wahrnehmungen bezüglich der Realität einigen kann. Das heißt nichts anderes, als dass die Wissenschaft einen Teil der subjektiven Realität des Einzelnen für allgemein gültig erklärt, mehr nicht.

So kommt es nun, dass zwei Menschen, die ihr Leben miteinander teilen und eine sehr ähnliche Abfolge von Erlebnissen durchlaufen, dies völlig unterschiedlich empfinden: Der eine mag sein Leben als schön und glücklich erleben, der andere als langweilig, öde, leer und deprimierend.

Besonders interessant ist dieses Phänomen natürlich im Bereich einer Partnerschaft.

Man sollte sich die Herzlinie als Strom vorstellen, in dem die Gefühle und Emotionen fließen.

Spiegel der Gefühle

Ist die Herzlinie sehr *dünn gezeichnet* (1), so können wir von einem bescheidenen Gefühlsleben ausgehen. Dies äußert sich in Kopflastigkeit und einer gewissen Nüchternheit.

Charakter:
Ein Mensch, der wenig tiefe Emotionen empfinden kann.

Ist die Herzlinie *sehr breit gezeichnet* (2), so können wir von einem sehr gefühlsbetonten Menschen ausgehen.

Charakter:
Ein Mensch, der in und von Gefühlen lebt. Eine sehr zuvorkommende und liebevolle Person. Aber aufpassen, man kann es auch übertreiben!

Ist sie *wellenförmig gezeichnet* (3), so gehen wir von einer Person aus, die sehr oft in ihren Gefühlen schwankt. Es fehlt hier an Stetigkeit und Zielstrebigkeit im emotionalen Bereich.

Charakter:
Ein Mensch, der sehr schwankend in seinen Gefühlen ist. Immer ist da irgendwie die Angst, etwas zu verpassen. Auf der anderen Seite besteht eine Scheu, sich wirklich auf etwas einzulassen. Allgemein hinterlässt der Mensch einen recht wechselhaften und unzuverlässigen Eindruck.

Das genaue Gegenteil davon ist eine *unverästelte, normal breite und sauber verlaufende* Herzlinie. Hier haben wir es mit einer Person zu tun, die geradlinig ihre emotionalen Ziele verfolgt und auch daran festhält.

Charakter:

Ein recht geradliniger Mensch, der normalerweise weiß, was er will, und es auch bekommt. Auch Moral und Prinzipien sind ihm wichtig, so lange sie ihm dazu dienen, seinem Ziel näher zu kommen oder etwas Erreichtes zu behalten.

Inseln, Brüche, Verästelungen und Querstriche in der Herzlinie deuten auf gefühlsmäßige Enttäuschungen und Probleme hin. Sehr oft schlägt sich dies im gesundheitlichen Bereich nieder.

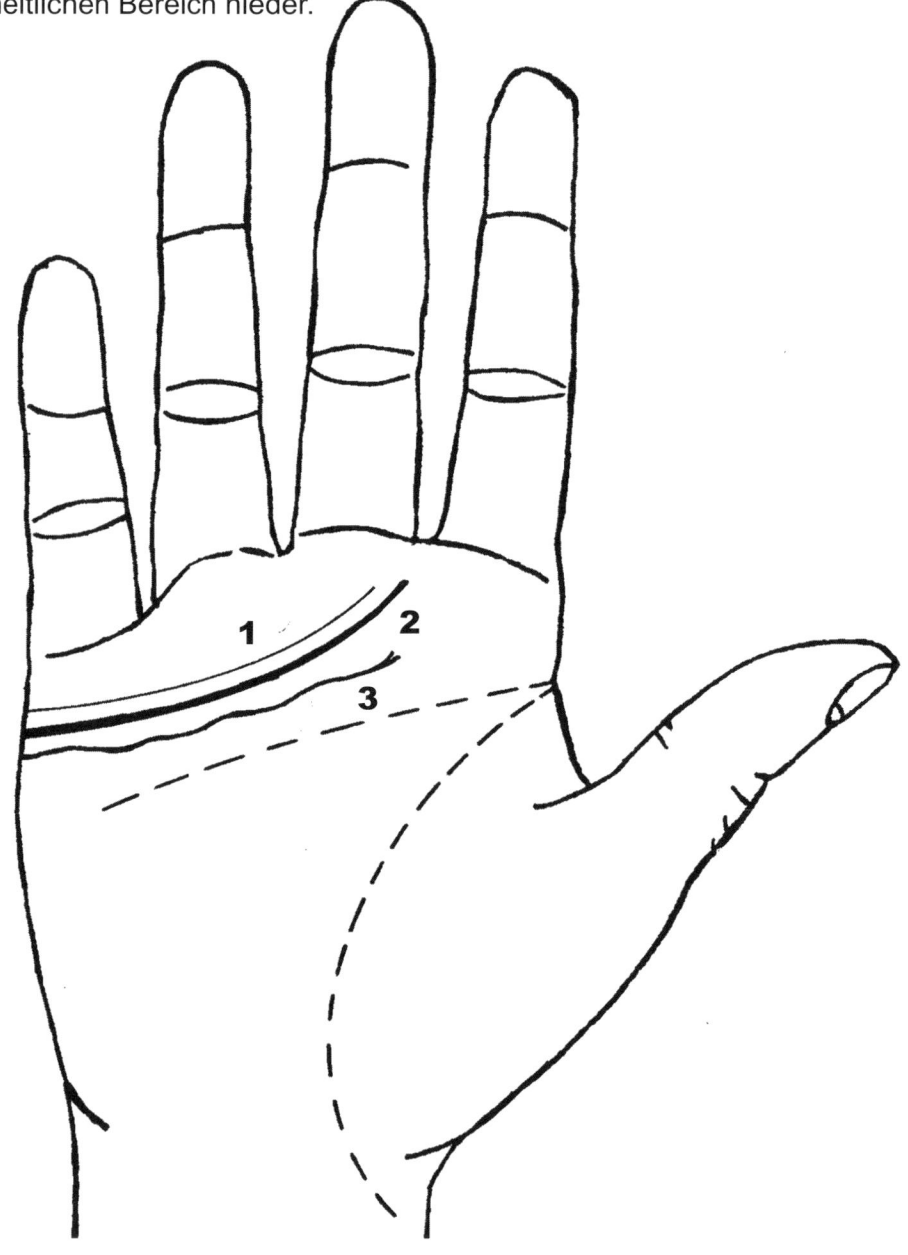

Spiegel der Herzlichkeit

Zum anderen können wir uns die Herzlinie wie ein Gefäß vorstellen. Dabei sehen wir uns zum einen den Bogen, den sie beschreibt, und zum anderen den Raum der Handfläche an, den sie umschließt. Je nachdem, wie groß das „Gefäß" ist, so viele Gefühle bestimmen und beherrschen diesen Menschen.

Verläuft die Herzlinie in einem großen und tiefen Bogen und nimmt viel Raum ein **(1)**, so haben wir es mit einem sehr herzlichen Menschen zu tun. Die Gefühle spielen eine sehr große Rolle in seinem Leben.

Charakter:
Ein herzlicher Mensch, der dazu neigt, viel zu gutmütig zu sein und rückhaltlos alles zu geben. Dieser Mensch sollte nur darauf achten, dass er nicht ausgenutzt wird.

Verläuft die Herzlinie in einem Bogen weit oben im Handteller **(2)**, so dass sie wenig Raum einnimmt, so müssen wir von einem Menschen ausgehen, der seinen Gefühlen (die er wie jeder Mensch sicher auch hat) nicht allzu viel Priorität beimisst. Solch ein Mensch nimmt sich die Dinge nicht so zu Herzen und kann mit Enttäuschungen verhältnismäßig gut umgehen.

Charakter:
Ein Mensch mit eher praktischer Veranlagung. Dieser Typus ist mit Sicherheit nicht gefühlskalt. Er versucht nur ganz bewusst, mit seinen Gefühlen zu haushalten. Nach außen hinterlässt er deshalb den Eindruck einer gewissen Gleichgültigkeit.

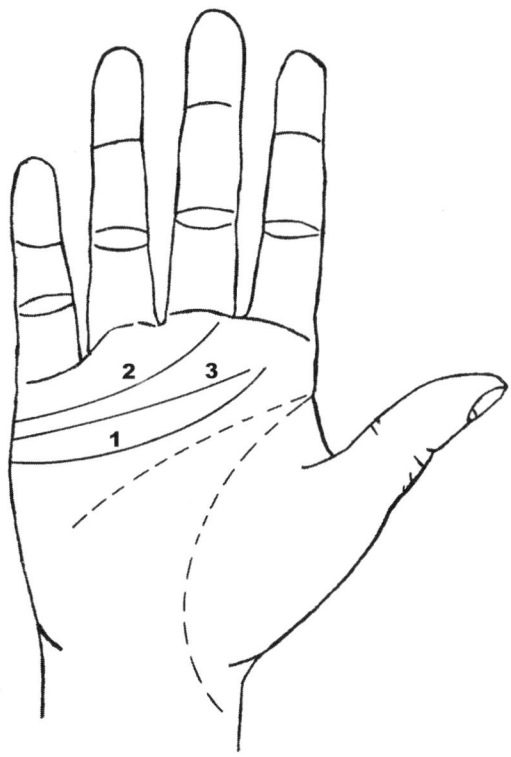

Verläuft die Herzlinie gerade und ohne Bogen **(3)**, so ist dieser Mensch sehr zielorientiert und verstandesbetont.

Charakter:
Ein Mensch, der seine Prioritäten setzt. Und die liegen bestimmt nicht in „Gefühlsduseleien". Dieser Mensch sieht die Dinge von der eher praktischen Seite. Dies bedeutet aber keinesfalls, dass dieser Mensch nicht tief und innig lieben kann. Er hat nur seine eigene Art es zu zeigen.

Normalerweise endet die Herzlinie im Bereich des Jupiterberges **(1)**. Dies zeugt von einem Menschen mit viel Herzlichkeit. Man kann allgemein sagen, dass die Länge der Herzlinie in einem direkten Verhältnis zur Herzlichkeit der Person steht. Je weiter die Herzlinie in den Jupiterberg hineinreicht, desto gefühlsbetonter ist der Mensch. Hierbei sollte man jedoch beachten, dass eine übermäßig lange Herzlinie auch auf einen gewissen Gefühlsüberschwang schließen lässt, der unter Umständen schon wieder zu weit geht und für den Gegenstand der Zuneigung nicht mehr unbedingt nur angenehm ist. Sehr oft liegen hier auch Eifersucht oder Verlustangst nicht fern.

Je nachdem wo die Herzlinie endet, ergeben sich folgende weitere Eigenschaften des Menschen:

Endet sie unter dem Saturnberg **(2)**, so haben wir es mit einem Menschen zu tun, der in Herzenssachen sehr oft seinen Vorteil sucht. Dieser Vorteil kann auch im materiellen Bereich liegen. Gefühle sind mehr als genug vorhanden, jedoch werden sie seltener gezeigt. Die Gefühle werden zu oft „versachlicht".

Endet die Herzlinie zwischen Saturn- und Jupiterberg **(3)**, so hat die Person sehr oft Probleme mit ihren wirklichen Gefühlen. Ein solcher Mensch ist teilweise hin- und hergerissen und hinterlässt einen unentschlossenen Eindruck. Dies geschieht nicht böswillig und die Person empfindet dieses Verhalten, welches schwer zu ändern ist, selbst als unangenehm. Dies ist keinesfalls als schlecht

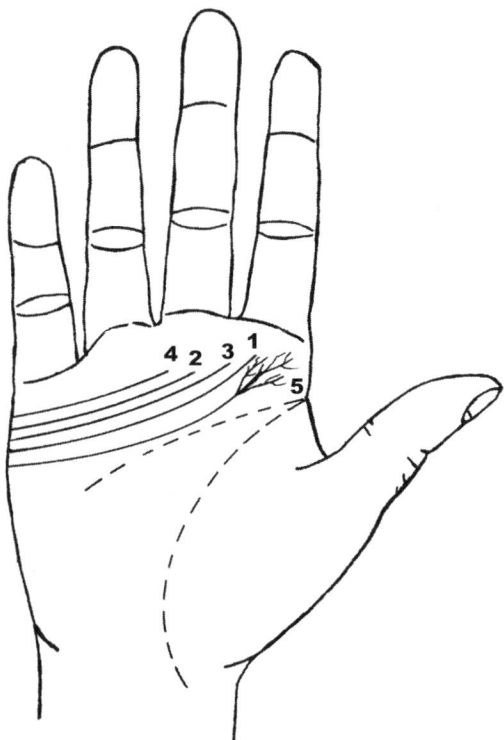

zu werten, und auch hier gilt wie in den meisten Fällen: „Es wird lange nicht so heiß gegessen, wie gekocht wird." Sehr oft verbergen sich hinter solchen Menschen sehr liebevolle Partner, die die Familie und den Partner über alles stellen, sich selbst jedoch meist dabei vergessen.

Endet die Herzlinie noch vor dem Saturnberg **(4)** (selten), so haben wir es mit einem Menschen zu tun, der in jedem Fall Probleme mit der Äußerung seiner Gefühle hat. Auch ist das emotionale Erleben recht eingeschränkt. Mit einem solchen Partner benötigt man viel Geduld und Toleranz.

Endet die Herzlinie in vielen kleinen Ästen **(5)** wie ein Fächer, so deutet das auf einen Menschen hin, der seine Liebe auf viele andere verteilt. Hierbei ist es nicht so ausschlaggebend, wo die Linie endet.

Wer passt zu wem?

Dafür gibt es keine allgemein gültige Antwort. Es ist so, dass jeder für sich schauen muss, wie und mit wem er seine Zeit verbringt. Natürlich müssen wir uns auch darüber im Klaren sein, das es den perfekten Partner ohne Makel eigentlich nicht geben kann. Es ist doch eher so, dass wenn wir einen annähernd unseren Vorstellungen entsprechenden Partner gefunden haben, wir die kleinen und vielleicht auch etwas größeren Unzulänglichkeiten tolerieren.

Wenn Sie jedoch einen Partner haben oder kennen lernen, der einige Eigenschaften aufweist, die Sie ganz und gar nicht vertragen können und der Meinung sind, das gibt sich mit der Zeit oder glauben der Partner ändere sich noch, dann sollten Sie das ganz schnell vergessen. Ein Mensch ist wie er ist und die einzigen sinnvollen und bleibenden Veränderungen resultieren aus der Entwicklung des einzelnen Menschen. Dies bedeutet, dass der Partner sich bestimmt im Laufe der Zeit ändern wird. Diese Veränderung findet jedoch für ihn, für seine Entwicklung und nicht für Sie oder Ihre Partnerschaft statt. Natürlich kann diese Entwicklung in die Richtung gehen, die Ihren Vorstellungen zusagt. Sie kann aber auch in die entgegengesetzte Richtung gehen. Und dann haben Sie investiert for nothing.

Per Grundsatz lässt sich sagen, dass gewisse Eigenschaften sowie Denk- und Handlungsweisen des Menschen zumindest in Grundzügen für ihr Leben eingezeichnet sind.

Etwas übertrieben ausgedrückt besagt dies, dass ein Mann mit einer elementaren Handform, extrem starken und großen Venusberg, ausgeprägtem großen Daumen und starker kräftiger Lebenslinie immer ein Lebenspartner sein wird, der eine robuste Natur hat, der im sexuellen Bereich recht heftig agiert und sich recht dominant verhalten wird. Zudem werden die materiellen Dinge immer den Vorrang haben. Ein Statussymbol wird immer wichtiger sein als eine tiefe Erkenntnis.

Wie gesagt, ein wenig übertrieben ausgedrückt, aber wenn Sie mit diesen Eigenschaften nicht umgehen können, oder andere Prioritäten setzen, so ist dies wohl sicherlich der falsche Partner.

Dies war nun ein negatives Beispiel. Das ganze geht natürlich auch anders herum und damit kommen wir zum Kern der Sache, zum eigentlichen Sinn dieses Buches. Es soll doch nicht dazu dienen, dass Sie Ihren Partner prüfen und dann in die Wüste schicken, vielmehr soll es dazu dienen, dass man sieht und erkennt wen man eigentlich vor sich hat. Und zwar unabhängig von dem, wie sich der andere, aus welchen Gründen auch immer, präsentiert.

Wenn Sie dieses Buch aufmerksam bis hierher gelesen haben, dann können Sie mit etwas Übung die Grundtendenzen und das emotionale Empfinden des anderen erkennen und besser verstehen. Da viele Menschen ihre Gefühle nicht immer äußern oder nicht offen über ihre wirklichen Bedürfnisse sprechen, können Sie nun ein wenig hinter die Kulissen sehen und damit besser auf Ihren Partner eingehen.

Stellen Sie sich vor, Sie sind bis über beide Ohren verliebt. Nicht erst seit gestern, sondern schon einige Monate. Ihr Partner hat jedoch Eigenschaften, die Ihnen ganz und gar nicht behagen. Er will sich nicht binden, will seine Unabhängigkeit unter allen Umständen behalten und hat (er/männlich) einen großen weiblichen Bekanntenkreis. Und diese Dinge will er keinesfalls aufgeben.

Sie denken schon darüber nach alles hinzuwerfen, weil er/sie sich ja doch nicht ändert. Dann sehen Sie sich doch einfach mal die Hände an. Vielleicht werden Sie ja feststellen, dass dieser Partner per Grundsatz sehr liebevoll und treu ist. Dies im Gegensatz zu dem wie er sich zurzeit verhält, oder vielleicht besser gesagt, im Gegensatz zu dem was Sie glauben wie er sich verhält.

Hier können Sie dann schon eher davon ausgehen, dass er sich ändern wird und Ihnen dann auch ein guter Partner sein kann. Vielleicht braucht er einfach nur ein wenig Zeit für die Entwicklung, für die es ja bekanntlich keine Abkürzung gibt.

Die Herzlinie organisch

In der Herzlinie finden wir all das, was organisch, aber auch emotional mit dem Herzen zusammenhängt. Haben wir eine starke, rote Herzlinie, so ist dies ein Zeichen für starke Herzkraft und zeugt von großer Liebesfähigkeit im geistigen wie auch körperlichen Sinne. In körperlicher Hinsicht ist dies als starkes sexuelles Verlangen anzusehen. Ist in diesem Zusammenhang der Venusberg sehr stark ausgeprägt, so kann es im körperlichen Liebesleben schon mal recht heftig zugehen. Dies gilt nicht nur für Männer!

Bei einer übermäßig starken und roten Herzlinie besteht die Veranlagung zu Bluthochdruck und den damit verbundenen Folgekrankheiten.

Ist die Herzlinie dünn und zart mit kleinen Ästchen und Verzweigungen, dann haben wir es mit einer etwas empfindsameren Seele zu tun. Die Herzkraft ist nicht allzu groß, was aber nicht unbedingt als Katastrophe anzusehen ist. Vielmehr ist es so, dass die körperliche Leistungsfähigkeit nicht bis zum Exzess genutzt werden sollte. Man stößt eben eher an die Grenzen seiner körperlichen Belastbarkeit, das ist alles.

Wenn die Herzlinie viele kleine Äste hat und ein wenig kettig ist, handelt es sich hierbei um eine Disposition zur Herzneurose, die sich aber nicht unbedingt im normalen Leben auswirken muss.

Trifft die Herzlinie mit der Kopf- und/oder der Lebenslinie zusammen, so ist dies immer problematisch. Man muss sich dazu bildlich vorstellen, was geschieht, wenn zwei oder drei Flüsse, die entgegengesetzt fließen, aufeinander treffen. Man kann sich sehr gut vorstellen, dass dort extreme Energien durcheinander wirbeln können. Diese Person wird starke Probleme mit ihrem Gefühlsleben haben. Die Folgen sind schwer pauschal vorherzusagen. Meist sind es Menschen, die immer wieder in extreme Situationen geraten oder sich in solche hineinmanövrieren. Diese Menschen werden mit Sicherheit ein problematisches Gefühlsleben haben. Sehr oft traten in diesen Fällen Lähmungserscheinungen oder Selbstmord bei den Vorfahren auf. Auch wird diesen Personen eine größere Wahrscheinlichkeit eines gewaltsamen Todes nachgesagt.

Punkte in der Herzlinie

Kleine Punkte in der Herzlinie sehen so aus, als wären sie mit einer Nadel gestochen. Sie können ohne weiteres bis zu 1,5 mm Durchmesser haben.

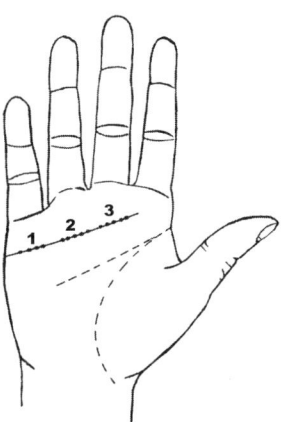

1. Kleine Punkte unterhalb des kleinen Fingers (Merkurfinger) deuten auf eine Disposition zu Blasenstein oder Gries hin.

2. Kleine Punkte unterhalb des Ringfingers (Apollofinger) deuten auf eine Disposition zu Nierenstein oder Gries hin.

3. Kleine Punkte unterhalb des Mittelfingers (Saturnfinger) deuten auf eine Erkrankung des Kieferbereiches hin, meist auf Karies oder Zahnprobleme.

Inseln in der Herzlinie

1. Eine Insel im ersten Drittel der Herzlinie deutet direkt auf ein Herzleiden hin. Beachten sollte man jedoch auch die Beschaffenheit der Herzlinie, um die Art des Leidens festzustellen.

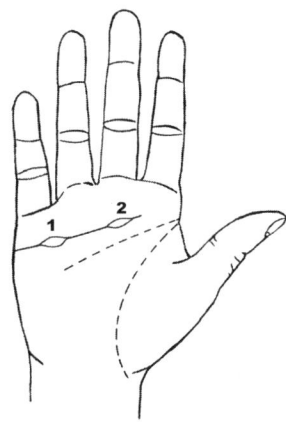

2. Eine Insel im letzten Drittel der Herzlinie deutet auf eine Lungenerkrankung bei den Vorfahren hin. Damit verbunden ist natürlich auch die entsprechende Disposition bei der Person. In jedem Falle ist aber eine Schwäche der Atemorgane gegeben. Die Person sollte ihre Lungen keinesfalls zusätzlich belasten, sei es beruflich (z. B. chemische Dämpfe) oder auch privat (Nikotin).

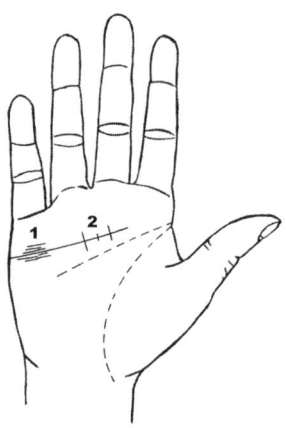

Weitere Inseln in der Herzlinie

1. Wenn die Herzlinie Ausbuchtungen oder Begleitlinien hat, deutet dies auf einen Herzklappenfehler hin. Normalerweise müsste die Person dies aber schon wissen, da dieser Fehler meist angeboren ist. Falls die Person davon noch nichts weiß, kann man davon ausgehen, dass dieser Klappenfehler zwar vorhanden ist, sich aber nicht wirklich negativ auswirken wird.

2. Kurze senkrechte Linien, welche die Herzlinie durchschneiden, deuten auf einen Herzfehler hin, der erworben wurde, oder noch in der Zukunft erworben wird. Falls noch keinerlei Probleme da sein sollten, kann man seine Gesundheit verbessern und seine Lebenserwartung deutlich erhöhen, indem man einfach ein wenig gesünder lebt.

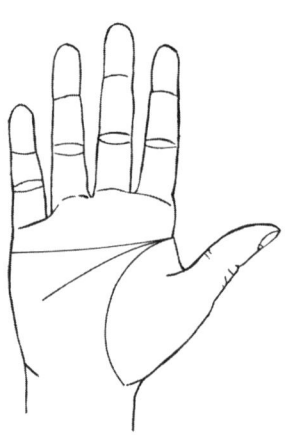

Eine seltene Linienkombination

Ein sehr seltenes Phänomen, das sich aber, wenn vorhanden, sehr problematisch auswirken kann. Hier treffen drei entgegengesetzte Energieflüsse aufeinander. Ein Hinweis auf eine Person, die sehr oft in extreme Situationen kommt. Dieser Linienkombination wird eine Neigung zum gewaltsamen Tod nachgesagt. Dies kann ich persönlich jedoch bis heute nicht bestätigen.

Schicksal und Ererbtes in der Schicksalslinie (auch Saturnalis)

Die Schicksalslinie gibt uns Auskunft in verschiedenster Weise. Zum einen über den möglichen Werdegang und, wie der Name schon sagt, über das Schicksal eines Menschen und zum anderen über gesundheitliche Aspekte.

Sie verläuft vom unteren Handrand in Richtung Saturnfinger. Es ist, als würde Sie die Hand in zwei Hälften teilen - wenn diese auch nicht immer gleich groß sind. Das tut sie auch, nur nicht immer in zwei gleich große.

Bei der Schicksalslinie wird einerseits über Ihren Verlauf und Anfang beurteilt, anderseits über ihre Beschaffenheit (Inseln etc.).

Wenn die Schicksalslinie nicht vorhanden ist, hat das nur eine einzige Bedeutung: Sie ist halt nicht da! Sonst hat es nichts zu sagen. Wir haben halt nichts woraus wir etwas lesen können. Für die Person die keine Schicksalslinie in der Hand hat, ist es völlig bedeutungslos für den Lebensweg.

Vorweg sei gleich gesagt, dass die Schicksalslinie nicht über eine zu erwartende große Erbschaft, über das große Geld oder gar über einen schwerwiegenden Unglücksfall Auskunft gibt. All diese Dinge sind sehr relativ und bedeuten für jeden Menschen etwas anderes. Ein wohlhabender Mensch wird über €10.000,- nur lächeln, für einen Menschen, der ohne Einkommen ist entscheiden unter Umständen € 500,- über Sein oder Nichtsein.

Sicherlich haben Sie auch schon bei sich selbst festgestellt, wie sich Ihre persönliche Vorstellung von Glück geändert hat. Mancher Mensch träumt mit 14 von einer Karriere als Pilot über den Wolken, mit 20 von der großen Liebe, mit 30 vom großen Geld, und mit 60 ist das einzig wirklich Wichtige die Gesundheit der Kinder und Enkel.

Die Aussagen der Schicksalslinie sind jedoch von etwas allgemeinerer Art. Wenn ich in Ihrer Hand sehe, dass es Ihnen gelingen wird, Ihre Träume zu verwirklichen, dann können Sie davon ausgehen, dass dies auch der Wahrheit entspricht. Wenn sich diese Aussage aber auf eine Zeit in etwa fünf Jahren bezieht, so kann es sein, dass etwas ganz anderes dabei herauskommt als Sie heute denken. Ihre Träume und Wünsche haben sich bis dahin unter Umständen gewandelt.

Die Saturnlinie in Kinderhänden

Ist die Saturnlinie *kettig* und mit *Inseln* versehen, so zeigt das eine Veranlagung zu Zügellosigkeit und unstetem Verhalten. Dies macht sich im Bereich Magen, Darm und Unterleib in Form von Erkrankungen bemerkbar.

Aus dem *Beginn* der Saturnlinie können wir ersehen, welche Einflüsse den Erfolg unseres Kindes ausmachen.

Fällt die Saturnlinie in ihrem Beginn mit der Lebenslinie **(1)** zusammen, so ist dies nicht optimal. Hier zeichnet sich ein später Ablösungsprozess von den Eltern ab. Ihr Kind bleibt ein wenig zu lange Ihr Kind und versäumt es dabei, das Notwendige zu unternehmen, um bald auf eigenen Beinen zu stehen. Dadurch werden sich auch seine persönlichen Erfolge erst spät einstellen. Halten Sie Ihr Kind beizeiten zur Selbständigkeit an und lassen Sie es seine Erfahrungen machen.

Beginnt die Saturnlinie in den *Raszetten* **(2)**, so wurde viel Energie von den Eltern ererbt. Dieser Beginn bei einer Saturnlinie ist als positiv zu werten. Daraus ist schon so mancher „Selfmademan" entstanden. Ihr Kind wird einen starken Drang zur Eigenständigkeit entwickeln.

Beginnt die Saturnlinie im Bereich des Venusberges **(3)**, so werden die Gefühle sehr stark den Lebensweg dieses Kindes bestimmen. Das andere Geschlecht wird einen erheblichen Einfluss auf seinen Lebensweg und auch auf Erfolge oder Misserfolge haben.

Beginnt die Saturnlinie im Bereich des Mondberges **(4)**, so wird der Erfolg dieses Lebensweges sehr stark von der Umwelt beeinflusst sein. Oft läuft dieses Kind Gefahr, sich zu sehr von anderen beeinflussen zu lassen.

Beginnt die Saturnlinie nicht im unteren Bereich der Hand, so kann man davon ausgehen, dass die ersten Lebensjahre eher ruhig verlaufen werden.

Je nachdem, wo die Saturnlinie *endet*, können wir ersehen, in welcher Art oder in welchem Bereich Erfolg bzw. Misserfolg zu erwarten sind.

Endet die Saturnlinie im Bereich des Jupiterberges **(5)**, so deutet das auf Erfolg und Wohlstand hin, der auch durch andere Menschen gefördert wird.

Endet die Saturnlinie im Bereich des Saturnberges **(6)**, so deutet das auf materiellen Erfolg hin.

Endet die Saturnlinie im Bereich des Apolloberges **(7)**, so deutet das auf Erfolge in den Bereichen der Kreativität und der Kunst hin.

Endet die Saturnlinie im Bereich des Merkurberges **(8)**, so deutet das auf Erfolge im Bereich der Diplomatie und des Handels hin.

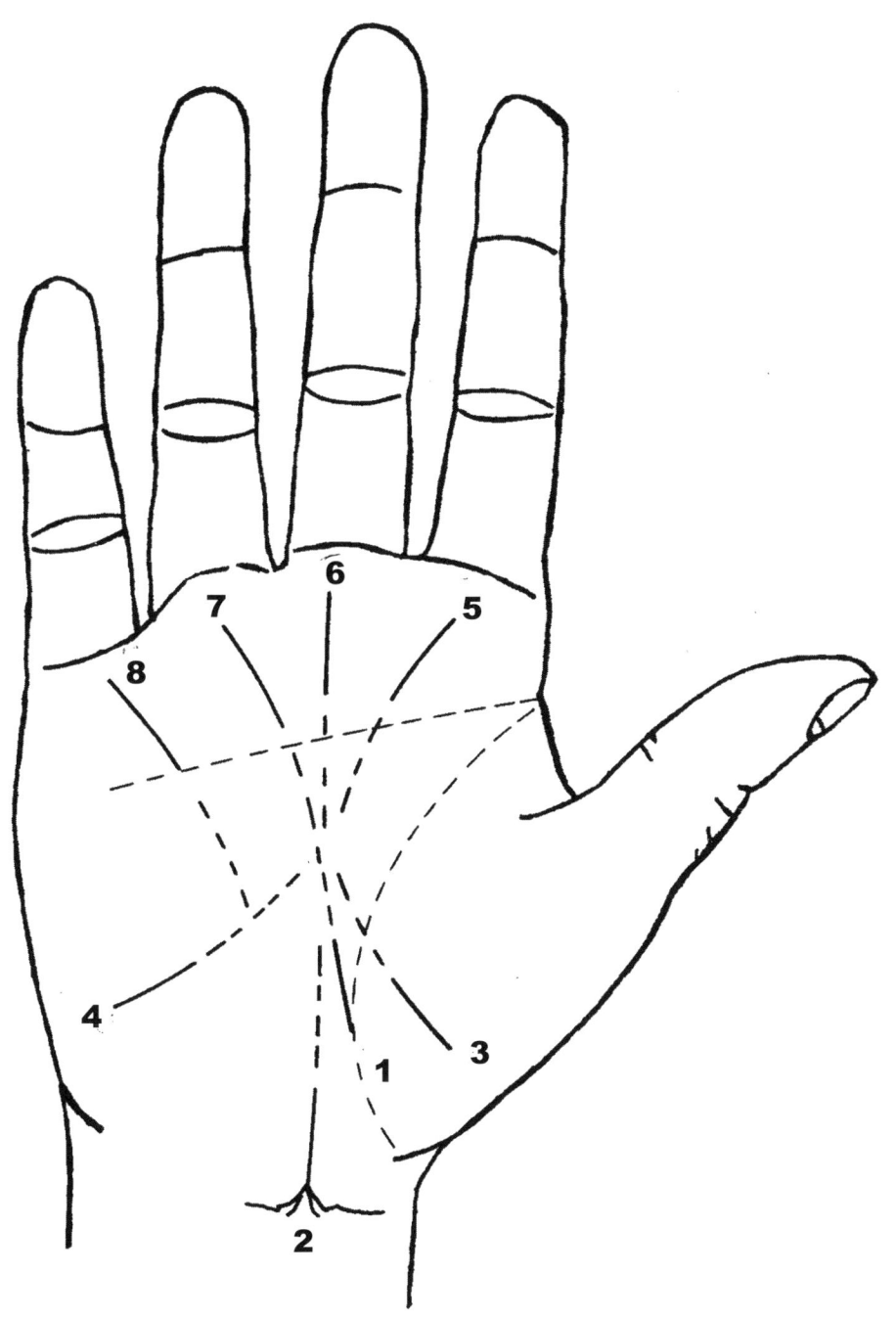

Saturnlinie in Bezug auf Lebensweg und Beruf

Aufgrund der Stärke und des Verlaufs der Schicksalslinie kann man sehr interessante Tendenzen erkennen die sich besonders im beruflichen und im materiellen Bereich zeigen.

Eine gut gezeichnete Schicksalslinie ist verhältnismäßig gerade und wird nicht durch Inseln, Kreuze oder Unterbrechungen gestört. Eine solche Schicksalsline besagt, dass man so ziemlich von negativen Einflüssen verschont bleibt.

1. Wenn wir eine zweite Schicksalsline haben, vorausgesetzt beide sind gut gezeichnet und verwinden sich nicht, so kann man daraus folgern, dass man zwei Lebenswege hat. Es ist also kein Problem zwei Berufe oder auch Berufungen gleichzeitig zu haben. Man kann und tut auf zwei Hochzeiten gleichzeitig tanzen (natürlich nur im übertragenen Sinne). Das ist auch kein Garantieschein für Heiratsschwindler.

2. Wenn wir zwei Schicksalslinien haben die sich ineinander verwinden, so sieht es dann schon wieder wie eine Linie mit Inseln aus. In jedem Fall ist das als ungünstig zu bewerten und schlägt sich im gesundheitlichen Bereich nieder. Welche gesundheitlichen Auswirkungen die Inseln in der Saturnlinie haben finden Sie auf Seite 175.

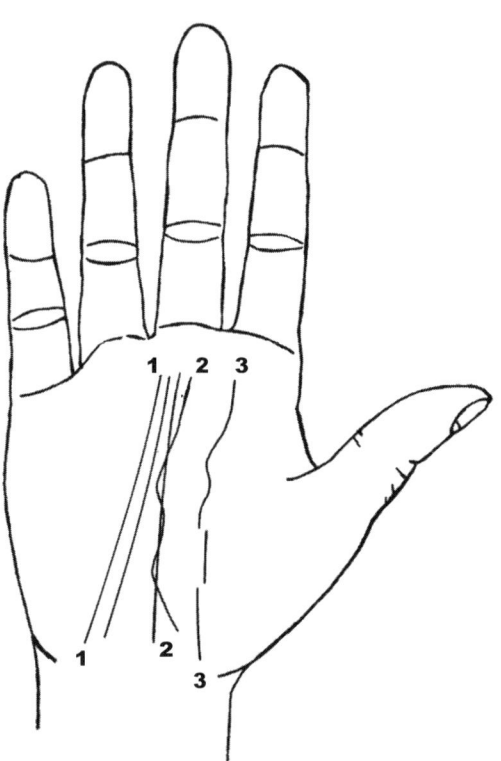

3. Ist die Schicksalslinie unterbrochen oder sehr gewunden, so ist dies ein Zeichen für ein sehr wechselhaftes Leben. Das liegt nicht unbedingt an anderen, sondern eher an der eigenen Einstellung zu anderen und der Welt.

1. Beginnt die Schicksalslinie in der Lebenslinie, so ist mit beruflichen Erfolgen erst später zu rechnen, auch dauert es bis man überhaupt seine eigene Linie, seinen Weg, gefunden hat.

2. Beginnt die Schicksalslinie in den Raszetten, so wird immer ein Drang zur Selbständigkeit oder Eigenständigkeit vorhanden sein.

Einziges Problem ist sich einer Hierarchie unterzuordnen. Bei gut gezeichneter Linie kann man von Erfolgen in Geschäften sprechen.

3. Beginnt die Schicksalslinie im Mondberg, so sollte man darauf achten mit wem man seine Geschäfte macht. Bei guter Linie folgen Erfolge durch Partnerschaft (privat und/oder geschäftlich). Bei schlechter Linie kommen die Misserfolge durch falsche oder unehrliche Partner.

4. Beginnt die Schicksalslinie unterhalb des Mondberges, so deutet dies auf mediale Veranlagung hin. Wenn dies Beruflich genutzt werden soll, ist eine gute Schicksals UND eine gute Kopflinie Bedingung.

Falls eines von beidem fehlt, ist von einer beruflichen Tätigkeit im medialen Bereich unbedingt abzuraten.

5. Beginnt die Schicksalslinie im Venusberg, so sind das Emotionale und insbesondere die Beziehungen schicksalsbestimmend. Im Guten wie im Schlechten. Auch der berufliche und geschäftliche Bereich wird von Partnerschaften bestimmt.

6. Endet die Schicksalslinie im Jupiterberg, so ist dies immer positiv zu bewerten. Bei einem guten (normal starken) Jupiterberg, kann man von Wohlstand ausgehen, der durch Ehrgeiz geschaffen wird.

Bei einem flachen Jupiterberg stellt sich Wohlstand immer nur vorübergehend ein. Nach der Devise wie gewonnen so zerronnen.

Meist liegt dies daran, dass dieser Wohlstand nicht immer auf die feine englische Art erworben wurde.

7. Endet die Schicksalslinie im Saturnberg, so ist dies auch immer positiv zu werten. Gute Erfolge werden sich zwangsläufig einstellen. Meist materieller Natur.

8. Wenn die Schicksalslinie den Saturnberg durchquert und bis in den Saturnfinger aufsteigt, so steigt mit zunehmender Höhe proportional die Größe des Erfolges, aber auch das Risiko des absoluten Verlustes. So bedeutet eine bis in das dritte Fingerglied aufsteigende Schicksalslinie zum einen die Möglichkeit für den absoluten Erfolg, anderseits aber auch das weitaus größere Risiko der absoluten Niederlage, die den totalen Ruin bedeuten kann.

9. Endet die Schicksalslinie im Apolloberg, so ist Erfolg im Bereich der Arbeit mit Menschen (Sozialberufe jeglicher Art), sowie auch Erfolg im Bereich der Künste sehr wahrscheinlich. Aber bitte beachten Sie, dass diese Erfolge selten mit finanziellem oder materiellem Erfolg in Verbindung stehen.

10. Endet die Schicksalslinie im Merkurberg, so ist der Bereich des Handels, besonders mit dem Ausland, sehr vielversprechend.

Bei einer sonst auch guten Hand, werden okkulte Wissenschaften von Interesse sein.

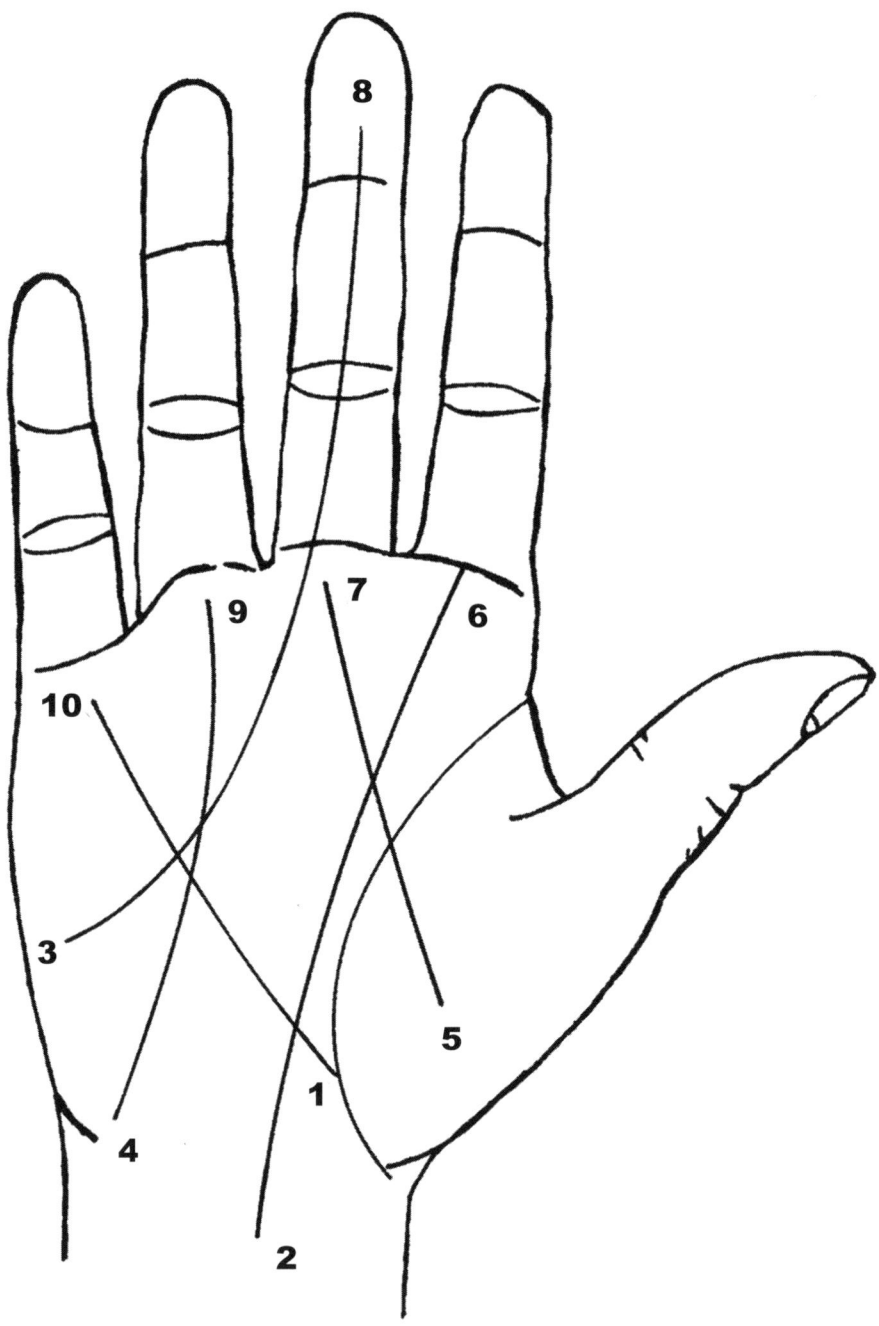

Die Saturnlinie in Bezug auf die Gesundheit

Im gesundheitlichen Bereich zeigt sie in der Hauptsache ererbte Krankheits-dispositionen. Meist sind diese durch Inseln gekennzeichnet. Alle ererbten Dispositionen, die in der linken Hand zu sehen sind, beziehen sich auf die Vorfahren mütterlicherseits. Alle ererbten Dispositionen in der rechten Hand beziehen sich auf die Vorfahren väterlicherseits.

1. Eine Insel nahe den Raszetten ist ausnahmsweise an diesem Ort als positiv zu werten. Diese Insel zeugt von natürlicher Medialität. Déjà-vu-Erlebnisse, Vorahnungen, die sich erfüllen und ähnliche, auf Hellsichtigkeit zurückzuführende Ereignisse sind für die Person keine Seltenheit.

2. Eine Insel an dieser Position zeugt von gesundheitlichen Problemen im Unterleib. Wenn gleichzeitig eine Insel an Punkt A ist, kann man davon ausgehen, dass es bei den Vorfahren Unterleibskrebs gab. Hier ist nun eine entsprechende Veranlagung gegeben.

3. Eine Insel an dieser Position zeugt von gesundheitlichen Problemen im Bereich des Darmes oder der Leber. Wenn gleichzeitig eine Insel an Punkt A ist, kann man davon ausgehen, dass es bei den Vorfahren Darm- oder Leberkrebs gab, was für den Klienten wiederum eine entsprechende Veranlagung bedeutet.

4. Eine Insel an dieser Position zeugt von gesundheitlichen Problemen im Bereich des Mastdarmes. Wenn gleichzeitig eine Insel an Punkt A ist, kann man davon ausgehen, dass es bei den Vorfahren Mastdarmkrebs gab (entsprechende Veranlagung des Klienten).

5. Eine Insel an dieser Position zeugt von gesundheitlichen Problemen im Bereich der Brust, sowie der Zunge (eher selten).
Wenn gleichzeitig eine Insel an Punkt A ist, kann man davon ausgehen, dass es bei den Vorfahren Brustkrebs gab (entsprechende Veranlagung des Klienten).

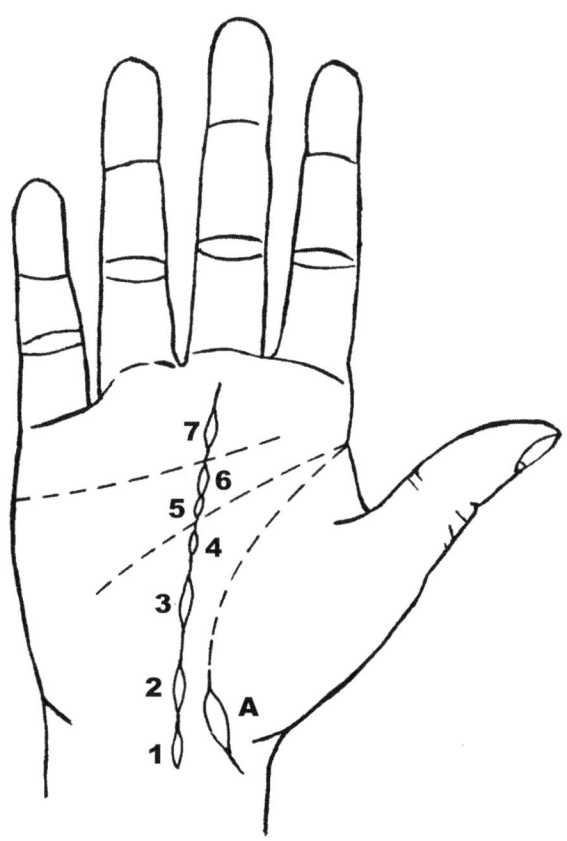

6. Eine Insel an dieser Position zeugt von gesundheitlichen Problemen im Bereich des Magens. Wenn gleichzeitig eine Insel an Punkt A ist, kann man davon ausgehen, dass es bei den Vorfahren Magenkrebs gab (entsprechende Veranlagung des Klienten).

7. Eine Insel an dieser Position zeugt von einer Disposition zu Gicht oder Rheuma und ähnlichen Erkrankungen.

Bitte beachten Sie, dass ererbte Dispositionen in jedem Fall zur Vorsicht auffordern. Es ist jedoch nicht zwingend notwendig, dass sich diese Dispositionen wirklich in akuter Erkrankung auswirken müssen.

Akutes in der Magenlinie

Die Magenlinie ist nicht in jeder Hand vorhanden. Wenn sie nicht da ist, kann man von einer recht robusten Natur ausgehen. Wenn die Magenlinie vorhanden ist, zeugt sie von einer Person, die für die feinstoffliche Medizin empfänglich ist. Dies gilt auch für Menschen mit sehr vielen dünnen Linien in der Hand. Gleichzeitig jedoch spricht dieselbe Person auf die Nebenwirkungen von Medikamenten sehr stark an. Wenn Sie also eine Magenlinie oder sehr viele feine Linien in der Hand haben, dann sind Sie mit der Naturmedizin oder mit feinstofflichen Heilweisen bestimmt sehr gut bedient.

Im Gegensatz zu den anderen Linien kann sich die Magenlinie verhältnismäßig schnell, innerhalb weniger Monate oder gar Wochen, verändern. In ihr finden wir Krankheiten, die vorübergehender Natur sind. Wir können bereits 4-6 Monate vor einer akut werdenden Krankheit die Veränderung der Magenlinie beobachten. Dies bedeutet: Wenn man sich selber genau beobachtet, kann man schon vorab erkennen, dass sich irgend etwas anbahnt. Dies bringt natürlich den Vorteil mit sich, dass man dann schon vorbeugen kann und das Symptom in Form einer Krankheit gar nicht erst auftreten muss.

Die Magenlinie beginnt im unteren Bereich der Hand, meist in der Nähe des Venusberges. Sie verläuft dann in Richtung Merkurberg (daher auch der Name Merkurlinie). Haben wir es mit einer guten Magenlinie, aber einer zarten Lebenslinie zu tun, dann ist die Person zwar gesundheitlich angreifbar, jedoch sehr zäh. Eine gute Magenlinie ist gut gezeichnet. Ist sie zerrissen, verfärbt, oder hat sie kleine, eventuell farbige Punkte, so ist dies ein Zeichen von Erkrankungen. Die Magenlinie gibt Hinweise auf folgende Erkrankungen: Leber, Darm, Nieren, Nerven und Infektionskrankheiten.

Die in der Magenlinie liegenden Inseln geben Aufschluss über Schwächen und Erkrankung.

1. Eine Insel am Beginn der Magenlinie zeugt von Nervenüberreizung.

2. Diese Insel weist auf Magenprobleme hin. Sie ist auch ein sicheres Zeichen für eine zu sensible Natur.

3. Diese Insel weist auf Gallenprobleme hin.

4. Erscheint die Insel hier, haben wir es mit Nierenproblemen zu tun.

5. Diese Insel zeigt eine Erkrankung der Leber.

1. Ist die Magenlinie sehr zerrissen, fein und dünn, so ist dies ein Hinweis auf Darm- und Leberprobleme (wahrscheinlich nicht allzu ernster Natur).

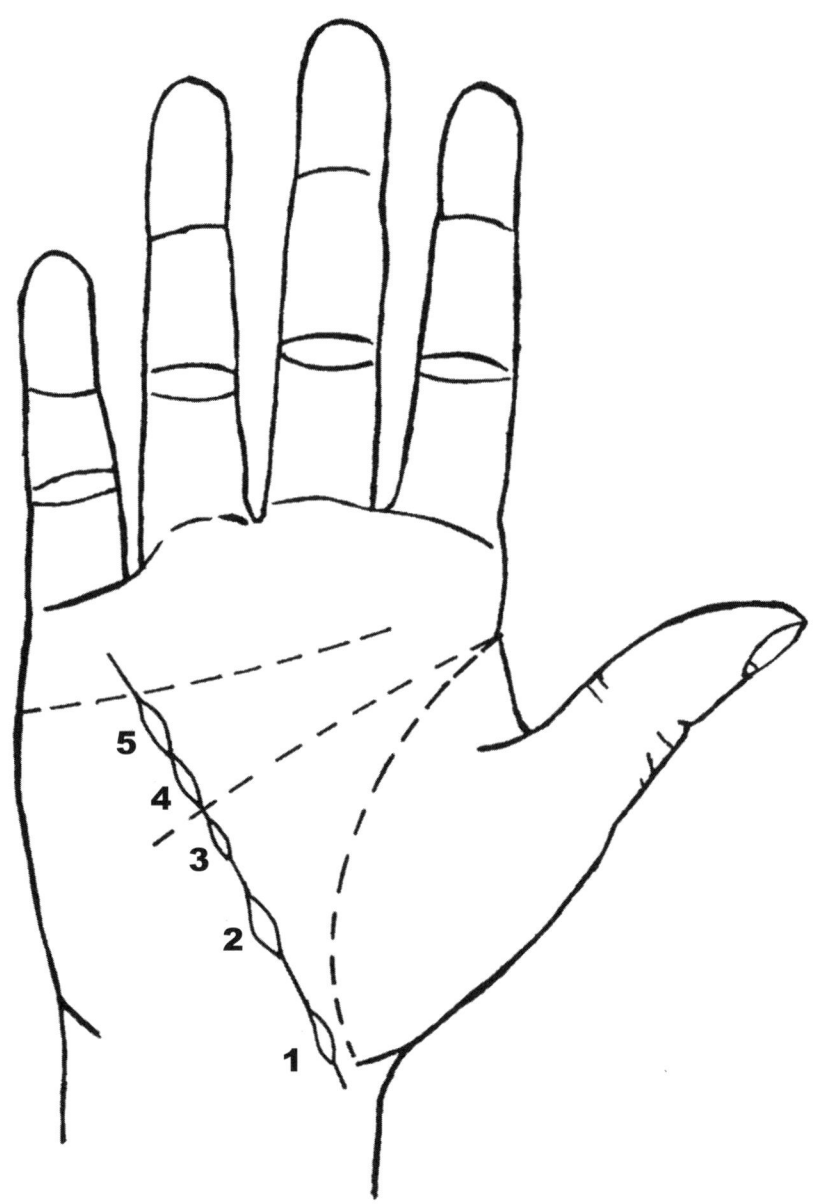

Aufmerksamkeit bei Verletzungslinien

Die Verletzungslinien finden wir in den Beugefalten am Fingeransatz.

Punkt 2 bis 5 sind Verletzungslinien. Wenn wir diese Linien in der Hand finden, deuten sie auf Verletzungen durch äußere Einflüsse hin. Bitte achten Sie darauf, dass hier wieder die linke Hand der linken Körperhälfte und die rechte Hand der rechten Körperhälfte zugeordnet werden.

2. Verletzung des Armes.

3. Verletzung des Beins.

4. Verletzung des Leibes.

5. Verletzung des Kopfes.

Es handelt sich hierbei lediglich um Dispositionen, das heißt, Sie müssen diese Verletzungen zwar nicht unbedingt erleiden, wenn Sie sich jedoch verletzen, wird es mit hoher Wahrscheinlichkeit an den Körperteilen geschehen, die den Linien zugeordnet sind.

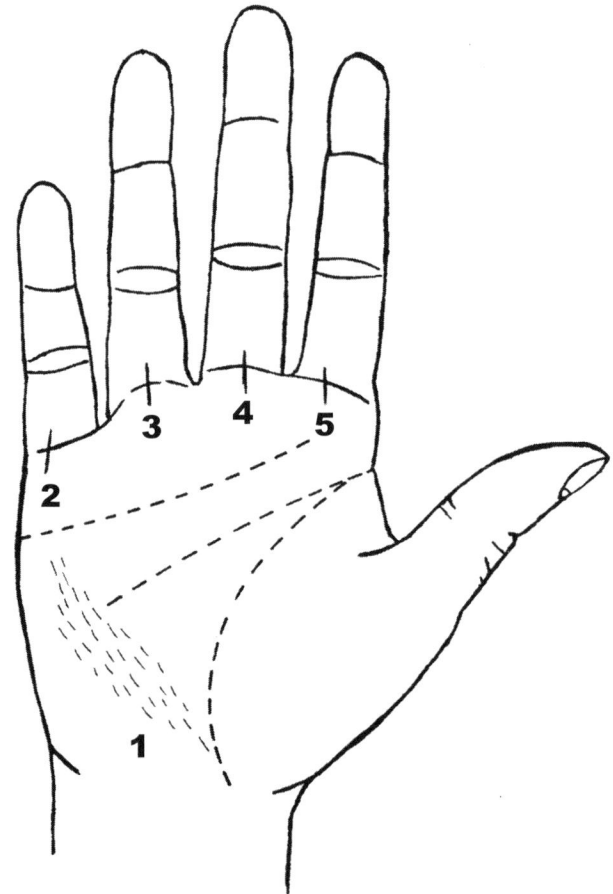

Vererbte Lebensenergien unserer Vorfahren zeigt sich in den Raszetten

Die Raszetten, auch Handbeugefalte oder Armband genannt (siehe 1), umlaufen das Handgelenk. Am besten sichtbar sind sie, wenn die Handfläche uns zugewandt ist und wir das Handgelenk ein wenig einbeugen. Im Volksmund sagt man, dass die Anzahl der Raszetten Aufschluss über die Lebenserwartung des Menschen gibt. Man zählt pro Raszette 30 Lebensjahre. Ich halte eine solche Aussage für ein wenig zu pauschal. Ich habe schon Menschen mit 5 Raszetten gesehen und auch 70 Jahre alte Menschen mit nur einer Raszette.

Es ist vielmehr so, dass die Raszetten auf die ererbte Lebensenergie hinweisen. Dies bedeutet: Wenn die Raszetten zahlreich und auch gut gezeichnet sind, kann man davon ausgehen, dass die Vorfahren ein recht hohes Alter erreicht haben und die Person die entsprechende Disposition in sich trägt.

Wenn die Raszetten aussehen, als wären sie wie in den Handteller hochgezogen (siehe 2), und wenn darüber hinaus die Schicksalslinie daran anknüpft, so hat die Person viel Lebensenergie von den Vorfahren ererbt.

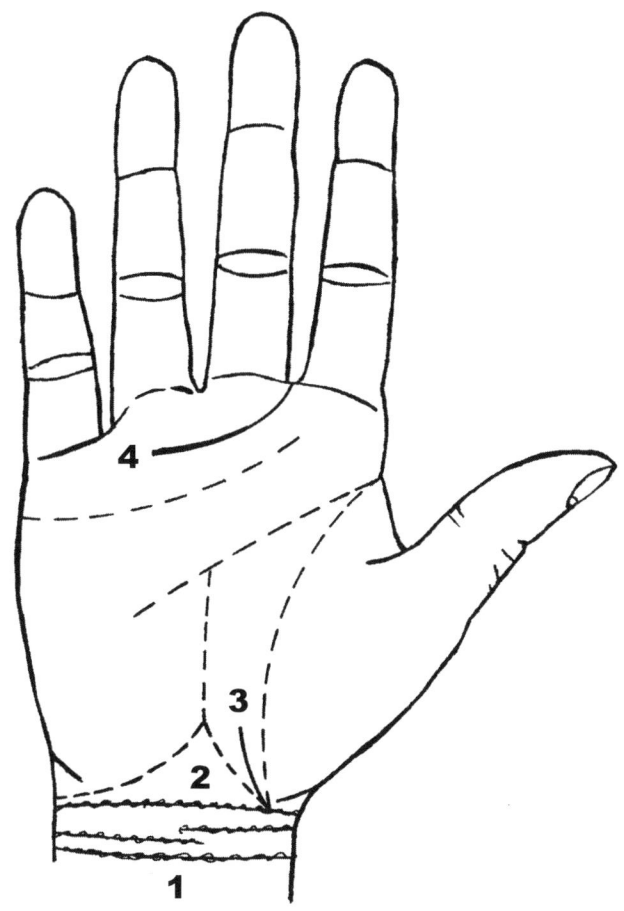

Gifte zeigen sich in der Neptunlinie

Die Neptunlinie (siehe 3) zeigt an, dass sich im Körper bereits Giftstoffe eingelagert haben. Das können Stoffe der verschiedensten Art sein: Umweltgifte, Suchtgifte, Medizingifte, usw. Wenn wir diese Linie finden, sollten wir ein besonderes Augenmerk auf unsere Lebensweise und das Lebensumfeld haben. Sehr oft leben wir in einer recht belasteten Umwelt, ohne es direkt zu merken.

Das Rückgrat im Venusgürtel

Der Venusgürtel stellt zum einen die Entsprechung zum Rückgrat dar und verweist zum anderen angeblich auf das

Sexualverhalten (was ich bis heute noch nicht bestätigen kann). Nach meiner Auffassung zeigt diese Linie eher, ob die Sexualität gelebt wird oder nicht. Bei einem gut geschwungenen Venusgürtel kann man von einem gesunden Rückgrat und auch gut gelebter Sexualität ausgehen. Ist der Venusgürtel nicht vorhanden, so ist diesem Fehlen keine Bedeutung beizumessen. Auf der Zeichnung deutet der nur teilweise vorhandene Venusgürtel auf leichte Rückgratprobleme und nicht gelebte Sexualität hin.

Der Erfolg in der Apollolinie (Sonnenlinie)

Die Apollolinie wird auch als Erfolgslinie oder Kunstlinie bezeichnet. Sie endet im oder in Richtung Apolloberg. Sie gehört nicht zu den Hauptlinien und ist, wenn sie vorhanden ist, normalerweise nicht allzu stark. Sie beschreibt in der Hauptsache die Erfolge und das erworbene oder zu erwerbende Ansehen im Leben. Man kann auch sagen, dass die Apollo/Sonnenlinie zeigt, dass man von der Sonne beschienen wird.

Je nachdem, wo die Apollolinie beginnt ist ihr eine entsprechende Bedeutung beizumessen. Die Bedeutungen sind ähnlich derer der Saturnlinie. Die Apollolinie stärkt und gibt der guten Saturnlinie noch einen zusätzlichen Kick.

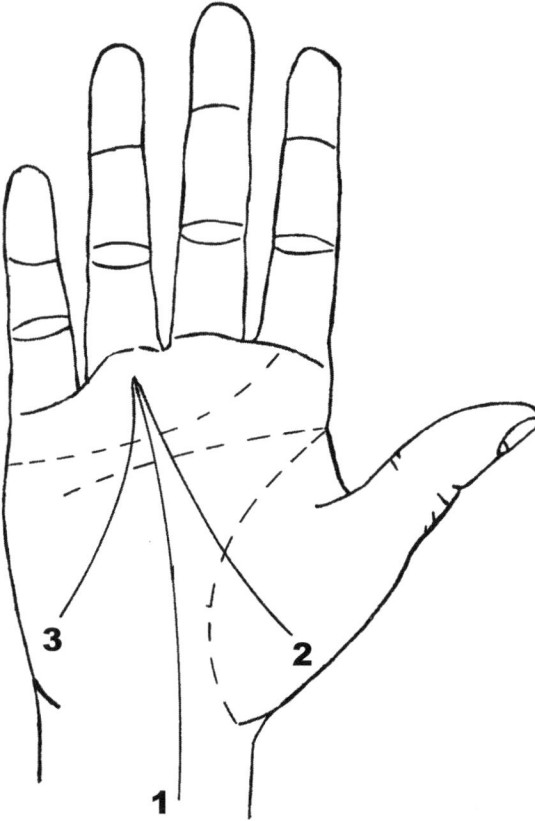

Eine **lange** Apollolinie zeugt von großen materiellen Erfolgen.

Ist die Apollolinie nur **kurz**, so werden sich die Erfolge erst im späteren Leben einstellen.

1. Beginnt die Apollolinie weit unten in der Hand, in der Nähe der Raszetten, und erreicht den Apolloberg, so ist dies ein Zeichen für fast sicheren Erfolg. Wenn nicht in einer absolut schlechten Hand, so kann fast nichts schief gehen.

2. Beginnt die Apollolinie im Venusberg, so werden sich die Erfolge durch eigene Energie und durch emotionale Verknüpfungen einstellen.

3. Beginnt die Apollolinie im Mondberg, so deutet dies auf schicksalsbestimmte Erfolge. Was Sie sich auch vornehmen, erstens kommt es anders und zweitens wird es er-

folgreich. Lassen Sie sich überraschen. Das heißt jetzt nicht, dass Sie nichts mehr für den Erfolg tun müssen. Es bedeutet, dass sich der Erfolg einstellen wird, nur wahrscheinlich nicht dort, wo sie es eigentlich erwartet hätten.

Die Apollolinie in Kinderhänden

Wenn Sie in der Hand Ihres Kindes eine Apollolinie vorfinden, so ist dies zu 90% als positiv zu bewerten. Diese Linie symbolisiert die Ästhetik, die Kunst, den Geschmack, sowie auch die feinen Sinne.

Falls Ihr Kind keine Apollolinie hat, so hat dies nichts zu sagen, weder im positiven noch im negativen Sinne. Ist die Apollolinie dagegen vorhanden, aber mit kleinen Querstrichen versehen, so ist mit Hindernissen zu rechnen.

Beginnt die Apollolinie im Mondberg **(1)**, so können wir von einem erfolgreichen Menschen ausgehen. Interessanterweise kommt dieser Erfolg meist durch die unwahrscheinlichsten Umstände zustande, für die Ihr Kind oft gar nichts kann. Es ist so, als hätte man Rückenwind.

Beginnt die Apollolinie im Venusberg **(2)**, so haben Sie es mit einem sehr liebenswerten Kind zu tun, das durch seine Freundlichkeit und seinen Charme fast jeden für sich gewinnen kann. Ein wenig sollte man aufpassen, dass ihm das nicht zu Kopf steigt.

Beginnt die Apollolinie im Marsberg **(3)**, so muss der Erfolg mit Ausdauer und Fleiß erkämpft werden. Er wird gewiss kommen, jedoch erst in einem späteren Lebensabschnitt.

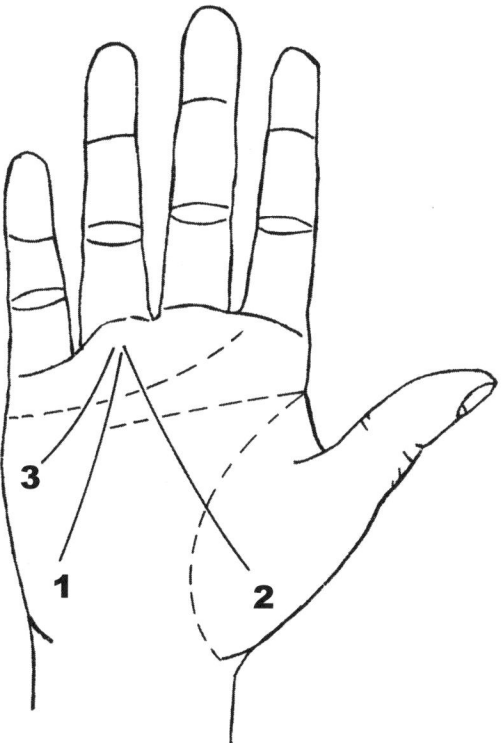

Die großen Bindungen in den Ehelinien (Beziehungslinien)

Auf dem Merkurberg, gleich unterhalb des kleinen Fingers, finden wir auch die bekannten Ehelinien. Gleich vorweg sei gesagt, dass diese Bezeichnung schon etwas überholt ist. Die Bezeichnung Ehelinien stammt noch aus alten Zeiten. Damals war es noch üblich, wenn man einen Partner gefunden hat, ihn auch zu heiraten. Sexualität vor der Ehe war damals noch tabu. In unserer heutigen Zeit ist vieles erheblich lockerer geworden. Es ist vollkommen normal geworden, dass man in eheähnlichen Beziehungen ohne Trauschein lebt.

Daher halte ich die Bezeichnung „Beziehungslinien" für die faktisch treffendere. Natürlich muss ich zugeben, dass das Wort „Beziehungslinien" bei weitem nicht die Magie besitzt wie das Wort „Ehelinien".

Auch wenn es inkonsequent und faktisch nicht korrekt erscheint, ich für meinen Teil behalte die Bezeichnung „Ehelinien" bei.

Nachdem Sie nun gelesen haben wieso ich was wie nenne, interessiert es Sie nun sicher, was hat es mit den Ehelinien nun auf sich?

Die Ehelinien sind Zeichen (kurze Linien) am Handrand, in der Höhe des Merkurberges. Also waagerecht verlaufende Linien direkt unterhalb des kleinen Fingers. Diese Linien zeigen Zeiträume, in denen es äußerst wahrscheinlich ist, dass Sie einen wichtigen Partner für Ihr Leben finden. Kurz gesagt, in Sachen Partnerschaft haben Sie in den so markierten Zeiten kräftig Rückenwind. Sie schwimmen nicht mehr gegen den Strom, sondern werden förmlich zu einer Partnerschaft „getragen". Diese Linien sind kein Garant für eine Partnerschaft, sondern zeigen Ihnen lediglich, wann eine besondere Gelegenheit und eine hohe Wahrscheinlichkeit für eine Partnerschaft gegeben sind. Normalerweise findet man in diesen Zeiträumen auch meist seinen Partner.

Hohe Wahrscheinlichkeit bedeutet aber keinesfalls einen Garantieschein!

Wenn Sie im Bereich des 28. Lebensjahres eine Ehelinie vorfinden und sich in diesem Zeitraum zu Hause einschließen, sprich sich vollkommen abkapseln, dann ist es äußerst unwahrscheinlich, dass es bei Ihnen an der Tür klingelt und der Prinz auf dem weißen Pferd vor Ihnen steht. (Ist leider wirklich so!)

Sollten Sie jedoch Ihr Leben in diesem Zeitraum ganz normal Leben, also ganz normal unter die Leute gehen, so werden Sie wohl kaum an einer Partnerschaft vorbeikommen.

Die Ehelinien zeigen uns also, wann für Sie die Zeiten für eine große Partnerschaft sind.

Wichtig:

Denken Sie immer daran:

Alles was in der Hand steht, ist oder wird sein.
Aber nicht alles was ist oder sein wird, steht in der Hand geschrieben.
Folglich kann es trotzdem die eine oder andere schöne
Überraschung geben.

Die Zeiteinteilung der Ehelinien ist leider nicht absolut exakt möglich.

Sie müssen bedenken, dass der Zeitraum von ca. 75 Jahren auf einen Bereich von ca. 1,5 bis 3 cm eingeteilt wird. Dieser Zeitraum beginnt am Beginn der Herzlinie und zieht sich am Handrand hoch bis zur Beugefalte des kleinen Fingers. Um genauere zeitliche Bestimmungen vorzunehmen, müssen wir noch die anderen Handlinien zu Rate ziehen. Insbesondere die Herzlinie.

Die Ehelinien geben uns aber auch noch andere Informationen.

Sie können uns auch zeigen, wie die Partnerschaft wahrscheinlich verlaufen wird.

Flirt- oder Ehelinien?

1. Viele kleine, zarte Linien (bis zu 20) deuten nicht auf eine so große Anzahl kleiner Beziehungen hin; sie zeugen viel mehr von hoher Kontaktfreudigkeit. Natürlich können daraus auch entsprechende Beziehungen entstehen, die aber meist nicht von sehr großer Dauer sind. Meist tauchen diese Flirtlinien in Zusammenhang mit starken Ehelinien auf.

2. Finden wir eine längere, stark gezeichnete Ehelinie, kann es sich ohne weiteres um eine Ehe handeln.

3. Viele längere starke Linien deuten auf mehrere Beziehungen die sehr intensiv sind. Es besteht hier die Gefahr, dass die Beziehungen nicht von allzu langer Dauer sind. Bei einer Hand, die sonst einen eher unzuverlässigen Eindruck hinterlässt, kann man getrost von einem Menschen ausgehen, der es mit der Treue nicht allzu genau nimmt.

4. Viele kleine senkrechte Linien, welche die Ehelinie durchschneiden, deuten auf ungleiche Partner und viele Ärgernisse in der Beziehung hin.

5. Eine Inselbildung in der Ehelinie deutet auf viel Kummer in der Beziehung.

6. Eine sich gabelnde Ehelinie zeigt ein Auseinandergehen der Partner an.

7. Eine Ehelinie, die durch eine senkrechte Linie beendet wird, deutet auf ein plötzliches Ende.

8. Eine steil abfallende Ehelinie, zeigt eine unglückliche Beziehung.

9. Eine Ehelinie mit aufsteigendem Ende zeigt eine Beziehung mit sehr unterschiedlichen Charakteren.

10. Eine Ehelinie mit starken senkrechten Linien, welche die Ehelinie durchschneiden, deuten auf eine lange Beziehung mit zwischenzeitlichen Trennungen.

11. Eine Ehelinie mit vielen kleinen Ästchen zeigt eine Beziehung, die durch Prüfungen erst wirklichen Bestand erhält. Meist resultiert daraus eine Lebensbeziehung.

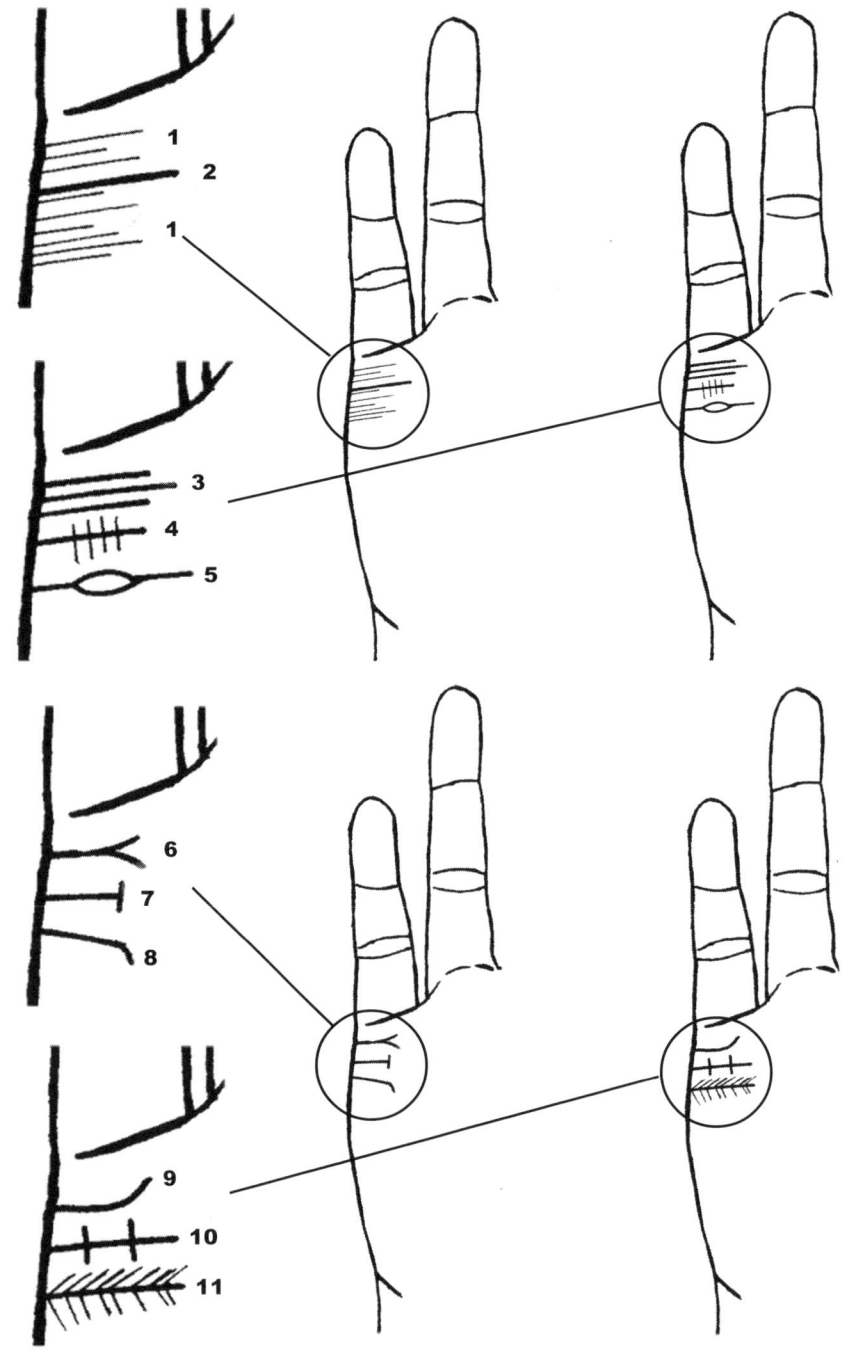

Die Kindeslinien

Sicherlich haben Sie auch schon von den Kindeslinien gehört.

Oft genug wird die Frage gestellt: „Wie viele Kinder bekomme ich? Wird es ein Junge oder ein Mädchen?"

Ein wenig können uns da die Kindeslinien behilflich sein. Es hat damit dieselbe Bewandtnis wie mit den Ehelinien. Der Name stammt aus alten Zeiten. Damals war es halt so, dass, war es einmal zu sexuellem Verkehr gekommen, auch die Wahrscheinlichkeit einer Schwangerschaft sehr hoch war. Man hatte damals schließlich noch nicht die Möglichkeiten der Verhütung.

Wenn wir nun in den Händen eine oder auch mehrere Kindeslinien vorfinden, so bedeutet dies nicht zwingend, dass man entsprechend viele Kinder bekommt, vielmehr ist es so, dass man in dieser Partnerschaft oder zu dieser Zeit Kinder bekommen kann und dies auch sehr wahrscheinlich ist. Vorausgesetzt natürlich, dass Sie nicht verhüten oder die Schwangerschaft abbrechen.

Wir finden die Kindeslinien in Höhe des Merkurberges über den Ehelinien. Es sind kleine senkrechte Linien, die fast im rechten Winkel zu den Ehelinien stehen. Meist ist es sogar der Fall, dass die Kindeslinien direkt auf den entsprechenden Ehelinien aufsteigen, so dass man sogar ersehen kann, in welcher Beziehung und damit auch in welchem Zeitraum eine Schwangerschaft wahrscheinlich ist.

Unter Umständen kann man auch ersehen, ob es sich bei dem Kind um einen Jungen oder Mädchen handelt.

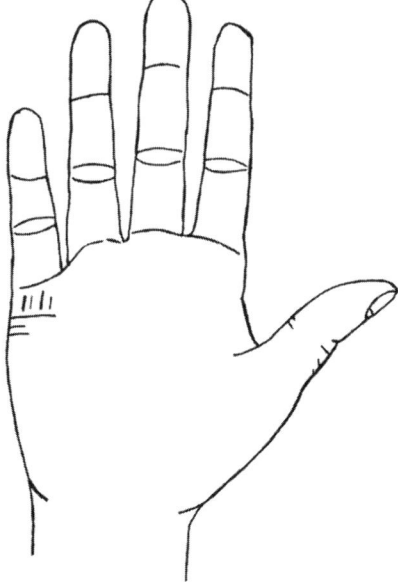

1. Ist die Kindeslinie stark, so kann man von einem Jungen ausgehen, ist sie dünn, so deutet dies auf ein Mädchen. Da stark oder dünn relative Begriffe sind, kann man meist nur eine genaue Aussage machen, wenn mehrere Kindeslinien vorhanden sind.

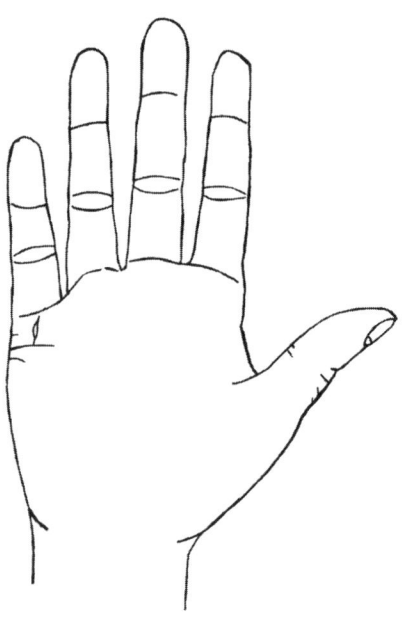

2. Ist die Kindeslinie mit einer Insel (sehr selten) versehen, deutete dies auf gesundheitliche Schwäche des Kindes hin.

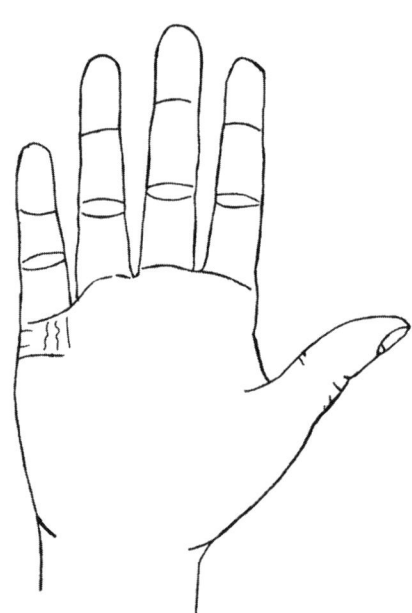

3. Sind die Linien lang und sehr geschwungen, so deuten diese auf operative Eingriffe im Unterleib hin oder auch auf Fehlgeburten.

Die Zeitbestimmung

Die Bestimmung der Zeiten in der Hand ist eigentlich gar nicht so schwierig. Wichtig ist nur, dass wir uns dazu Zeit nehmen und alle Hauptlinien mit einbeziehen. Anhand der Länge der Lebenslinie können wir nicht das Todesjahr voraussagen. Um dies zu bewerkstelligen benötigen wir noch die anderen Linien, sowie einige andere Aspekte, die an dieser Stelle nicht erläutert werden können. Achtung: Kurze Lebenslinie bedeutet nicht kurzes Leben.

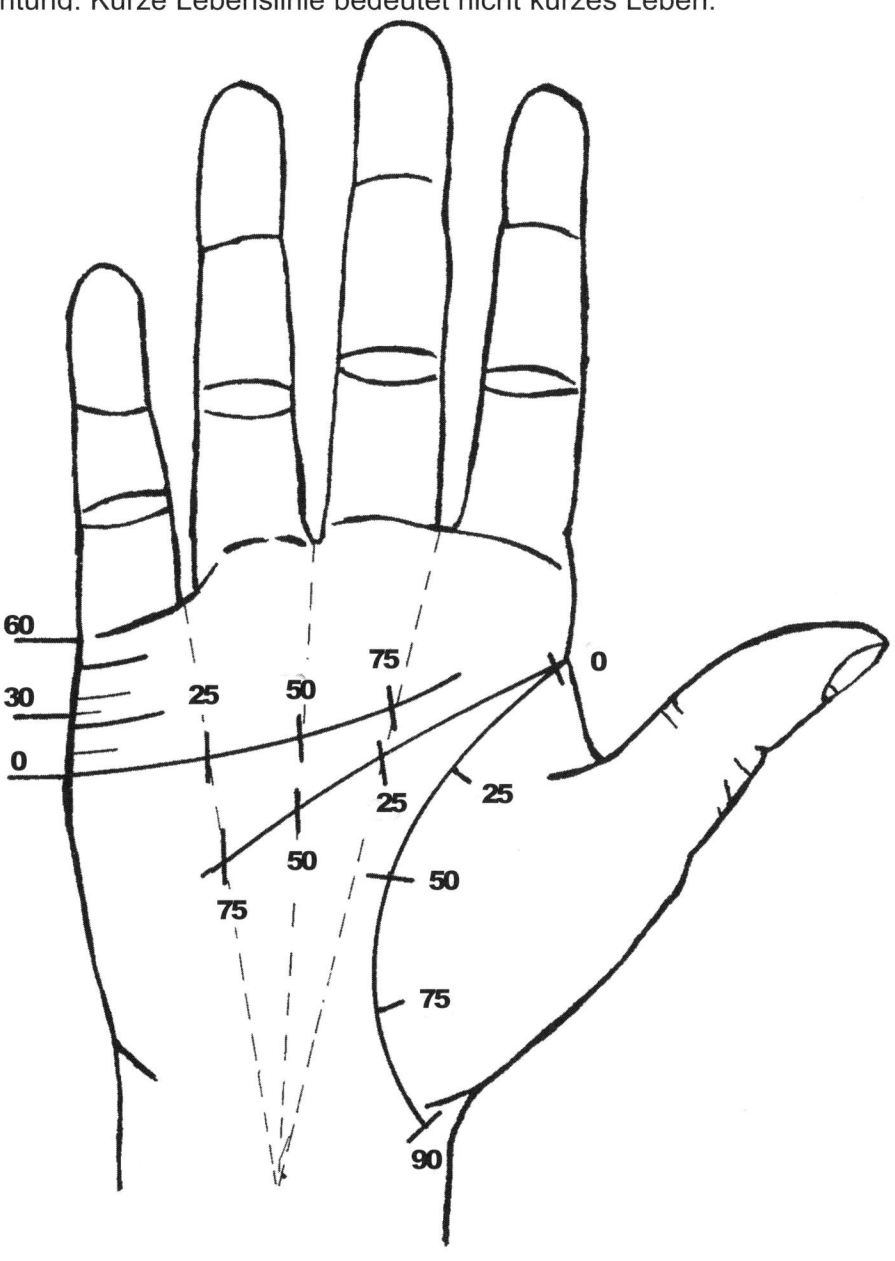

Hüten Sie sich davor, zu versuchen, das Todesjahr vorauszusagen. Sie könnten unter Umständen eine sich selbst erfüllende Prophezeiung erzeugen!

Bei einer normal großen Hand geht man davon aus, dass ein Millimeter der Lebenslinie einem Lebensjahr entspricht. Die Zeichnung auf der vorhergenden Seite Seite verdeutlicht dies noch einmal.

Das erste Problem besteht darin, den Anfang, sprich das Jahr 0 zu finden. Für die Geburt gibt es kein eindeutiges Zeichen in der Hand. Das Jahr 0 kann also ohne weiteres irgendwo in den ersten 1,5 cm der Lebenslinie stehen. 1,5 cm entsprechen aber ca. 15 Jahren. Sie sehen, mit der Festlegung „irgendwann innerhalb von 15 Jahren" kommen wir bestimmt nicht zu einer vernünftigen Zeitbestimmung. Die einzige Möglichkeit, einen Zeitpunkt genau festzulegen, besteht darin, nach einem Ereignis zu schauen, welches bereits bekannt ist. Nehmen wir das Beispiel einer 40jährigen Person, die mit 30 einen schweren Unfall mit anschließender Krankheit hatte. Wir suchen nun in der Lebenslinie in dem entsprechenden Bereich nach einer Anomalie (Kreuz, Stern, Unterbrechung, Insel). Haben wir den Punkt identifiziert, können wir von dort aus alle weiteren Jahre in Vergangenheit und Zukunft ausmessen. Die Zeichnung auf der vorhergenden Seite gibt lediglich Anhaltspunkte, ist also nicht 1 zu 1 zu übernehmen.

Fallbeispiele

Die Fallbeispiele auf den folgenden Seiten sollen Ihnen in der Hauptsache zeigen, wie unterschiedlich Handlinien und Handformen aussehen können. Wir wissen zwar inzwischen, wie und wo eine Lebenslinie beginnt bzw. endet, jedoch ist das alles noch Theorie. Bitte beachten Sie, dass die Zeichnungen nur schematisch den Verlauf der Linien anzeigen. Ganz bewusst habe ich hier nur die Hauptlinien berücksichtigt. Sinn dieser Beispiele ist es, etwas Bestimmtes aufzuzeigen und verständlich zu machen; keinesfalls sollen sie durch ein Übermaß an Informationen verwirrt werden.

Weiterhin wurden in der Hauptsache nur ziemlich eindeutige und vor allem nur solche Aspekte berücksichtigt, die in Themenschwerpunkten zusammenhängen. Diese Beschränkung ist hier auch sinnvoll, denn würde ich versuchen, schriftlich eine komplette Analyse der Hand, die in einer Beratung ca. 1,5 Stunden dauert, durchzuführen, so würde dies den Umfang eines solchen Buches bei weitem sprengen. Das heißt in der Kürze, es werden bewusst nicht alle Aspekte der Hände berücksichtigt.

Fallbeispiel 1
Weiblich, geboren am 06.09. - 36 Jahre

Beide Hände sind gut durchblutet, dies lässt auf ein stärkeres Temperament schließen. Die Hauptlinien sind gut und fest gezeichnet. Daraus ersehen wir, dass es sich hier um eine Person handelt, die in körperlicher wie auch in emotionaler Hinsicht gut belastbar ist. (Es kann Ihnen jedoch ohne weiteres passieren, dass die Person dies in einem solchen Fall bestreitet.)

Die Linien sind zahlreich und deuten auf eine sehr empfindsame Natur hin. Die Beschaffenheit der Hand ist fest und die Biegsamkeit der Finger gering ausgeprägt.

Schon aufgrund dieser wenigen Merkmale lässt sich die Person wie folgt beschreiben: Eine temperamentvolle, emotional und körperlich belastbare Person, die sehr empfindsam und damit auch verletzlich ist, dies jedoch nicht nach außen hin zeigt (Festigkeit und mangelnde Biegsamkeit von Finger und Händen). Daraus resultiert, dass diese Person eventuelle Probleme in anderer Form kompensieren muss. Sollte diese Kompensation nicht gelingen, muss man damit rechnen, dass psychische Probleme auftreten werden.

Wenn wir die Handlinien beider Hände vergleichen, so fällt uns sofort auf, dass die Lebenslinien fast identisch verlaufen. Die Herz- **(1)** und die Kopflinien **(2)** sind jedoch in der linken Hand erheblich kürzer und verlaufen anders als in der rechten Hand (siehe Abstand zwischen Herz- und Kopflinie). Dies lässt den Schluss zu, dass sich im Denken und Empfinden der Person eine tiefgreifende Wandlung vollzogen hat. Es besteht ein großer Unterschied zwischen der Lebenszeit vor und nach dem 30. Lebensjahr.

Die Lebenslinie **(3)** ist in beiden Händen durchschnittlich lang, wodurch das Thema Lebenserwartung nicht weiter behandelt werden muss. Die Lebenslinie endet in beiden Händen recht abrupt, was auf ein Ableben ohne große Leidensgeschichte schließen lässt.

Die Lebenslinie der linken Hand ist dünner und zarter gezeichnet als die der rechten Hand, woraus wir ersehen, dass das Leben nach dem 30. Lebensjahr intensiver verläuft, und dass mehr Energie zur Verfügung steht.

Die Lebenslinie der rechten Hand weist im unteren Bereich eine Insel **(4)** auf, die auf Krebserkrankung der Vorfahren väterlicherseits hindeutet. Da jedoch die Lebenslinie mit keinen weiteren Unterbrechungen oder anderen negativen Zeichen versehen ist, können wir davon ausgehen, dass die Person selbst nichts derartiges ererbt hat.

Die Kopflinie **(2)** der linken Hand ist gut und tief gezeichnet. Sie verläuft bis kurz über die Mitte des Handtellers. Sie befindet sich hauptsächlich im Bereich des Unbewussten, des inneren Denkens. Daraus ergibt sich, dass sich die Person

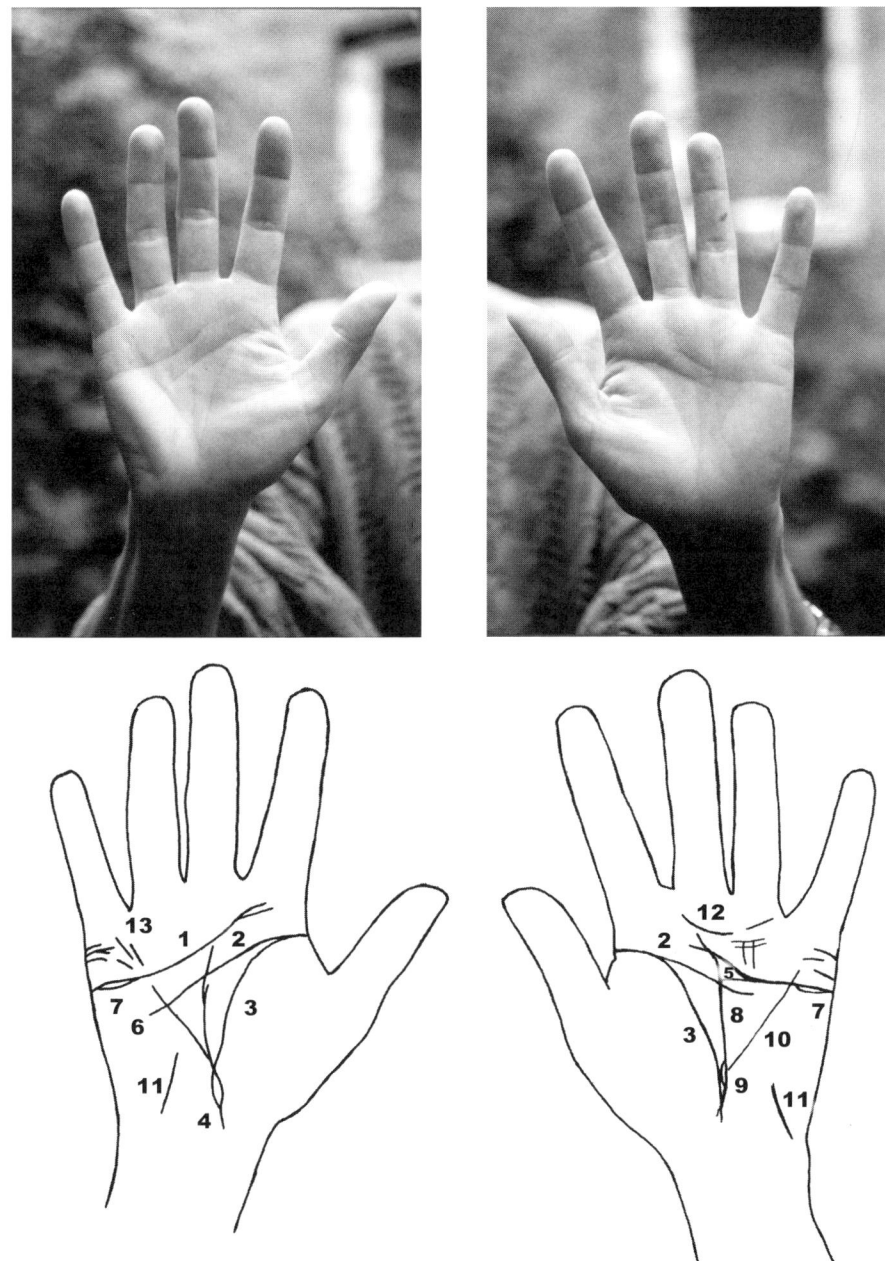

in den ersten 30 Lebensjahren mehr auf ihr inneres Leben konzentriert hat, im Denken und Handeln dagegen stärker von den äußeren Umständen bestimmt wurde.

Interessant ist hier die kleine Abzweigung **(5)**, die von der Herzlinie **(1)** abwärts zur Kopflinie **(2)** führt. Der kleine Zweig trifft im Schnittpunkt von Kopflinie und Schicksalslinie auf die Kopflinie. Dies zeugt von einer Schwierigkeit der Klientin, die Gefühle und den Verstand auseinander zu halten.

Die Kopflinie **(2)** der rechten Hand ist wie in der linken Hand gut und tief gezeichnet, jedoch ist sie dort erheblich länger und verläuft bis in den oberen Mondberg **(6)**. Aus diesem Unterschied der Linien können wir eine positive Entwicklung erkennen. Das Denken läuft nun viel bewusster und zielgerichteter ab. Die Person sollte nun jedoch darauf achten, dass sie sich nicht zu sehr im Denken verliert.

Die Herzlinie **(1)** der linken Hand ist leicht zerrissen und hat zu Beginn eine Insel **(7)**, welche auch in der Herzlinie der rechten Hand vorhanden ist. Die Insel in beiden Herzlinien ist ein ziemlich eindeutiges Zeichen für eine leichte Herzschwäche, die sich wahrscheinlich in Form von Herzrhythmusstörungen und Kreislaufschwäche bemerkbar macht.

Die leicht zerrissene Herzlinie der linken Hand weist auf Kreislaufprobleme hin, die sich jedoch ab dem 30. Lebensjahr nach und nach verlieren werden. Da die Zerrissenheit der Herzlinie und die Inseln nicht allzu stark ausgeprägt sind, kann man nicht von einer stärkeren gesundheitlichen Beeinträchtigung ausgehen.

Die Herzlinie der rechten Hand ist um einiges länger, woraus zu schließen ist, dass die Person nach dem 30. Lebensjahr ihre Gefühle und Emotionen intensiver und mehr nach außen gewandt lebt.

Die Schicksalslinie **(8)** ist in beiden Händen vorhanden und weist, bis auf eine Insel **(9)** in der linken Hand, keine größeren Anomalien auf. Diese Insel im unteren Bereich der Linie weist auf eine Disposition zur Erkrankung des Unterleibes hin.

Die Magenlinie **(10)** ist in beiden Händen nur recht dünn gezeichnet. Dies bedeutet für die Person, dass feinstoffliche Medizin recht gut anschlägt. BachBlüten, Reiki, Homöopathie und Energiearbeit werden beispielsweise gut angenommen. Andererseits bedeutet diese Empfänglichkeit aber auch eine Empfindlichkeit gegenüber Umweltgiften und eventuellen Nebenwirkungen von Arzneimitteln. In der rechten Hand ist die Magenlinie zum Ende hin zerrissen **(13)**. Dies kann auf eine leichte Leberproblematik hinweisen. Hier liegt die Betonung auf *kann*, da dieses Zeichen nicht ganz eindeutig vorhanden ist.

Die Uranuslinie **(11)** deutet auf gute Intuition und Medialität hin. Sie ist im gesundheitlichen Bereich ohne Bedeutung.

Der zerrissene Venusgürtel **(12)** weist auf gesundheitliche Probleme im Bereich des Rückens hin.

Fallbeispiel 2
Weiblich, geboren am 24.12. - 29 Jahre

Beide Hände sind normal durchblutet, was zunächst einmal auf ein ausgeglichenes Temperament schließen lässt.

Die Hauptlinien sind gut gezeichnet, wobei die Lebenslinien (1) beider Hände nicht ganz so stark ausgeprägt sind. Aus den etwas schwächeren Lebenslinien können wir ersehen, dass die Person besonders bei Stress oder Überlastung mit gesundheitlichen Problemen zu kämpfen hat. Diese Probleme kommen aber nicht während der Belastung zum Vorschein, sondern erst dann, wenn ein Ende dieser Stressphase in Sicht ist. Die Lebenslinie der linken Hand ist zwar nur dünn und mit kleineren Inseln durchsetzt, jedoch finden wir direkt daneben eine zweite Lebenslinie (2). Diese verstärkt die Lebensenergie wiederum und verwandelt die an und für sich schwache Lebenslinie in eine normal starke.

Auswirken dürfte sich diese Konstellation im täglichen Leben dadurch, dass die Person zwar gelegentlich anfällig für Krankheiten ist, sich jedoch immer wieder sehr schnell erholt. Gelegentlich wird sie Krankheiten durch Nichtbeachtung oder durch sehr gewaltsame Mittel „heilen". Das ist mit Sicherheit nicht der optimale Weg, jedoch kann man davon ausgehen, dass dies eine gewisse Zeit lang funktionieren wird. Im vorliegenden Fall etwa bis zum 35. Lebensjahr. Nach Ablauf dieser Frist sollte die Person tunlichst darauf achten, dass sie eventuelle Erkrankungen wirklich gründlich auskuriert. Ansonsten wird sich dieser Raubbau am Körper dergestalt rächen, dass dieser sich die notwendige Ruhe und Erholung mit Gewalt holt. Dies kann ohne weiteres auch durch recht schwerwiegende Krankheiten erfolgen.

Die Querlinie (3) am unteren Ende der zweiten Lebenslinie (linke Hand) deutet auf ein schnelles Ableben in hohem Alter hin. Wobei dies aber lediglich als Disposition anzusehen ist, da die entsprechende Querlinie in der rechten Hand fehlt. Außerdem ist die Lebenslinie der rechten Hand länger.

Die Kopflinie (4) und die Lebenslinie (1) beginnen getrennt voneinander in einem Abstand von ca. 8 mm. Daraus folgt, dass wir einen recht spontanen Menschen vor uns haben.

Die Kopflinie (4) selbst ist gut und stark gezeichnet. Dies lässt erst einmal auf gute Verstandeskräfte und auch auf nervliche Belastbarkeit schließen. Das Ende der Kopflinie ist kurz vor dem Mondberg (5), woraus folgt, dass das Denken dieser Person in sehr rationalen und praktischen Bahnen verläuft.

Die Herzlinie (6) ist fein und mehrfach gezeichnet. Man könnte dies auch als eine Ansammlung vieler kleiner Inseln sehen. Dies ist ein Zeichen für leichte Kreislaufschwäche und gelegentlich zu niedrigen Blutdruck.

Da die Herzlinie der rechten Hand noch feiner gezeichnet ist als die der linken, liegt die Vermutung nahe, dass dies nach dem 30. Lebensjahr stärker zum Tragen kommt.

Die Schicksalslinie **(7)** beginnt im unteren Mondberg (Zeichen für natürliche Medialität, siehe Buch *Alles über Lebensaufgabe und Berufswahl*) und läuft gut gezeichnet in Richtung Saturnfinger weiter. Sie enthält keine Inseln oder Anomalien.

Die Neptunlinie (Giftlinie) **(8)** am unteren Handteller der linken Hand deutet auf Medikamentengifte oder Umweltgifte im Organismus hin. Die kurze Neptunlinie wird von einer kurzen senkrechten Linie geschnitten und bildet somit ein Kreuz. Dieses Kreuz deutet nun wiederum auf eine gesundheitliche Problematik des Unterleibes bzw. der Sexualorgane hin. Aus der Kombination Kreuz/Neptunlinie können wir nun schließen, dass besagtes Problem durch Umwelt- oder Arzneimittelgifte verursacht wurde oder wird. Dies muss nicht zwingend so sein, ist jedoch sehr wahrscheinlich.

In der rechten Hand finden wir am unteren Handteller eine kurze, leicht zerrissene Linie **(9)**, die eben diese Unterleibsproblematik bestätigt.

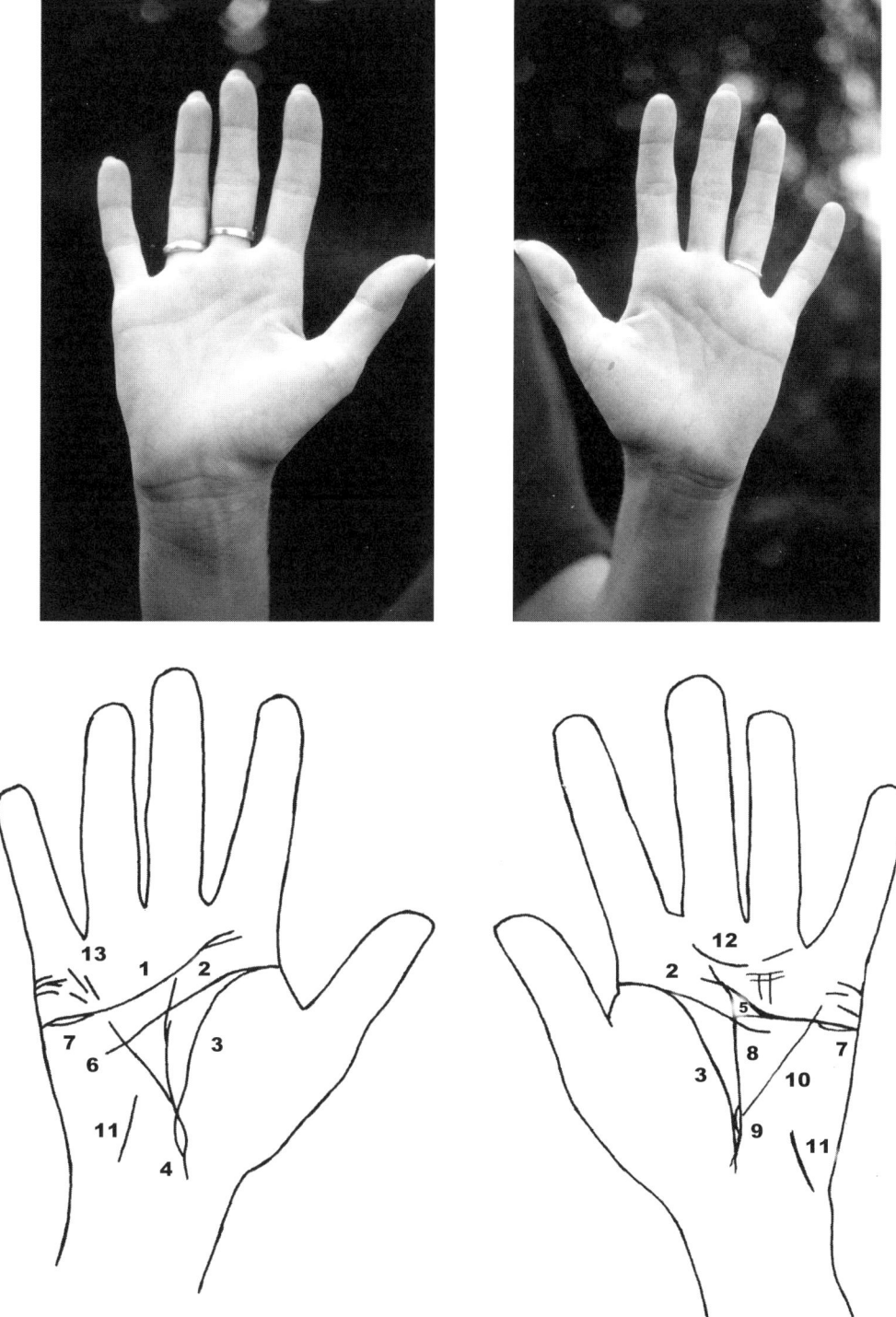

Fallbeispiel 3
geboren am 24.03. - 52 Jahre

Bedingt durch die gut ausgeprägten Berge sind die Linien gut sichtbar. Auffällig sind bei diesen Händen die zahlreichen kleinen Schnittlinien.

Die eigentlich schwache Lebenslinie (1) der linken Hand wird durch die zweite Lebenslinie (2) gestärkt. Die Lebenslinie (1) der rechten Hand ist im ersten Drittel tief und gut gezeichnet. Im zweiten Drittel wird sie jedoch plötzlich sehr dünn und erreicht erst wieder im letzten Drittel ihre volle Stärke. Daraus lässt sich schließen, dass die Person bis etwa zum 24. Lebensjahr über sehr gute Lebensenergie verfügte, dass sich dies jedoch recht plötzlich änderte. Die Gründe können vielfältiger Natur sein und sind allein aus der Analyse der Hand nicht ersichtlich. Jedoch kann man sagen, dass die Person in der Zeit vom 25. bis zum 30. Lebensjahr körperlich in nicht allzu guter Verfassung war. Dies hat sich mit Sicherheit auch auf ihren Lebensweg ausgewirkt. Weiterhin sehen wir am Ende der Lebenslinie eine Aufspaltung. Daraus ist ersichtlich, dass die Lebensenergien im hohen Alter langsam nachlassen (dies allerdings nicht plötzlich).

Die Kopflinien (3) der linken wie auch der rechten Hand sind gut gezeichnet. Die der linken Hand ist allerdings länger. Die Person verfügt demnach zurzeit über gute Verstandeskräfte und ist recht realistisch. Vor dem 30. Lebensjahr spielten sehr oft Illusionen und Wunschdenken eine Rolle. Auch eine gewisse Labilität war vorhanden (Gabelung am Ende der Kopflinie). Heute denkt die Person jedoch weitaus realistischer und nüchterner.

Die Herzlinie (4) ist in beiden Händen zu Beginn leicht verästelt und mit kleinen Begleitlinien versehen. Die kleine Insel im ersten Drittel der Herzlinie (linke Hand) weist auf eine Herzerkrankung hin. Wenn wir nun die Herzlinie der rechten Hand ansehen, finden wir an deren Ende eine Insel (5), die auf Lungenerkrankung bei den Vorfahren väterlicherseits hinweist. Eine leichte Lungenschwäche ist also vorhanden. Nikotin oder Umweltgifte, die über die Atemwege absorbiert werden, sind reines Gift für diesen Menschen. Die kurzen senkrechten Linien (6), die die Herzlinie schneiden, weisen wiederum auf ein erworbenes Herzleiden hin. Hierbei handelt es sich wahrscheinlich um eine Herzneurose. Eine definitive Diagnose muss hier dem Arzt überlassen werden.

Die Insel (8) und das Kreuz (9) unter dem Apollofinger der linken Hand weisen wiederum auf eine Problematik der Atemorgane hin.

In der Schicksalslinie der linken Hand befindet sich zwischen Kopf und Herzlinie eine Insel (10). Diese weist auf eine Disposition zu Magenleiden hin.

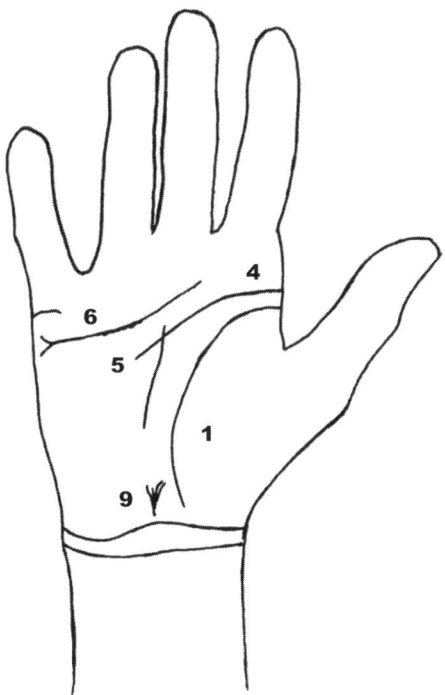
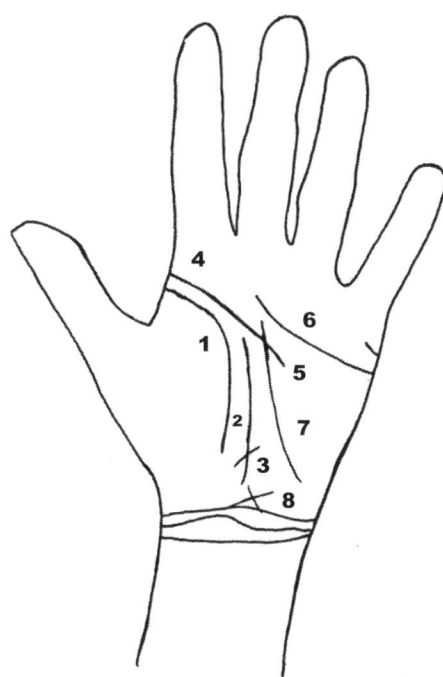

197

Fallbeispiel 4
Männlich, geb. am 13.12. - 36 Jahre

Die Handform ist der praktischen Hand am ehesten zuzuordnen. Der Venusberg ist in beiden Händen stark ausgeprägt. Die Lebenslinie **(1)** umschließt in beiden Händen den Venusberg sehr weiträumig. Der Venusberg **(2)**, der Jupiterberg **(3)** ist stark ausgeprägt und der Mondberg **(4)** ist im unteren Bereich recht stark. Auf dem Venusberg der rechten Hand befinden sich feine Linien **(5)**. Die anderen Berge sind als normal einzustufen. Lebenslinie und Kopflinie laufen lang zusammen **(6)**. Die Lebenslinie ist in der linken Hand sehr dünn und in der rechten Hand dünn gezeichnet. Die Kopflinie ist gut und stark gezeichnet. Die Herzlinie ist gut bis stark gezeichnet und endet im Jupiterberg **(7)**. Die Herzlinie verbreitet **(8)** sich im letzten Drittel, welches der Beginn einer Inselbildung sein kann. Lebens- und Kopflinie laufen lang zusammen **(9)**.

Die Hände zeigen uns einen Menschen, der sich gut mit praktischen und technischen Dingen beschäftigen kann (Handform/Schwung der Lebenslinie).

Der weiträumige Verlauf der Lebenslinie deutet auf einen Menschen der die materiellen Dinge der Welt sehr zu schätzen weiß. Man kann davon ausgehen, dass diese Person starkes Interesse daran hat zu entsprechendem Wohlstand zu kommen.

Der starke Venusberg deutet auf ein entsprechend starkes Gefühlsleben sowie auf starkes Sexualverlangen hin. Die feinen Linien auf dem Venusberg der rechten Hand, die in der linken Hand weniger vorhanden sind, lassen darauf schließen, dass die Person ihre Sexualität bis zum 30. Lebensjahr eher durch Stärke und Heftigkeit gelebt hat, und sie ab dem 30. Lebensjahr mehr durch Sinnlichkeit und Raffinesse gelebt wird, wobei jedoch eine gewisse Heftigkeit geblieben ist.

Durch den gut bis stark ausgeprägten Jupiterberg zeigt sich eine Tendenz, sich ganz gerne über die Dinge zu stellen und ein Touch zur Selbstgefälligkeit ist auch vorhanden. Ehrgeiz und Zielstrebigkeit sind vorhanden, werden jedoch durch teilweise zu hohe Zielsetzung (Mondberg) und damit verbundene Enttäuschung gebremst. Dies ist jedoch eher in den Bereich Lernprozess einzuordnen.

Der im unteren Bereich stark ausgeprägte Mondberg lässt auf gute Vorstellungsgabe und Phantasie schließen, die jedoch in vielen Bereichen nicht nach Außen getragen werden. Unter emotionaler Belastung (nicht in Bezug auf Partnerschaft) ist eher die Neigung zum in sich zurückziehen vorhanden. Auch sind Veranlagungen zu Mystik und Okkultem vorhanden, wird jedoch nicht gelebt, da es in diesem Bereich an Ausdauer fehlt.

Die dünne Lebenslinie in der linken Hand deutet auf häufige gesundheitliche Anfälligkeit bis zum 30. Lebensjahr hin. Da der allgemeine Eindruck der Hand auf einen sensitiven Menschen schließen lässt, sind die Erkrankungen oder die

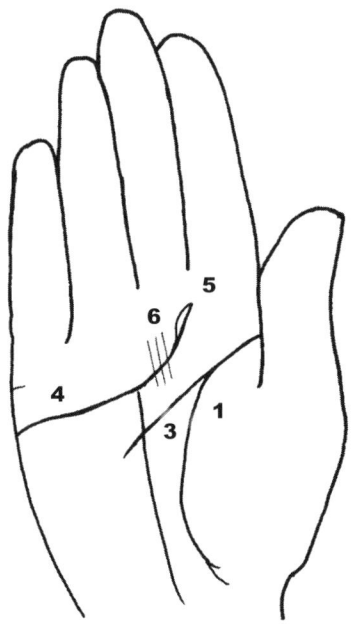
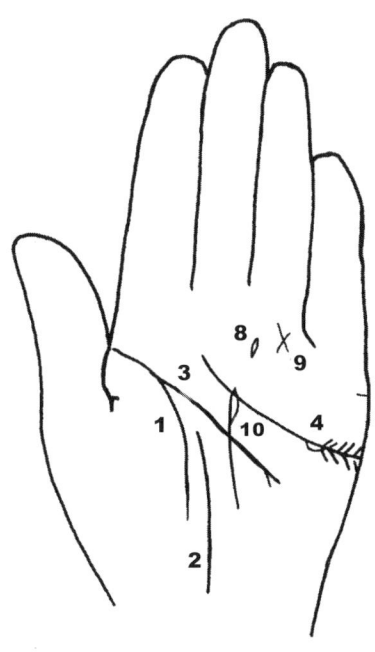

Anfälligkeit in der Ursache im emotionalen Bereich zu suchen. Nach dem 30. Lebensjahr nimmt dies ein wenig ab, jedoch es ist weiterhin so, dass sich Problemsituationen gesundheitlich äußern. Der kleine scharfe Querstrich im unteren Bereich der Lebenslinie in der rechten Hand lässt auf ein schnelles (nicht baldiges!) ableben ohne Leid schließen. Eine genauere Datierung ist Mangels weiterer Zeichen nicht möglich. Von dem sonstigen Gesamteindruck der Hand kann man jedoch von einer recht hohen Lebenserwartung ausgehen.

Die Kopflinie ist gut gezeichnet und lässt auf gute Verstandeskräfte schließen. Lebens- und Kopflinie laufen lang zusammen, was auf gelegentlich zögerndes und bedachtes Verhalten schließen lässt, wodurch sich die Person manche gute Gelegenheit entgehen lässt.

Die gut gezeichnete Herzlinie mit Ende im Jupiterberg lässt auf einen gefühlsbetonten und herzlichen Menschen schließen.

Der Ansatz zur Inselbildung im letzten Drittel der Herzlinie deutet zum einen auf eine kommende Lungenproblematik und zum anderen auf Kreislaufprobleme hin.

Fallbeispiel 5
Weiblich, geboren am 19.04. - 16 Jahre

Die Handform ist gemischt, eckig mit physischem Einschlag. Die gesamte Hand ist mit vielen kleinen Linien gezeichnet.

Der Venusberg ist in der linken Hand normal und in der rechten Hand stärker ausgeprägt. Die Lebenslinie **(1)** ist gut gezeichnet und umschließt den Venusberg weiträumig. Der Jupiterberg **(2)**, der Saturnberg **(3)** und der Mondberg **(4)** sind stark ausgeprägt.

Die Lebenslinie ist verhältnismäßig lang und beginnt in der linken Hand oberhalb **(5)** der Kopflinie.

In der rechten Hand befindet sich zu Beginn der Lebenslinien eine Insel **(6)**.

Die Kopflinie ist gut gezeichnet und läuft in den Mondberg hinein.

In der Kopflinie befinden sich im mittleren Bereich kleine Punkte.

Die Herzlinie ist lang, leicht kettig **(7)** zu Beginn und endet **(8)** zwischen Jupiter und Saturnberg.

Lebenslinie und Kopflinie der rechten Hand laufen zu Beginn normal lang zusammen **(9)**.

Die Hände zeigen uns einen Menschen der sehr sensitiv, empfindsam und sehr eigen in seiner Denkweise ist (Handform, viele feine Linien). Die Person spricht gut auf sanfte Naturmedizin an. Die weit geschwungene Lebenslinie lässt auf einen Menschen schließen, der den rein gefühlsmäßigen Dingen viel Raum gibt. Das Weltliche (Materielle) beschäftigt die Person stark. Wobei das nicht auf einen materiell orientierten Menschen hinweisen muss.

Der in der rechten Hand stark ausgeprägte Venusberg lässt darauf schließen, dass in der Zeit nach dem 30. Lebensjahr emotionaler gelebt und gehandelt wird.

Der starke, dominierende Jupiterberg zeigt, dass der Mensch sehr viel Ehrgeiz und teilweise übertriebene Strebsamkeit an den Tag legt. Es ist recht schwer diesen Menschen von einer vorgefassten Meinung abzubringen. Möglich ist dies schon, jedoch nur mit großem Aufwand. Da die Hand ansonsten als gut zu bewerten ist, sind diese Eigenschaften zwar als anstrengend, aber keinesfalls als schlecht zu bewerten.

Der starke Saturnberg zeigt zum einen eine gute Beständigkeit, welche jedoch problematisch werden kann, wenn es darum geht Altes loszulassen. Starker Unabhängigkeitsdrang ist vorhanden.

Der gut entwickelte Mondberg zeigt reichlich Phantasie und gute Einfühlungsgabe, die jedoch vom Jupiterberg abgeschwächt wird.

Die Lebenslinie ist lang und lässt auf eine hohe Lebenserwartung schließen. Der Beginn der Lebenslinie ist in der linken Hand unterhalb der Kopflinie. Daraus ergibt sich ein Mensch, der in vielen Bereichen die Konfrontation sucht, insbesondere wenn es um Einstellungen zur Lebensauffassung geht. Dies gilt nur bis zum 30. Lebensjahr, danach wird sich dieses Verhalten verlieren

In der rechten Hand laufen Lebenslinie und Kopflinie normal lang zusammen, woraus sich ein ausgewogenes Verhältnis von Spontaneität und Nachdenken ergeben. Im Anfangsbereich der Lebenslinie der rechten Hand zeigt sich eine Insel, die gesundheitliche Schwäche in jungen Jahren zeigt.

Die Kopflinie ist lang und läuft in den oberen Mondberg hinein. Dieser Mensch hat einen sehr wendigen Verstand und neigt dazu zu, viel zu Denken. Die Vorteile der Wendigkeit des Verstandes werden von dem starken Jupiterberg noch gebremst und werden erst durch Lernprozesse zur Geltung kommen. Punkte in der Kopflinie zeigen eine Tendenz zur Überlastung der Kopfnerven.

Die gut gezeichnete Herzlinie zeigt einen sehr liebevollen Menschen, bei dem die Herzensdinge eine große Rolle spielen.

Der leicht kettige Beginn lässt auf Kreislaufprobleme schließen.

Das Ende der Herzlinie zwischen Jupiter und Saturn zeigt Unentschlossenheit in Liebesdingen. Grund ist hier, die wirklichen Gefühle selbst zu erkennen und umzusetzen. Viel zu oft macht der gut funktionierende Verstand mehr Probleme als er nützt.

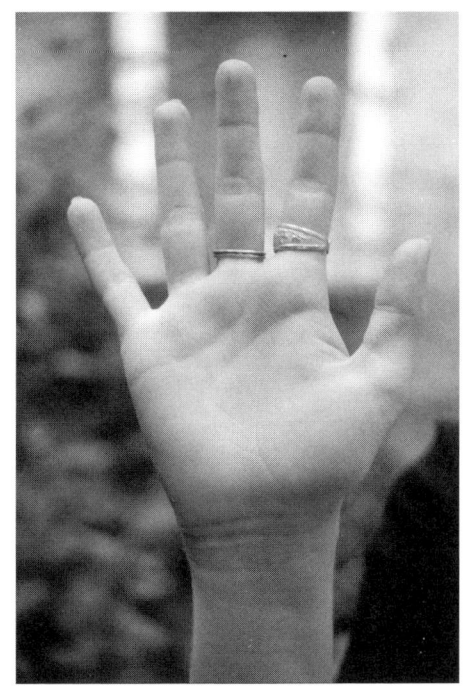

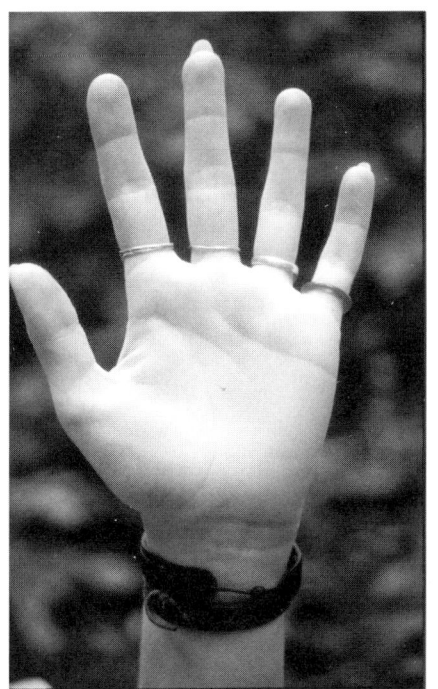

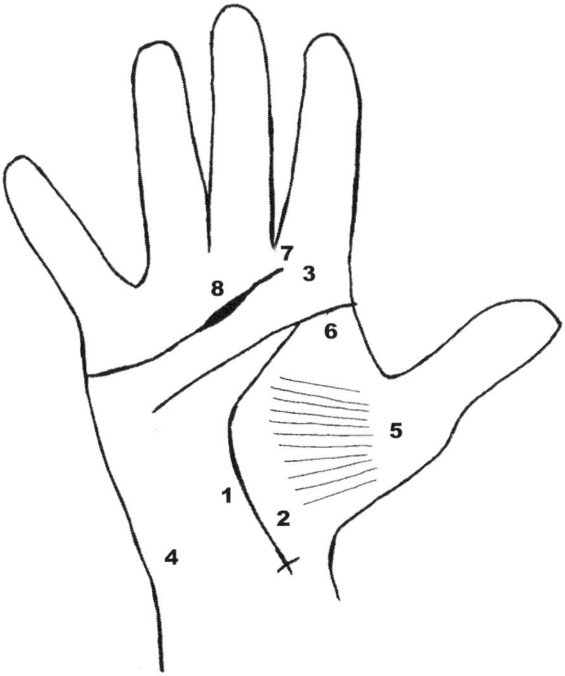

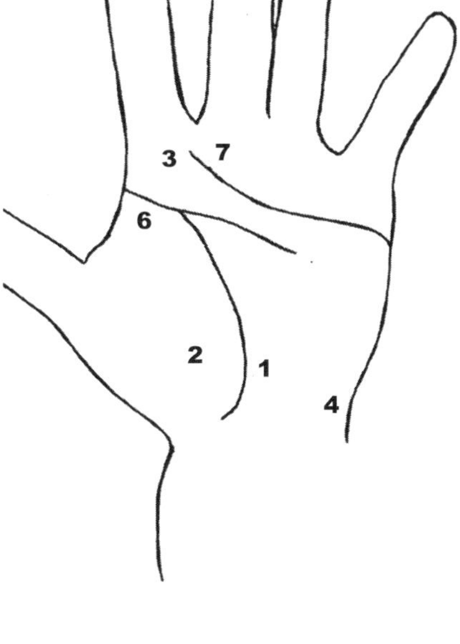

Fallbeispiel 6
Männlich, geboren am 22.10. - 45 Jahre

Die Handform ist praktisch und sehr stark mit Linien versehen. Die Venusberge, Mondberge und Saturnberge sind stark ausgeprägt. In der rechten Hand mehr als in der linken. Der Merkurberg ist wenig ausgeprägt. Der Venusberg ist mit vielen kleinen Linien versehen, die von senkrechten Linien gestoppt werden.

Die Lebenslinie **(1)** ist gut gezeichnet und umschließt den Venusberg in einem normalen Schwung. Die Lebenslinie der rechten Hand beginnt recht fein und wird nach unten hin immer stärker. Kopf- und Lebenslinie sind lang verbunden **(2)**.

Die Kopflinie verläuft leicht abfallend in Richtung Mondberg und gabelt sich in der rechten Hand leicht auf **(3)**. In der Kopflinie befinden sich unterhalb des Saturnfingers kleine Punkte **(4)**.

Die Herzlinie ist gut geschwungen und kettig. Sie endet verzweigt im Bereich des Apollo und des Jupiter **(5)**.

Die Schicksalslinie beginnt in der rechten Hand im Bereich des Venusberges und ist erst oberhalb der Kopflinie gut gezeichnet.

Am rechten Handrand befindet sich eine große Ehelinie **(6)**.

Die Hände zeigen einen sehr empfindsamen Mann (Venus und Mondberg, viele Linien). Dieser Mann ist eher ein so genannter Macher (Handform und Berge).

Der starke Venusberg und Mondberg deuten auf ein sehr bewegtes Gefühlsleben hin, das in starkem Maße das Leben beeinflusst. Der starke Jupiterberg zeigt viel Ehrgeiz und Willen zum Erfolg. Da es sich hier um einen recht herzlichen Menschen handelt (Ende Herzlinie), wird der Erfolg oder auch der Ehrgeiz niemals zu lasten seiner Familie oder anderer gehen.

Der schwache Merkurberg warnt allerdings vor Geschäften und Investitionen, bei denen es um alles oder nichts geht.

Die feinen Linien auf dem Venusberg deuten auf eine sehr starke Empfindungswelt, insbesondere zu anderen Menschen hin. Dies muss sich nicht nur um Partnerschaft handeln. Die senkrechten Linien, die die feinen Linien des Venusberges stoppen, zeigen nicht gelebte Emotionen.

Die Lebenslinie, die zu Beginn schwach ist und später stark wird, zeigt, dass das eigentliche aktive und sehr bewusste Leben erst in der zweiten Lebenshälfte beginnt.

Der längere gemeinsame Beginn der Kopf und Lebenslinie lässt auf bedachtes, manchmal zögerndes Verhalten schließen, dies aber nur in wichtigen Angelegenheiten.

Die leicht abfallende, zu Beginn starke, Kopflinie, die vor dem oberen Mondberg gabelförmig endet, zeigt gute Verstandeskräfte. Wobei eine Neigung zum „in

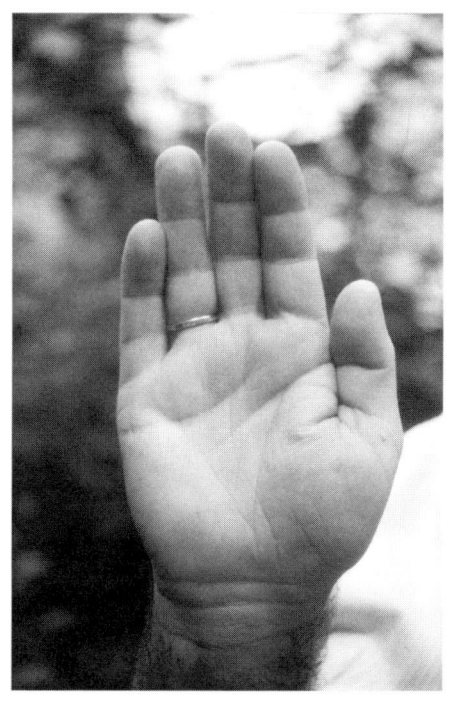
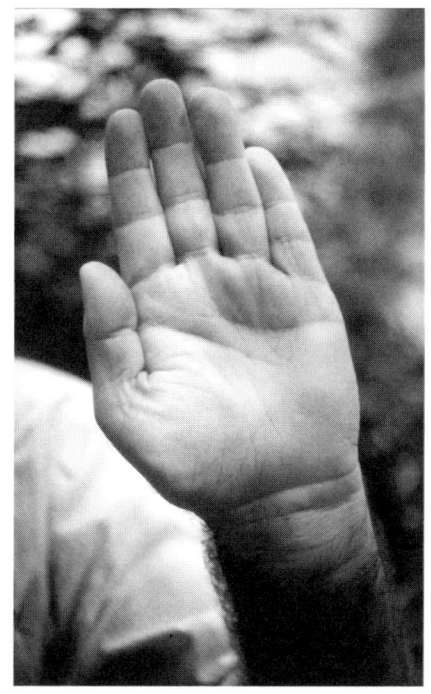
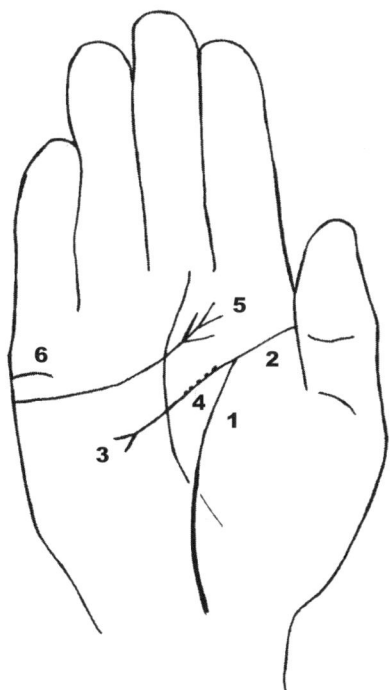
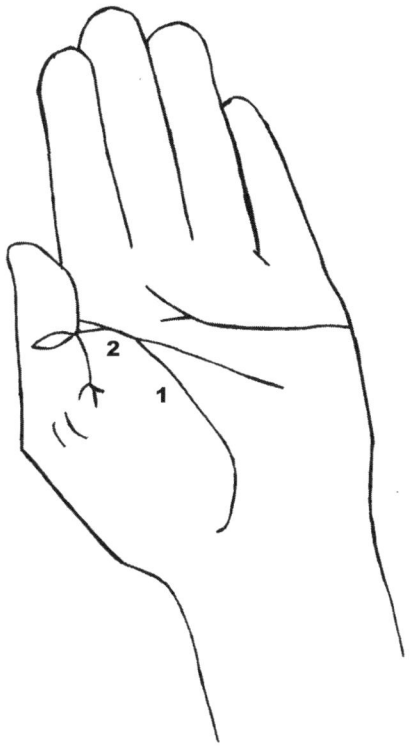

sich gekehrt sein" vorhanden ist. Teilweise macht sich die Person zu viele Sorgen und Gedanken, die neutral gesehen eigentlich unnötig sind. Die leichte Spaltung der Kopflinie und deren Ende zeigen einen wendigen Verstand und die Fähigkeit mehrgleisig zu denken.

Die Herzlinie (stark und gut geschwungen) zeigt uns einen Menschen, der eher an andere als an sich selber denkt. Die Familie steht immer an erster Stelle (verzweigtes Ende).

Die kettige Herzlinie weist auf eine leichte Herzproblematik hin, die sich wahrscheinlich durch hohen Blutdruck bemerkbar machen wird.

Der Verlauf der Schicksalslinie zeigt zum einen, dass das Emotionale und in diesem Fall die Partnerschaften oder die Familie sehr starken Einfluss auf den Lebensweg haben. Der Erfolg beruflich wie privat stellt sich in der zweiten Lebenshälfte ein.

Die Ehelinie zeigt eine sehr große Beziehung in der mittleren Lebensphase.

Fallbeispiel 7
Männlich, geboren am 24.12. - 23 Jahre

Die Handform entspricht am ehesten der Eckigen Hand. Der Venusberg ist in beiden Händen normal ausgeprägt, wobei jedoch die Lebenslinie **(1)** den Venusberg sehr weiträumig umschließt. Die Handberge unterhalb der Finger sind normal ausgeprägt. Einzig auffällig sind der untere Mondberg **(2)** und der untere Venusberg **(3)**.

Beide sind im unteren Bereich stark ausgeprägt. Die Lebenslinie ist recht dünn gezeichnet und hört in beiden Händen verhältnismäßig früh auf **(4)**. Die Herzlinie endet unterhalb des Saturnberges **(5)**.

Auf der Herzlinie der linken Hand befinden sich kleine Punkte **(6)** und an ihrem Ende eine kleine Verwachsung **(7)**. Die Kopflinie **(8)** beginnt getrennt von der Lebenslinie und getrennt vom Handrand. Beginn und Ende der Kopflinie ist leicht verästelt. Es fällt auf, dass die Linien der rechten Hand deutlicher und fester gezeichnet sind als die Linien der linken Hand.

Aufgrund der fein strukturierten Hand können wir auf einen sehr empfindsamen Menschen schließen. Die Linien sind fein und teilweise verästelt. Etwas Besorgnis erregend ist die sehr fein strukturierte Lebenslinie. Diese deutet auf eine schwache Konstitution der Gesundheit hin. Öfters sind Krankheiten leichter Art zu erwarten. Auch deutet die gesamte Struktur der Hand an, dass emotionale und seelische Probleme sich schnell durch Krankheit im Körper manifestieren. Die Herzlinie endet im Bereich des Saturnberges. Dies in Verbindung mit der dünnen Herzlinie lässt darauf schließen, dass wir es mit einer Person zu tun haben, die emotionale Regungen nach Möglichkeit versucht in sich selbst zu leben. Darauf deutet auch die Verwachsung **(7)** am Ende der Herzlinie hin. Dies bezieht sich jedoch nur auf die Zeit bis zum 30. Lebensjahr. In der rechten Hand ist die Herzlinie deutlich besser gezeichnet. Begründet finden wir dies in der Kopflinie und dem Venus- und Mondberg.

Die Punkte in der Herzlinie unterhalb des Merkurfingers und des Apollofingers deuten auf eine Nieren- oder Blasenproblematik hin.

Die Kopflinie beginnt getrennt von der Lebenslinie. Daraus folgt, dass die Person in gesundem Maß ihre Spontaneität lebt. Da die Kopflinie nicht direkt am Handrand beginnt, schließt sich daraus, dass die Person Impulse von außen braucht, um Dinge zu ändern oder um wirklich aktiv für sich zu werden. Die Kopflinie ist an ihren beiden Enden in beiden Händen mit kleinen Ästchen versehen. Wenn wir jetzt noch den nach unten verlagerten Venusberg und Mondberg hinzuziehen, erkennen wir, dass hier eine größere Problematik im Bereich des Denkens vorliegen muss.

Die nach unten (zum Handgelenk, zum Körperinneren hin) verlagerten Berge deuten auf ein in sich hinein Leben der Emotionen und Intuitionen. Diese Bereiche werden zum Großteil nur innerlich gelebt. Die freistehende Kopflinie deutet auf eine Ablösung von der realen Welt. (Wobei anzumerken sei, dass die Verstandeskräfte als solches gut sind).

All diese Anzeichen deuten auf einen Menschen, der seine Gefühle und Emotionen, sowie auch seine Phantasie und Intuition vollkommen in sich lebt. In Kombination mit der freistehenden Kopflinie ist dies zusammengefasst eine ziemlich eindeutige Disposition zu einer Psychose.

Wohlgemerkt eindeutige Disposition, ob diese Psychose real existiert oder nicht, ist nicht eindeutig aus dieser Hand zu sehen. Erwähnenswert ist hier auch noch, dass die Kopflinie in der rechten Hand stärker gezeichnet ist und sich dort auch mehr an ihrem Ende gabelt. Dies deutet darauf hin, dass die Verstandeskräfte der Person sich mehr und mehr kräftigen und durch entsprechende Flexibilität wird es der Person möglich sein ein (für sich selbst) recht normales Leben, trotz Psychose zu führen.

Im beruflichen Bereich sind am ehesten klar strukturierte Arbeiten mit geregeltem Ablauf geeignet.

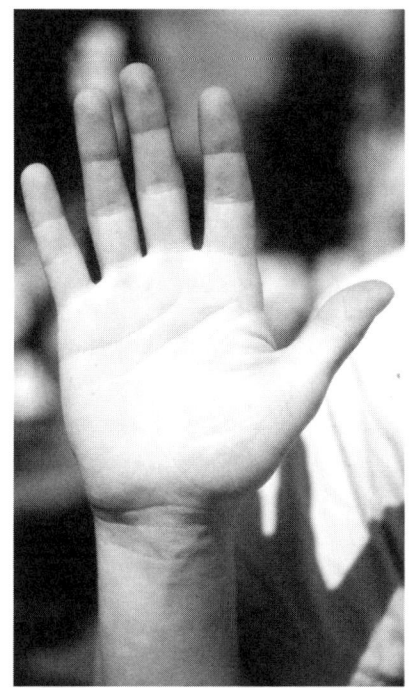
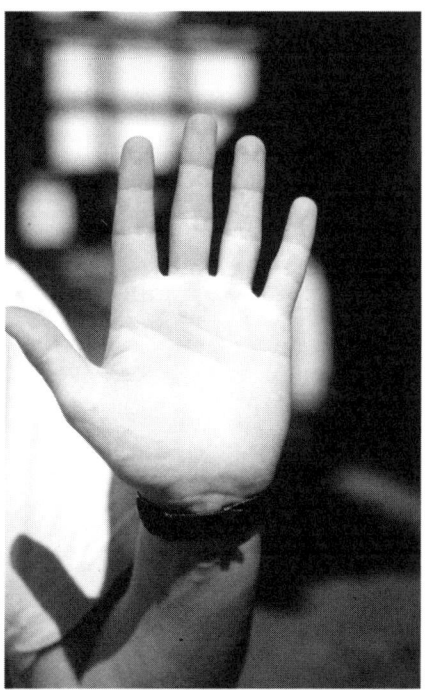
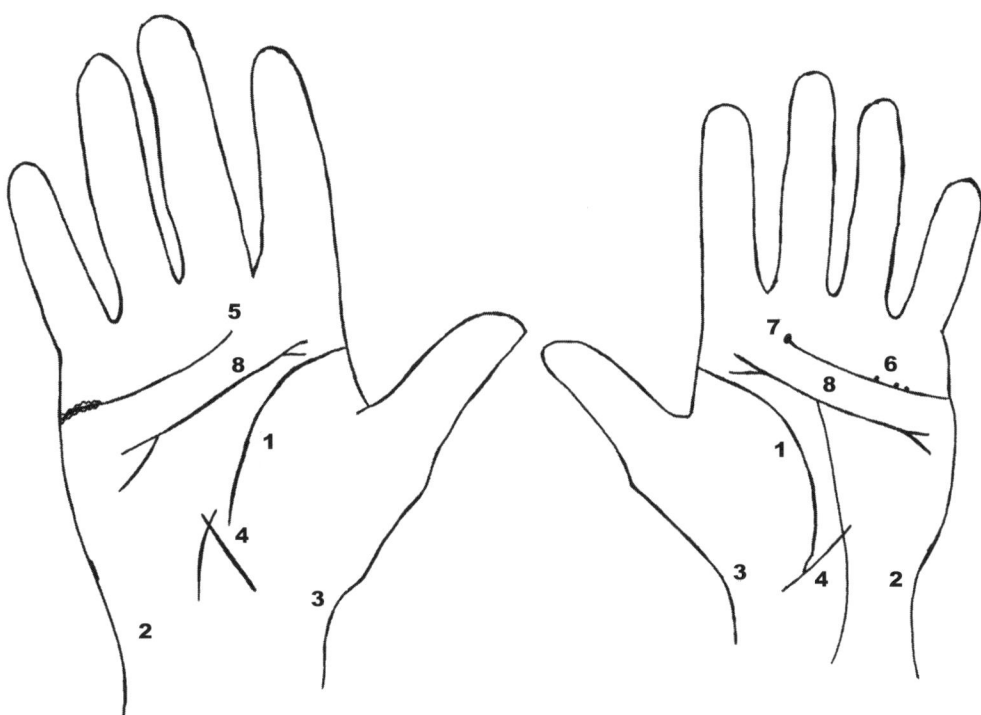

Fallbeispiel 8
Männlich, geboren am 30.10. - 15 Jahre

Die Handform ist Eckig und Physisch gemischt, wobei die Eckige Form über-wiegt. Der Venusberg ist normal gewölbt. Der Mondberg und der Jupiterberg sind stark gewölbt. Die Lebenslinie **(1)** ist in beiden Händen lang und gut ge-zeichnet. Die Kopflinie **(2)** ist nicht allzu lang aber gut ausgeprägt. Die Herzlinie **(3)** ist leicht unregelmäßig. Sie endet in der linken Hand im Saturnberg **(4)** und in der rechten Hand im Jupiterberg **(5)**. Die Schicksalslinie beginnt in der linken Hand im unteren Handteller **(6)** und in der rechten Hand bereits in den Raszetten **(7)** und endet im Bereich der Herzlinie **(8)**.

Der Daumen ist lang und läuft spitz zu.

Die Hände dieser Person zeigen einen Menschen, der einerseits in den prakti-schen Dingen Zuhause ist, andererseits sich in den sehr filigranen Dingen sehr gut zurecht findet. Die lange Lebenslinie, die in beiden Händen (in der rechten besser) gezeichnet ist, lässt auf gute gesundheitliche Konstitution und hohe Lebenserwartung schließen.

Die gut gewölbten Mond- und Jupiterberge lassen auf sehr gute Intuition und auf Ehrgeiz, gepaart mit ein wenig Dominanz schließen.

Wenn wir jetzt noch die Schicksalslinie der rechten Hand berücksichtigen, so können wir schon folgern, dass wir es hier mit einer Persönlichkeit zu tun ha-ben, die erfolgreich ihren Weg gehen wird. Ein Großteil des Erfolges wird aus eigener Kraft erkämpft und erarbeitet werden. Die kleinen Berge auf den Enden der Finger und der Mondberg lassen auf sehr gute Intuition schließen, auf die die Person sich auch verlassen kann und wird. Der lange Daumen (Wille und Gedanke) läuft spitz zu und zeugt von der Fähigkeit sich durchzusetzen (Grö-ße), sowie sich in andere Menschen und Sachverhalte hineinzudenken und ein-zufühlen (Form).

Die leicht unregelmäßige Herzlinie lässt auf Kreislaufprobleme schließen. Die Länge der Herzlinie besagt einen sehr gutmütigen Menschen, der, wenn es drauf ankommt, sein letztes Hemd geben würde.

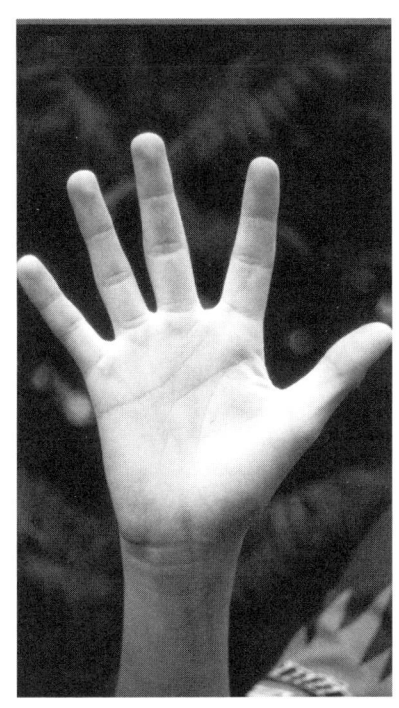
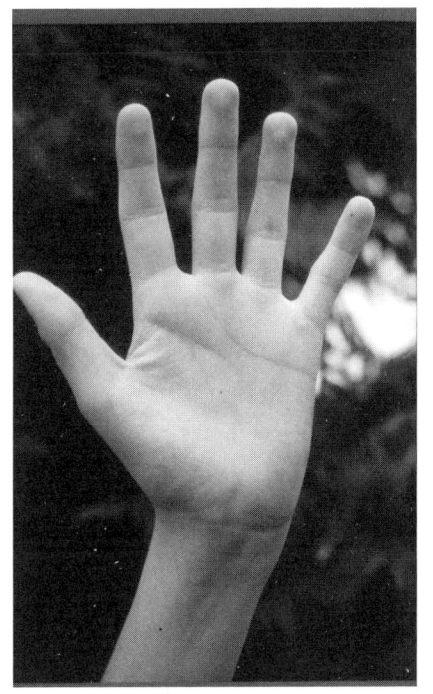
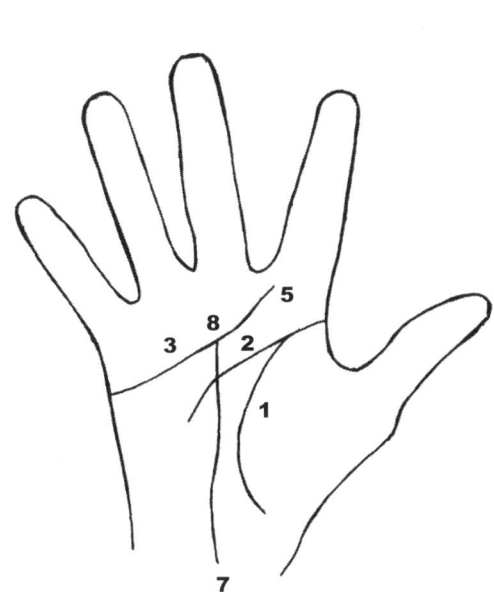
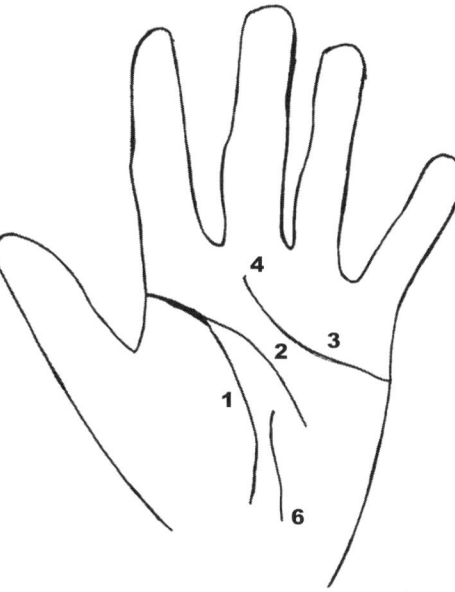

Fallbeispiel 9
Männlich, geboren am 17.12. - 5 Jahre

Die Handform ist dem praktischen Typus zuzuordnen. Die Berge sind gut ge-wölbt, insbesondere der Venusberg, der Mondberg und der Merkurberg. Die gesamte Hand ist mit vielen sehr feinen Linien versehen. Die Lebenslinie **(1)** ist dünn gezeichnet und wohl geschwungen. Die Kopflinie **(2)** endet in beiden Hän-den vor dem Mondberg und ist leicht kettig. Kopf- und Lebenslinie beginnen gemeinsam **(3)** und laufen über eine längere Strecke zusammen. Die Herzlinie **(4)** endet im Bereich des Saturnberges und umschließt auf der Hand eine große Fläche. Sie ist mit vielen kleinen Ästchen versehen. Der Daumen ist normal groß, das erste Glied **(5)** ein wenig kürzer als das zweite **(6)**.

Am Ende der Herzlinie befindet sich im Umfeld ein stark schraffiertes Feld **(7)** mit vielen unregelmäßigen Linien.

Die Schicksalslinie **(8)** ist wellenförmig und endet in der Kopflinie.

Die Hände deuten auf eine recht aktive Person hin, die sich in der materiellen Welt wohl fühlt (Handform und Berge). Die etwas dünne Lebenslinie deutet auf ein etwas gemäßigteres Temperament, welches aber später noch zum Vorschein kommen dürfte. Durch das lange Zusammenlaufen der Kopf- und der Lebens-linie wird es oft vorkommen, dass die Person sich so manche gute Gelegenheit durch zu langes Zögern entgehen lässt. Da die Kopflinie gut gezeichnet ist und somit auf beachtliche Verstandeskräfte hinweist, kann man davon ausgehen, dass die mangelnde Spontaneität später durch schnelles Denken kompensiert werden wird. Trotzdem wird immer ein etwas zögerndes Temperament vorhan-den sein. Die vor dem Mondberg endende Kopflinie deutet auf einen Menschen hin, bei dem der Verstand stärker dominieren wird. Die Herzlinie zieht sich hoch bis in den oberen Bereich des Saturnberges und nimmt durch ihren Schwung viel Raum ein. Dies deutet zum einen auf einen sehr liebevollen und auch ein-fühlsamen Menschen hin (Schwung der Herzlinie), zum anderen wird dies je-doch nicht wirklich nach außen gelebt und gezeigt (Ende der Herzlinie im Saturn). Mit anderen Worten: ein Mensch, der anderen gern Gutes tut, dies aber nicht zugibt, sondern eher von sich weist.

Eine gewisse Bescheidenheit ist hier vorhanden.

Die leicht verästelte Herzlinie zeigt eine Veranlagung zu Kreislaufproblemen.

Der gut geformte Daumen zeugt von Willens- und Geisteskraft. Der Größen-vergleich der Daumenglieder zeigt wiederum, dass die Geisteskraft stärker vor-handen ist als die Willenskraft. Dadurch kann es schon passieren, dass an sich sehr gute und wohldurchdachte Vorhaben an der mangelnden Willenskraft schei-tern.

Das schraffierte Feld im Bereich des Jupiter- und Saturnberges deutet auf eine ererbte Disposition zur Lungenkrankheit hin.

Die wellenförmige Schicksalslinie deutet auf eine bewegte und auch unbestän-
dige Jugendzeit.

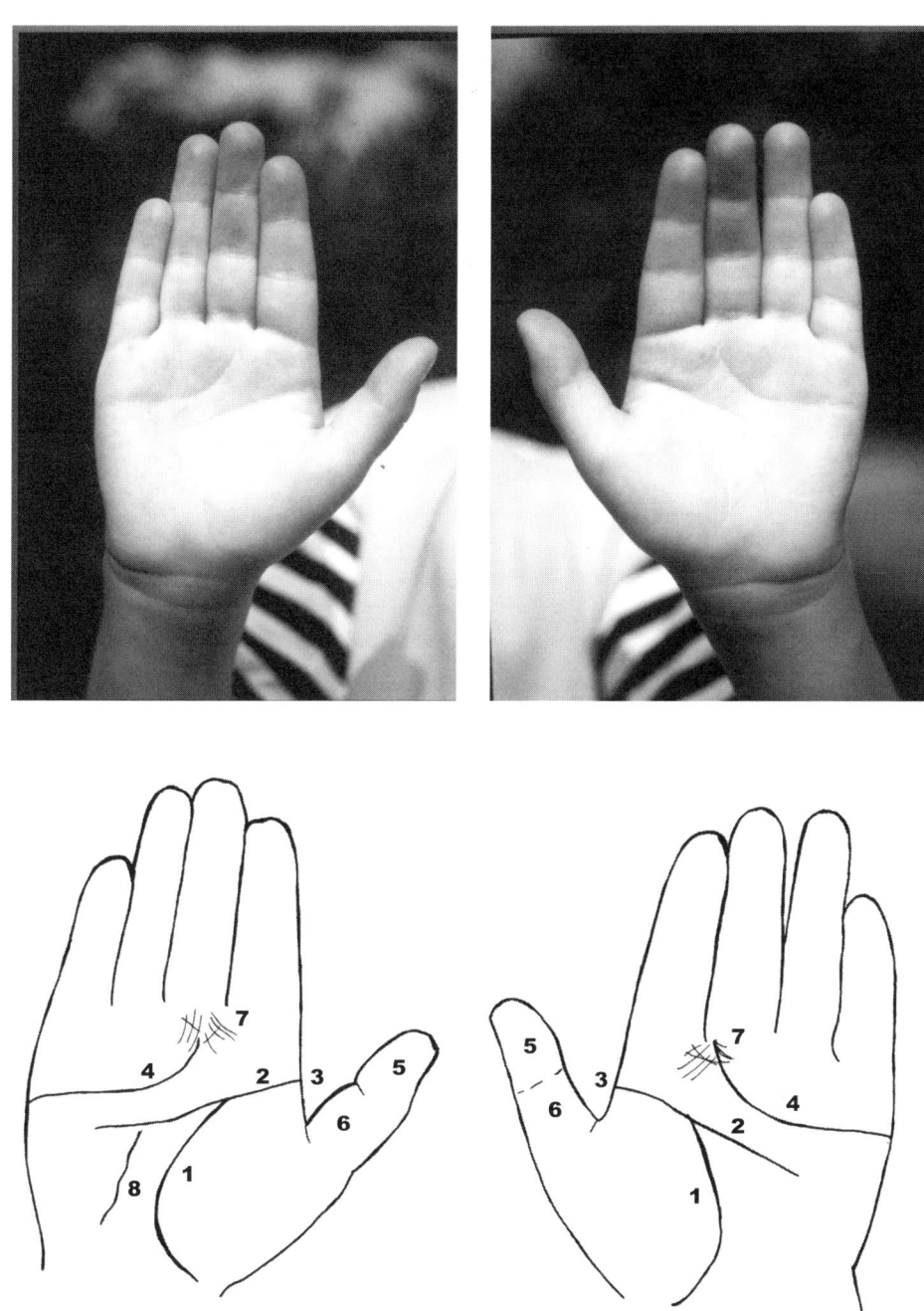

Fallbeispiel 10
Männlich, geboren am 29.09. - 10 Jahre

Die Handform ist eine Spatelhand. Der Venusberg ist gut gewölbt. Der untere Mondberg und der Jupiterberg sind stark gewölbt, die anderen Berge weniger.

Die Lebenslinie (1) ist ausreichend lang, jedoch in der rechten Hand ein wenig dünn gezeichnet. Die Kopflinie (2) und die Lebenslinie beginnen in beiden Händen zusammen, wobei sie in der rechten Hand länger zusammen laufen. Die Kopflinie ist in beiden Händen gerade und klar gezeichnet. Das Gleiche gilt für die Herzlinie (3). Sie reicht in der linken Hand bis unterhalb des Saturnberges und in der rechten Hand bis in den Jupiterberg. Die Schicksalslinie (4) beginnt in der rechten Hand oberhalb der Kopflinie; in der linken Hand endet sie (5) in der Kopflinie. Der Daumen ist lang; das erste Glied (6) der linken Hand ist länger als das zweite (7). Bei der rechten Hand ist das erste Glied (8) kürzer als das zweite Glied (9), also genau umgekehrt.

Wenn wir diese Hände anschauen fällt sofort auf, dass die linke und die rechte Hand große Unterschiede aufweisen. Ich selbst habe die Aufnahmen mehrmals geprüft, ob mir da nicht doch ein Fehler unterlaufen ist. Wenn man beide Hände separat nimmt, zeigen sie beinahe zwei verschiedene Menschen oder auch Leben. Dass die Hände dennoch zur selben Person gehören, erkennen Sie zum einen am unteren Mondberg und zum anderen an der aus den Raszetten aufsteigenden starken Linie.

Die Handform und die Berge weisen auf einen strebsamen Menschen hin, der ehrgeizig seine Pläne verfolgen wird. Diese Pläne sind wahrscheinlich materieller Natur, also auf Wohlstand und Karriere ausgerichtet. Die gerade und klare Kopflinie deutet auf einen Verstandesmenschen hin. Hier liegt eindeutig die Gefahr, dass zuviel mit dem Verstand gemacht wird. Auch die ziemlich gerade Herzlinie bestätigt dies. Das Ende der Herzlinie in der linken Hand deutet auf eine recht praktische Einstellung Gefühlen gegenüber hin. Das Gefühlsleben wird zugunsten des materiellen Denkens zurückgestellt. Nach dem 30. Lebensjahr ändert sich dies jedoch und die Herzlichkeit, die liebevolle Veranlagung, kommt mehr zum Vorschein (die Herzlinie endet im Jupiterberg). Dies wird sich darin äußern, dass die Person zwar immer ein Kopfmensch bleiben wird, dass jedoch die Prioritäten z. B. im Bereich der Familie liegen werden. Die Person wird dazu neigen, immer mehr an die anderen als an sich selbst zu denken.

Besonders interessant ist bei diesen Händen der Daumen. In der linken Hand dominiert das erste Glied (der Wille) über dem zweiten Glied (der Verstand). Daraus resultiert ein Mensch, der manchmal (oder auch öfter) die Dinge mit Gewalt erzwingen will, obwohl sie eigentlich aussichtslos sind. Auch eine Tendenz zur Besserwisserei ist in geringem Maße vorhanden. Dies gilt für die linke Hand und somit für die Zeit bis zum 30. Lebensjahr.

Sehen wir uns nun den Daumen der rechten Hand an, so ist es genau umgekehrt: Das zweite Glied (der Verstand) ist größer und dominiert über das erste Glied (den Willen). Daraus können wir erkennen, dass nach dem 30. Lebensjahr die Dinge erheblich besser durchdacht werden, bevor sie in die Tat umgesetzt werden. Man könnte fast meinen, da hätte jemand „was gelernt".

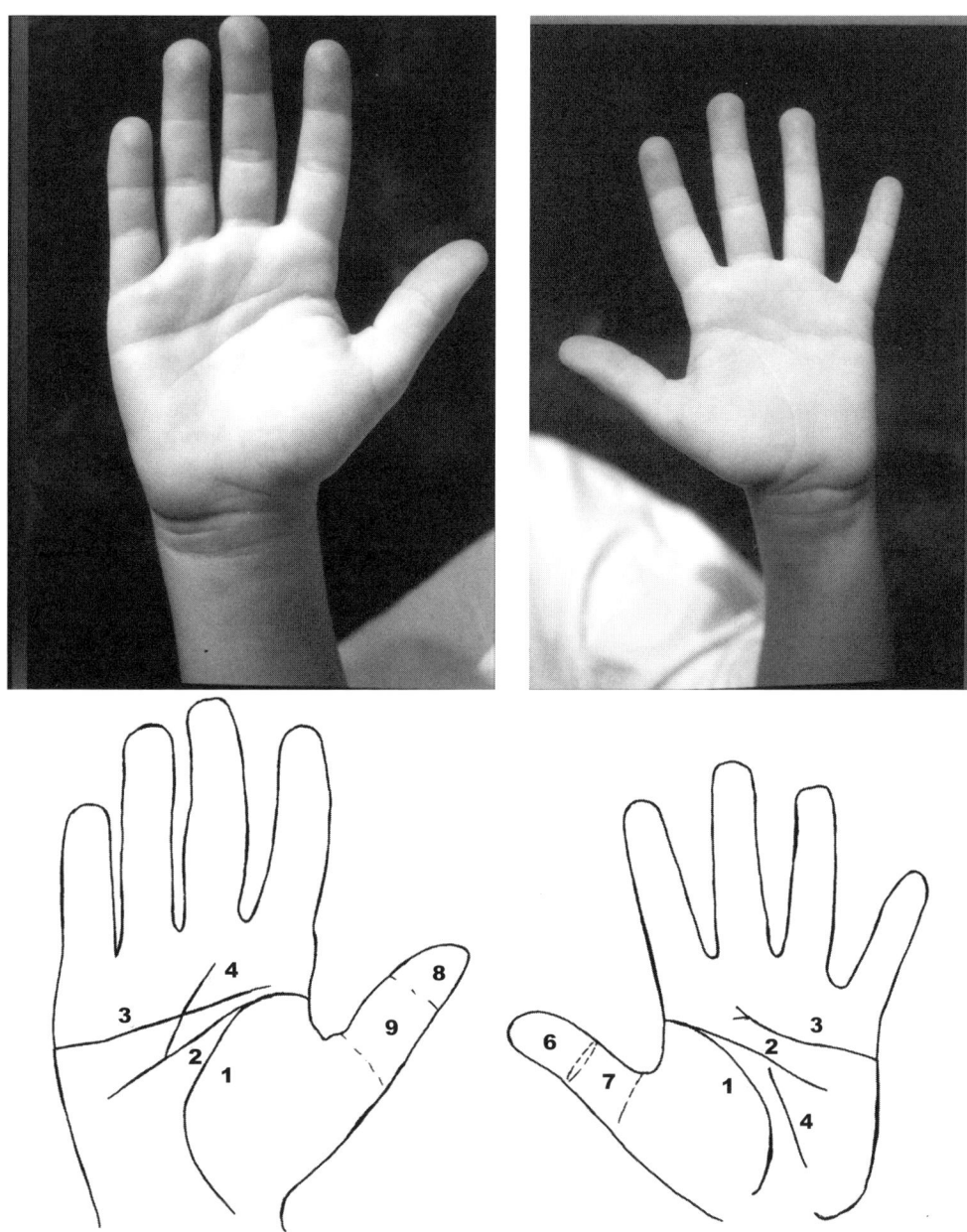

Fallbeispiel 11
Männlich, geboren am 22.10. - 5 Jahre

Die Handform ist eine Gemischte Hand, wo das Praktische dominiert. Die Berge sind bis auf den Marsberg gut bis stark gewölbt.

Die lange Lebenslinie **(1)** umschließt den starken Venusberg in gutem, normalem Schwung. Die Lebens- und die Kopflinie beginnen zusammen **(2)** und verlaufen über eine normal lange Strecke gemeinsam. Die Kopflinie **(3)** ist in der ersten Hälfte stark und in der zweiten Hälfte dünner gezeichnet. Sie ist lang und überquert fast die ganze Hand.

Die Herzlinie **(4)** ist stark und tief gezeichnet und endet im Bereich des Saturnberges. Die Schicksalslinie **(5)** beginnt am unteren Handrand und endet (rechte Hand) in der Herzlinie.

Die Hand dieser Person ist eindeutig die eines Genießers. Die starken Berge zeugen von einer energischen Natur. Es handelt sich also um einen Menschen, der zwar einerseits sehr gerne genießt, andererseits aber auch die nötige Power hat, um sich die schönen Dinge des Lebens zu erarbeiten.

Der sehr starke Venusberg deutet auf ein ausgeprägtes emotionales Leben und Erleben. Unter Berücksichtigung der Herzlinie und des Venusberges wird das Thema „Partnerschaft und Beziehungen" im Leben dieses Menschen dominant sein. Die gut gezeichnete Herzlinie deutet auf einen fürsorglichen Menschen hin, der seine Familie als höchstes Gut ansehen wird. Andererseits kann er aber auch durch sein permanentes Kopfdenken (lange Kopflinie), welches in Rechthaberei und schikanöse Logik ausarten kann, sehr anstrengend sein. Wobei wiederum vieles durch sein (manchmal auch in berechnender Absicht) liebenswertes Naturell wettgemacht wird. Die klare Schicksalslinie deutet auf einen recht zielorientierten Lebensweg. Der starke Mondberg wird sich später in Form von sehr guter Phantasie und Intuition bemerkbar machen. Zurzeit deutet er eher auf eine etwas zu blühende Phantasie hin. Alles in allem eine schöne Hand; dem Linienreichtum nach zu schließen könnte es sich um eine schon ältere Seele handeln.

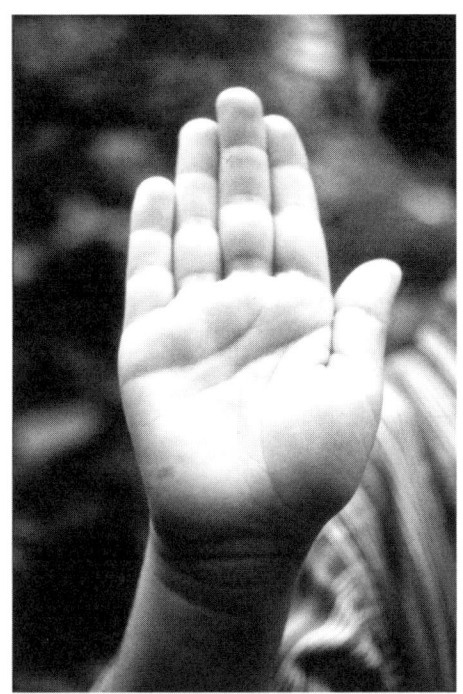
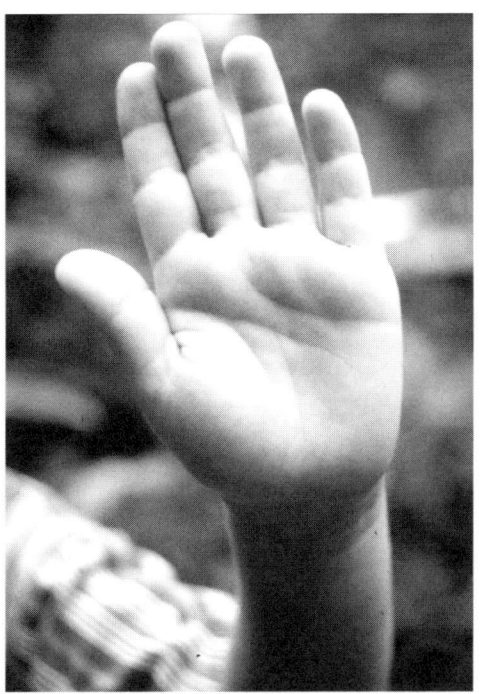
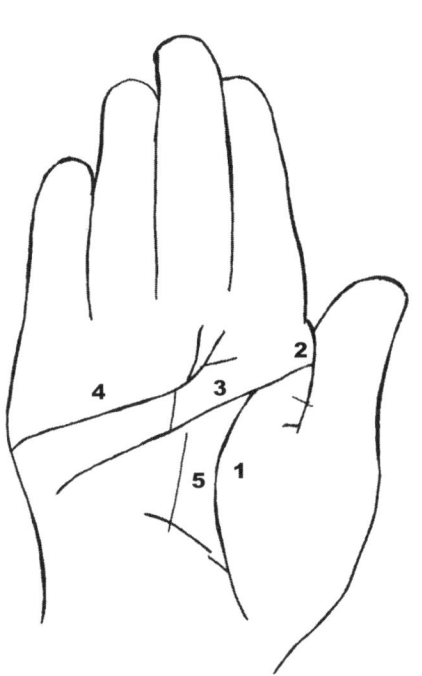
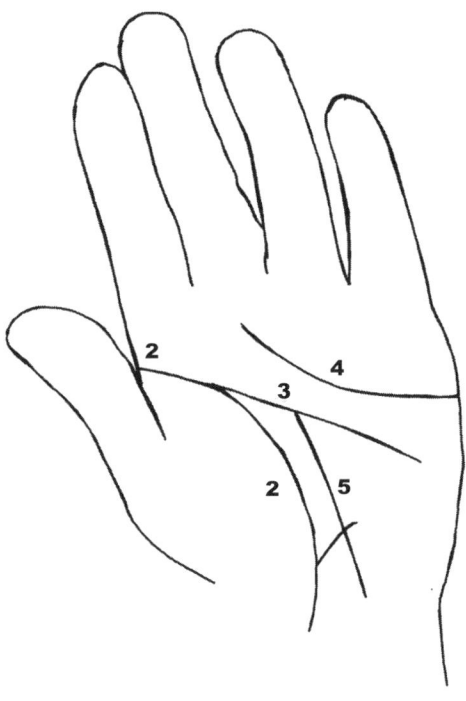

Fallbeispiel 12

Männlich, geboren am 17.05. - 8 Jahre

Bei der Handform dominiert die Praktische Hand. Auffallend sind die kleinen Berge auf den Enden der Finger. Der Venusberg ist in beiden Händen gut ausgeprägt. Die Lebenslinie **(1)** umschließt den Venusberg weiträumig. Der Venusberg und der Mondberg sind gut ausgeprägt. Der Jupiterberg ist gut geprägt. Apollo und Merkur haben einen gemeinsamen Berg **(2)**. Die Lebenslinie ist lang und gut gezeichnet, sie ist dünn und wird von vielen feinen Linien vom Venusberg kommend geschnitten. Kopflinie **(3)** und Lebenslinie laufen in der linken Hand auf einer Strecke von ca. 1,5 cm zusammen; in der rechten Hand ist es ca. 1 cm. Die Kopflinie **(3)** verläuft leicht abfallend und endet in der linken Hand im Mondberg und in der rechten Hand vor dem Mondberg. Die Herzlinie **(4)** ist gut gezeichnet mit kleinen Ästchen. Ihr Ende ist in der linken Hand unterhalb des Saturnberges und in der rechten Hand zwischen Jupiter und Saturnberg.

Die Schicksalslinie **(5)** beginnt in beiden Händen im Bereich des unteren Mondberges. In der Kopflinie der linken Hand befindet sich genau im Schnittpunkt mit der Schicksalslinie ein kleines Mal **(6)**.

Von der Lebenslinie steigt eine gut gezeichnete Erfolgslinie **(7)** zur Kopflinie auf.

Wir haben hier ein Kind vor uns, welches recht praktisch orientiert ist.

Die kleinen Berge auf den Fingerenden sowie auch die vielen kleinen Linien deuten aber auch auf ein sehr sensitives Kind hin. Der gut ausgeprägte Venusberg und auch die weit umschließende Lebenslinie lassen darauf schließen, dass dieses Kind die materiellen Dinge zu schätzen weiß und auch sein Leben auf den entsprechenden Erfolg ausrichten wird. Darauf weist auch der gut ausgeprägte Jupiterberg hin. Apollo- und Merkurberg deuten auf ein ausgeglichenes Verhältnis von Intellekt und Seele hin. Das rote Mal auf der Kopflinie der linken Hand im Schnittpunkt mit der Schicksalslinie, sowie auch eine leichte Inselbildung zu Beginn der Kopflinie, lässt eine Disposition zur Augenschwäche erkennen.

Die im Mondberg beginnende Schicksalslinie deutet auf ein bewegtes Leben hin. Sehr oft werden Erfolge durch andere Menschen, die auf einen zukommen, erzielt. Wichtig ist hier zu beachten, dass sich das Leben dieses Kindes zwar wechselhaft gestalten wird, aber dennoch gut.

Die von der Lebenslinie (linke Hand) aufsteigende Erfolgslinie zeugt von Erfolg etwa im 40. Lebensjahr.

Interessant ist an diesem Kind der Unterschied zwischen den beiden Händen, durch den man einige Details der Entwicklung sehr schön erkennen kann.

Die Herzlinie der linken Hand ist kürzer als die der rechten Hand.

Ab dem 30. Lebensjahr beginnt das Kind mehr auf sein Herz zu hören und vor allen Dingen auch danach zu leben. Dem Emotionalen wird dann mehr Raum gegeben.

Die Kopflinie der linken Hand ist länger als die der rechten Hand.

Bis zum 30. Lebensjahr wird zuviel im Reich des Denkens, der Phantasie und der Wunschvorstellungen gelebt. Ab dem 30. Lebensjahr ist ein eher realistisches Denken vorhanden.

Der Beginn von Kopf- und Lebenslinie lassen auf mehr spontanes Verhalten ab dem 30. Lebensjahr schließen.

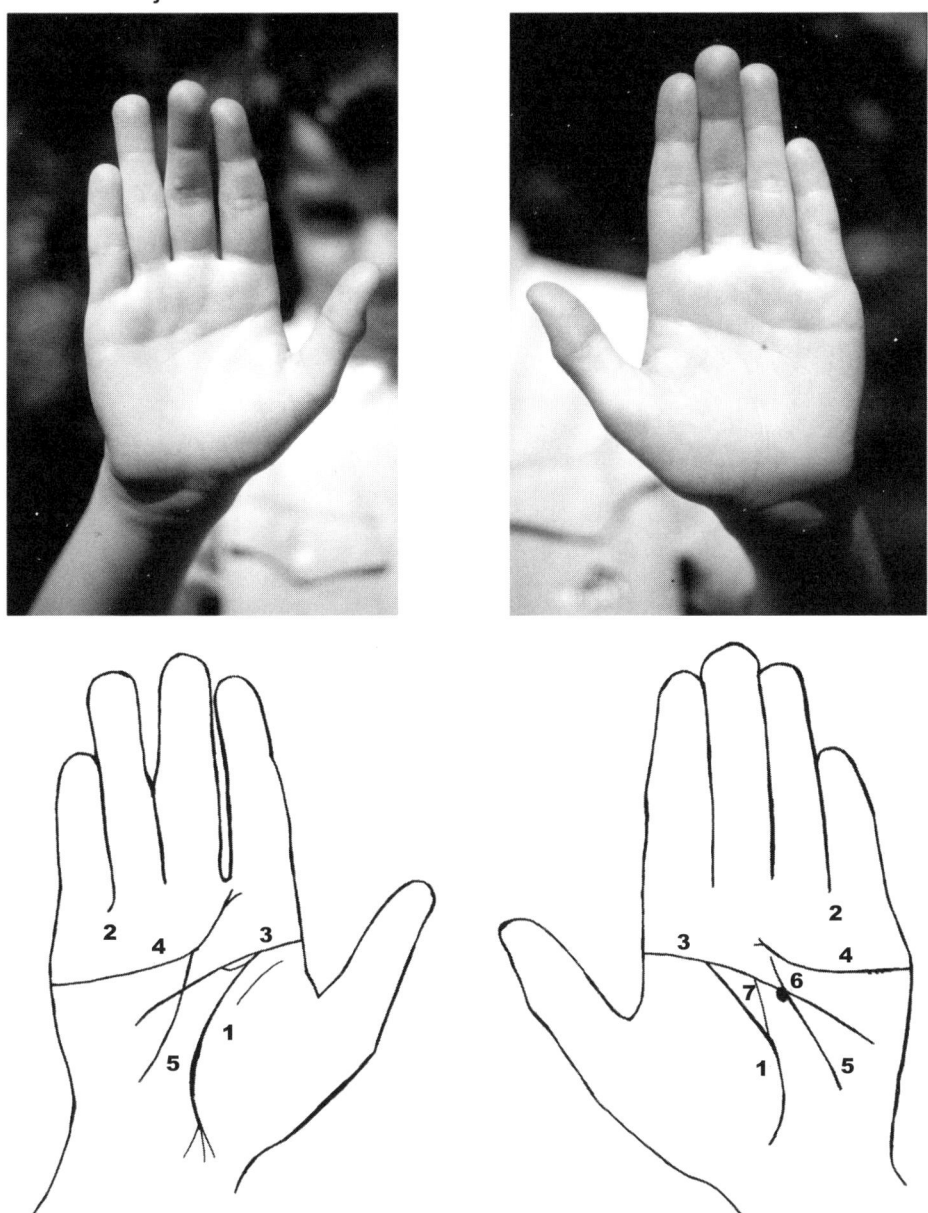

Fallbeispiel 13
Männlich, geboren am 27.10. - 6 Jahre

Die Handform ist eckig/praktisch. Der Venusberg ist in beiden Händen gut ausgeprägt. Die anderen Berge der linken Hand sind weniger deutlich zu erkennen. In der rechten Hand sind Jupiter-, Merkur- und Mondberg gut ausgeprägt.

Die Lebenslinie **(1)** umschließt in beiden Händen den Venusberg weiträumig; in der linken Hand weiter als in der rechten.

In der linken Hand befindet sich eine kurze zweite Linie **(2)**, die nicht als Verdoppelung zu werten ist. Hierbei handelt es sich um eine Hemmnislinie. Die Lebenslinie der linken Hand ist erheblich länger gezeichnet als die der rechten Hand. Die Kopflinie **(3)** und die Lebenslinie **(1)** beginnen gemeinsam **(4)** und laufen auf einer verhältnismäßig langen Strecke zusammen. Die Kopflinie **(3)** der linken Hand endet im Mondberg; die Kopflinie **(3)** der rechten Hand ist kürzer und endet vor dem Mondberg.

Die Herzlinie **(5)** der linken Hand ist leicht kettig; in der rechten Hand ist die Herzlinie **(6)** dagegen gut gezeichnet. Die Herzlinie endet in beiden Händen unterhalb des Saturnberges. Die Schicksalslinie ist fast nicht sichtbar vorhanden.

Diese Hände zeigen uns ein Kind, welches im praktischen und materiellen Bereich gut zurechtkommen wird.

Der Venusberg und die Lebenslinie lassen auf einen emotionalen und empfindsamen Menschen schließen. Interessant ist hier der Unterschied in der Länge zwischen der Lebenslinie der linken und der rechten Hand. Dies ist jedoch keinesfalls (besonders bei Kindern in diesem Alter) als Berechnungsgrundlage für die Lebenserwartung zu werten. Vielmehr kann man hieran sehen, dass sich die Linien, besonders in der rechten Hand, noch entwickeln werden.

Kopf- und Lebenslinie, die über eine lange Strecke miteinander verbunden sind, lassen auf zurückhaltendes Verhalten und wenig Spontaneität schließen. Dieses Kind neigt dazu, zuviel zu denken und auch zu zögern. Es wird immer wieder versuchen, die Dinge mit dem Kopf zu regeln. Ursächlich ist hier die Hemmnislinie auf dem Venusberg. Diese Linie zeigt Zeiträume an, in denen zuviel überlegt wird und durch Unsicherheit Ängste entstehen können.

Die Kopflinie der linken Hand endet tief im Mondberg, woraus folgt, dass hier zu viel Denken in Form von unnötigen Sorgen und Grübeleien gegeben ist.

Die kettige Herzlinie in der linken Hand deutet auf eine von mütterlicher Generation ererbte Disposition zur Herzneurose hin.

Da sonst keine weiteren eindeutigen Anzeichen sichtbar sind, dürfte es bei gesunder Lebensweise auch nur bei einer Disposition bleiben.

Die Schicksalslinie ist noch nicht ausgeprägt, sondern zurzeit nur andeutungsweise vorhanden. Man kann davon ausgehen, dass sie sich in den nächsten 4 bis 6 Jahren vertiefen wird.

 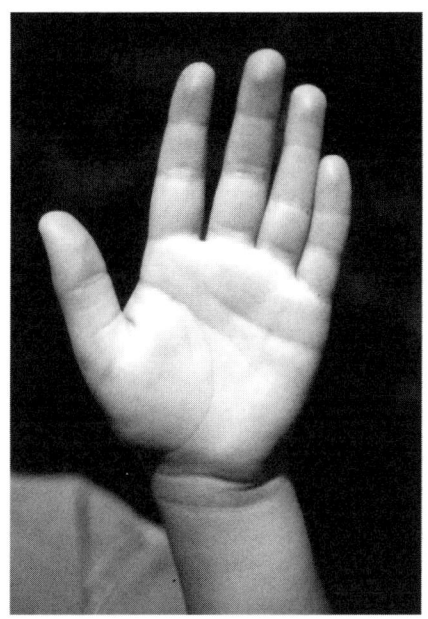

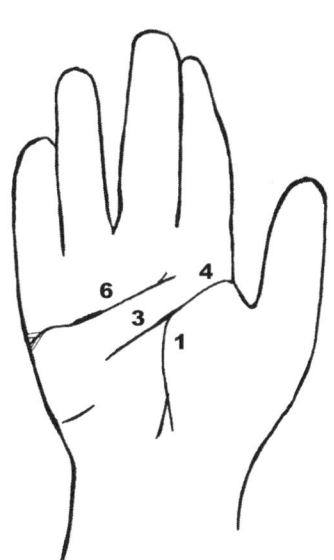 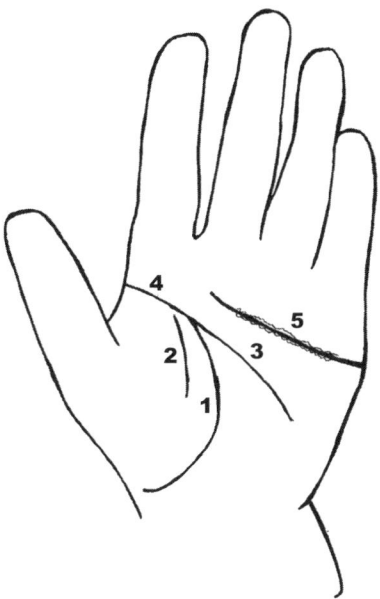

Fallbeispiel 14
Weiblich, geboren am 17.2. - 6 Jahre

Die Hand kann sowohl der Praktischen- als auch der Spatelhand zugeordnet werden. Der Venusberg und der Jupiterberg sind gut ausgebildet, die anderen Berge weniger. Der Venusberg der rechten Hand ist mit sehr vielen kleinen Linien versehen. Die Lebenslinie **(1)** ist dünn gezeichnet. Die Kopflinie **(2)** und die Herzlinie **(3)** sind dagegen gut gezeichnet. Die Kopf- und die Lebenslinie beginnen gemeinsam und sind über eine lange Strecke miteinander verbunden - in der rechten Hand länger als in der linken. Die Kopflinie **(2)** endet in beiden Händen im oberen Bereich des Mondberges, wobei die Kopflinie der linken Hand in einer Gabelung endet.

Die Herzlinie der linken Hand endet unterhalb des Saturnberges **(4)**, die der rechten Hand im Jupiterberg **(5)**. Die Herzlinie der rechten Hand ist zum Ende hin mit vielen kleinen Ästchen versehen. In der Lebenslinie der rechten Hand finden wir im unteren Bereich eine kleine Insel **(6)**.

Diese Hände gehören einem Mädchen, das ein recht praktisches Naturell besitzt, wobei das Emotionale und der Ehrgeiz gut ausgeprägt sind (Berge). Der sehr fein strukturierte Venusberg der rechten Hand deutet auf einen gefühlvollen und empfindsamen Menschen hin, der diese Anlage aber erst nach dem 30. Lebensjahr voll ausleben wird.

Die dünne Lebenslinie zeigt, dass des Öfteren mit gesundheitlichen Problemen zu rechnen sein dürfte. Diese sind wahrscheinlich nicht allzu ernster Natur.

Die gut gezeichneten Kopf- und Herzlinien zeugen von guten Verstandes- und Herzenskräften. Das Ende der Herzlinie der rechten Hand deutet auf einen sehr liebevollen und herzlichen Menschen hin, der aber aufpassen muss, dass er sich nicht von anderen ausnutzen lässt. Die kleine Insel am Ende der Lebenslinie der rechten Hand deutet auf Krebserkrankungen der Vorfahren des väterlichen Familienzweiges hin. Dies wird sich aber wahrscheinlich nicht auf diese Person auswirken.

Die sehr feine Gesamtstruktur und die kleinen Ballen an den Fingerenden lassen auf einen Menschen schließen, der sich beruflich im sozialen wie auch im medizinischen bzw. heilenden Bereich sehr wohl fühlen wird.

Wichtig ist hier noch die Beobachtung, dass die Person sehr gut auf alternative Heilweisen, Naturheilverfahren und feinstoffliche Medizin (Energiearbeit) anspricht.

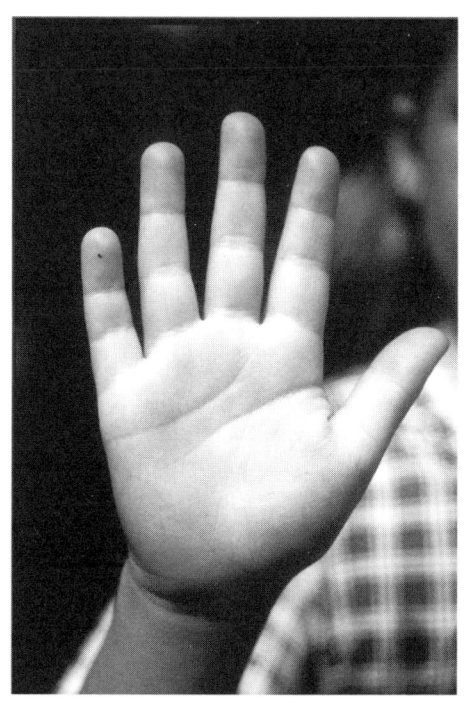
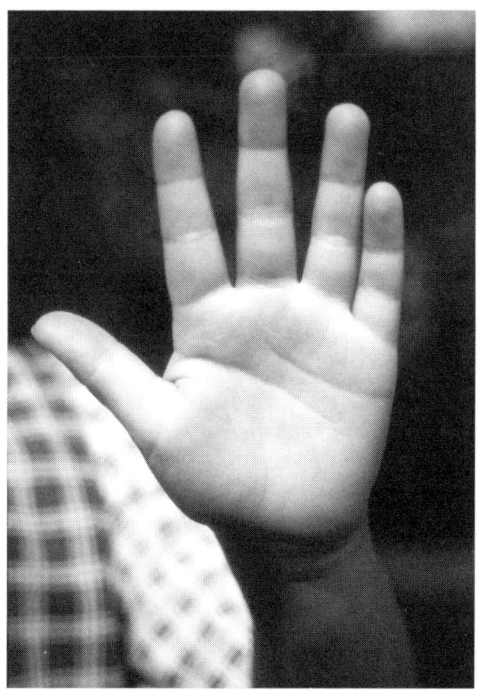
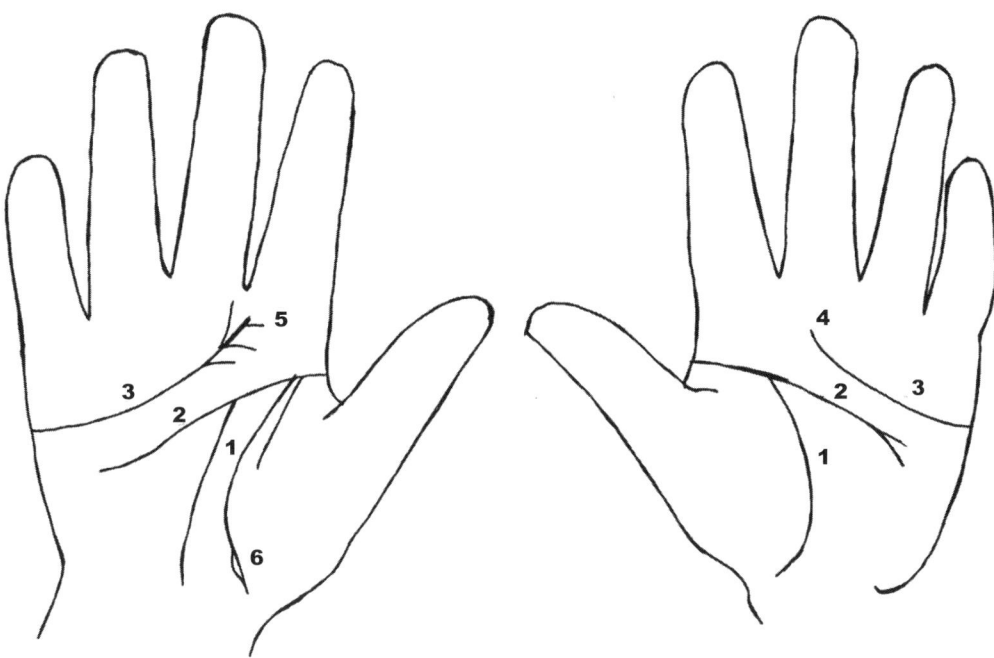

Handlesen als Beruf

Esoterik und Gelderwerb - zwei Welten treffen aufeinander.

Ich weiß wirklich nicht woran es liegt, aber wenn man von Esoterik, oder in unserem Falle von Handlesen spricht, können sich die wenigsten Menschen vorstellen, dass man so etwas zu seinem Beruf machen und obendrein auch noch auf ehrliche Art erfolgreich sein kann. Das professionelle Handlesen ist meine Leidenschaft und mein Beruf. Warum sollten also ich oder andere Personen nicht davon existieren können?

Ende der 90er Jahre führte ich ein Fachgeschäft für Esoterik und hatte dort natürlich auch regen Publikumsverkehr. Sie werden es nicht glauben: Mindestens einmal pro Woche fragt mich jemand, ob man vom Handlesen überhaupt leben könne. Manchmal möchte ich antworten: „Ich sehe doch eigentlich noch ganz lebendig aus". Irgendwo gibt es da wohl ein Missverständnis. Entweder man nagt am Hungertuch, oder man ist ein Scharlatan. Dieser künstlich aufgebaute Gegensatz ist natürlich absoluter Unsinn. Selbstverständlich kann man davon leben. Voraussetzung ist natürlich, dass man ehrlich und anständig arbeitet, immer mit der grundlegenden Motivation im Hintergrund, dass man dem anderen wirklich etwas Positives mitgeben möchte. Es sei jedoch zugestanden, dass diese Form von Erwerbstätigkeit weder bequem noch einfach ist. Vielmehr können Sie davon ausgehen, dass viele andere Tätigkeiten mit weniger Aufwand und Einsatz mehr materiellen Gewinn versprechen. Wenn Sie jedoch wirklich gut sind, dann wird es Ihnen auch entsprechend gut gehen. Bis dahin ist es allerdings ein langer und nicht gerade einfacher Weg.

Wenn Sie nun glauben, dies wäre ein Beruf für Sie, dann sollten Sie sich darüber im Klaren sein, dass es zwar eine wunderbare Berufung ist, dass jedoch auch hier „vor den Erfolg der Schweiß" gesetzt ist. Viele Menschen, die mich nach meinem Werdegang fragten, interessierten sich eigentlich weniger für meine Person oder die wirkliche Entwicklung, die zu einer Tätigkeit als professioneller Handleser führt. Viel zu oft sah ich das berühmte Dollarzeichen in den Augen meines Gegenübers.

Wer das Handlesen zu seinem Haupterwerb machen will, muss sich im Klaren darüber sein, dass er sich einen sehr, sehr anstrengenden Beruf ausgewählt hat.

Sie werden mit den unterschiedlichsten Schicksalen konfrontiert und haben die Pflicht, Ihr Bestes zu geben, um den anderen zu helfen oder ihnen zumindest etwas Aufbauendes mit auf den Weg zu geben. Glauben Sie bitte nicht, dass Sie an 300 Tagen im Jahr täglich 5 Beratungen durchführen können. Das Problem ist hier nicht die Nachfrage, sondern vielmehr die eigene Leistungsfähigkeit. Eine einzelne Beratung kann nämlich extrem anstrengend sein.

Um das Handlesen zu erlernen, müssen Sie zuerst einmal viel Kraft und Ausdauer mitbringen. Denn als erstes heißt es lernen, lernen und nochmals lernen.

Sie müssen alle Fakten und Zeichen in der Hand erkennen können. Grundkenntnisse in der Physiognomie und der Psychologie sollten Sie mitbringen oder sich aneignen. Weiterhin sind medizinische Grundkenntnisse von Bedeutung. Aber bedenken Sie, dass Sie nach dem Gesetz nicht zum Heilberuf bestellt sind und es Ihnen daher, rechtlich gesehen, untersagt ist Diagnosen zu stellen. Falls Sie keine medizinische Ausbildung haben, halten Sie sich in Ihrem und im Interesse Ihres Klienten daran!

Nach Möglichkeit sollten Sie Kurse und Weiterbildungsmöglichkeiten nutzen. Wichtig sind in jedem Fall auch Kenntnisse über den feinstofflichen Körper. Beachten Sie, dass nicht jeder Kurs auch das hält, was er verspricht, aber Sie bekommen auf jeden Fall einen Überblick darüber, was sich alles in der Esoterik tut. Auch ein Kurs, der vielleicht auf den ersten Blick nicht ganz so überwältigend war, kann sich im Nachhinein als hilfreich erweisen. Denn auch aus negativen Erfahrungen kann man lernen.

So ganz nebenbei wäre es vielleicht auch sinnvoll, wenn Sie Ihr eigenes Leben im Griff hätten. Wer permanent an sich selbst und dem Leben zweifelt und von einer Depression in die nächste stürzt, der sollte doch vorläufig davon absehen, andere Menschen zu beraten. Wenn Depressionen und andere psychische „Untiefen" in Ihrem Leben allerdings der Vergangenheit angehören, dann kann dies für Ihren Beruf andererseits wieder von Vorteil sein. Dann kennen Sie das Leben und auch die Tiefen, in die ein Mensch fallen kann, und können somit Ihren Gegenüber auch viel besser verstehen.

Bei soviel Lernen und harter Arbeit fragt man sich natürlich, ob es denn überhaupt etwas Positives über das Handlesen zu sagen gibt.

Natürlich gibt es das! Handlesen ist für mich persönlich die schönste Tätigkeit (neben ein paar anderen - weltlichen - Dingen), die ich mir vorstellen kann. Jede Beratung ist eine Bereicherung. Sei es nun wegen der daraus gewonnenen Erfahrung oder auch dadurch, dass man ganz phantastische Menschen kennen lernt. Und manchmal findet man auch Freunde, die das ganze Leben reicher machen können. Mit jeder Beratung, die ich mit Liebe durchführe, bekomme ich diese „Investition" auf dem einen oder anderen Weg zurück.

Die Voraussetzungen

Um diese Frage zu beantworten müssen wir erst einmal definieren, was ein guter Handleser ist, oder anders gesagt, was Sie darunter verstehen. Denn das Wort Handleser besagt ja nur, dass man Hände liest.

Wenn Sie ein guter Handleser im Sinne von lesen werden oder sein wollen, so brauchen Sie eigentlich nicht allzu viel. Erst einmal gute Augen, eine gute Portion Verstand und Kombinationsgabe, den wirklichen Willen lernen zu wollen und Zeit, sprich Geduld. Denn Handleser werden geht nicht von Heute auf Morgen. Alles was Sie sich durch Literatur aneignen können ist nach wie vor die Theorie. Die Praxis macht es aber nachher aus, die vielen kleinen Linien unterscheiden zu können und auf einen Blick zu erkennen, was das Thema einer Hand ist. Ein Buch wird Ihnen das niemals vermitteln können. Sinnvoll ist vielleicht ein Kurs, in denen nicht nur theoretische Buchinhalte vermittelt werden, sondern wo aktiv Hände gelesen werden. Also die Praxis macht es! Wenn Sie ein fachlich guter Handleser sein wollen müssen Sie praktisch Hände lesen.

Wenn Sie sich das soeben Gesagte ein wenig zu Herzen nehmen und umsetzen, so steht Ihnen eigentlich nichts mehr im Wege Hände lesen zu können. Aber mehr noch nicht.

Sie können nun Hände lesen, auch wenn Sie es annähernd perfekt beherrschen, so hat das noch lange nichts mit einem guten Handleser zu tun, wie ich Ihn definiere. Ein guter Handleser kann mehr als nur Hände lesen. Er *muss* mehr können!

Ein guter Handleser muss beurteilen können, wie er mit einem Menschen umgeht, um ihm das, was er sieht, so zu vermitteln, damit es auch dem anderen etwas Positives bringt.

Es ist doch so, dass man manche Menschen behandeln muss wie ein rohes Ei, man muss Ihnen die Wahrheit hinhalten wie einen Mantel, in den sie dann hinein schlüpfen können. Aber natürlich nur ganz vorsichtig.

Anderen wiederum muss man die Wahrheit wie ein nasses Tuch ins Gesicht schlagen (ich weiss das hört sich heftig an), um auch nur irgendetwas zu bewirken.

Es stellt sich nun die Frage, wen behandle ich wie? Das kann unter Umständen schlimme Folgen haben.

Welche Voraussetzungen brauchen wir, um einen Menschen beraten zu können?

Ich weiß genau, mit dem folgenden Absatz werde ich mir den Zorn und den Widerspruch einiger (wahrscheinlich sogar vieler) Menschen zuziehen.

Rechtliche Voraussetzungen:

Es gibt keine. Jeder erwachsene Mensch kann sich (gilt hier für Deutschland) als Handleser, Kartenleger oder Lebensberater bezeichnen. Das sagt nichts, aber auch gar nichts über die Fähigkeiten oder Qualifikationen des Betreffenden aus. Selbst wenn Sie an der Wand die tollsten Diplome von irgendwelchen Instituten für Parapsychologie oder Grenzwissenschaften oder Kursen sehen, so hat dies nicht unbedingt einen großen Aussagewert.

Außer, dass da jemand sich entweder bemüht hat, oder dass da jemand viel Geld ausgegeben hat. Eine Urkunde oder Diplom ist schnell gedruckt und kostet nicht viel. Ein Institut ist schnell gegründet. Ich will damit keinesfalls irgendwelche Institute oder Schulen in Abrede stellen, sondern nur verdeutlichen, dass es keinerlei Instanzen oder neutrale Institutionen gibt, an denen man messen oder ersehen kann, ob das, was in Schulen oder Kursen oder auch Instituten gelehrt und vermittelt wird etwas taugt oder nicht.

Im Bereich der Lebensberatung befinden wir uns in einem rechtsfreien Raum. Einzig eingeschränkt dadurch, dass es Bereiche gibt, wo man rechtlich gesehen die Finger von lassen muss, wie z.B. Diagnosen stellen oder heilen. Es sei denn, Sie haben eine entsprechende Ausbildung.

Sie sollten zumindest haben:

Eine gute Allgemeinbildung ist schon mal Voraussetzung. Sie sollten schon wissen was so im Leben passiert. Zu Ihnen kommen schließlich Menschen mit Fragen oder Problemen, die das Leben hier auf dieser Erde betreffen. Da sollten Sie schon wissen wovon Sie reden.

Eine vernünftige Schulbildung ist in jedem Fall auch angebracht. Obwohl weder das Abitur noch der Dr. Titel auch nur im Geringsten etwas mit der Qualität eines Menschen zu tun hat.

Erstklassig auskennen sollten Sie sich schon in der Esoterik. Denn dies ist ein Bereich der zum einen permanent expandiert, so dass man manchmal schon gar nicht mehr durchblicken kann, und zum anderen ist sie eigentlich der perfekte Fundus für die sinnvolle Tätigkeit am Menschen. Natürlich ist es auch unheimlich Interessant zu wissen und zu erkennen, was sich hinter so manchen Themen der Esoterik verbirgt und welche Blüten das so treibt. Seien Sie kritisch, das hat noch nie geschadet.

Nur einen kleinen Tipp werde ich Ihnen verraten, machen Sie was daraus:

„Suche Dein Wissen und Deine Wahrheit nicht in der Zukunft, besinne Dich auf die Ursprünge."

Wenn Sie diesen Satz wirklich verstehen und richtig interpretieren, dann wissen Sie alles was Sie wissen müssen um eigentlich alles erreichen zu können.

Natürlich ist es immer von Vorteil, wenn Sie Möglichkeiten der Weiterbildung nutzen oder genutzt haben. Weiterbildung im Sinne von Bilden und im Sinne von nützlichen Informationen.

Kenntnisse aus dem Bereich der Psychologie und Medizin halte ich für unabdingbar. Das heißt nicht, dass Sie eine ganze Ausbildung brauchen und einen Dr. Titel vorweisen sollten, sondern Sie sollten zumindest die Grundkenntnisse besitzen und sehr problematische Fälle sofort erkennen können. Sie sollten wissen was ein Hämatom ist, was eine multiple Persönlichkeit ist, was eine Psychose ist u.s.w.

Damit ist die konkrete wissenschaftliche Beschreibung gemeint und nicht die allgemeine Erklärung, wie Sie normalerweise verwendet wird.

Eine Psychose heißt nicht, dass jemand einen „Schuss„ hat und gelegentlich mal „abdreht", sondern es handelt sich hier, und das ist nicht allzu bekannt, um eine zur Zeit, nach wissenschaftlicher Auffassung unheilbare Krankheit, die Schubweise auftritt.

Bei den vorangegangenen Voraussetzungen handelt es sich kurz gesagt um Wissen. Aber das ist nur ein grundlegender Bestandteil einer soliden Basis.

Den anderen Teil kann man nicht so einfach erlernen. Es handelt sich hierbei um menschliche Erfahrungen und Qualitäten. Die Erfahrungen sammelt man und die Qualitäten hat oder erwirbt man.

Erfahrung sollten Sie am Menschen gesammelt haben. Optimale Voraussetzung wären Berufe im sozialen Bereich oder Berufe, die in direktem Zusammenhang mit Heilberufen, wie Medizin und Psychologie und deren Randbereiche, stehen. Also kurz gesagt alle Berufe, die sich mit dem Menschen beschäftigen sind eine gute Grundlage.

Beispielsweise wäre eine mehrjährige Berufserfahrung als Krankenschwester oder Pfleger zwar keine Garantie, aber jedoch eine gesunde Voraussetzung für den Beruf des Handlesers oder Lebensberaters. Wenn Sie Psychiater oder Psychologe sind, kann ich Ihren Schritt einfach nur begrüßen.

Qualitativ sollten Sie ein vernünftiges Verhältnis haben zu materiellem Besitz, zu sich selbst und zu Emotionen und Beziehungen (Partnerschaft) haben.

Frei sein müssen Sie von Selbstüberschätzung (die kommt schneller als man denkt) und **Ideologien jeglicher Art.**

Eine optimistische und positive Lebenseinstellung ist auch in jedem Fall grundlegend notwendig. Wenn Sie das nicht haben, vergessen Sie es gleich wieder. Sie können den Menschen nur dann etwas Positives mitgeben, wenn Sie selber eine positive Einstellung zum Leben haben.

Weiterhin sollten Sie bereit sein von ganzem Herzen Ihren Beruf auszuüben und voll und ganz hinter dem zu stehen was Sie tun. Wenn es auch nur einen Punkt gibt, wo Sie nicht dahinterstehen können, so ist der Misserfolg schon vorprogrammiert.

Wenn Sie jetzt meinen, diese Anforderungen seien ein bisschen viel, so sieht es eigentlich nur so aus. Wenn Sie mal ehrlich sind gibt es bestimmt einige Punkte, die bei Ihnen auch vorhanden sind, und den Rest kann man sich anlernen oder aneignen. Die Punkte die auf dem Bereich Erfahrung und Entwicklung beruhen brauchen halt ein wenig Zeit.

Die persönliche Abgrenzung, die Distanz, oder auch der Schutz

Ein sehr wichtiges Thema für einen Handleser und auch für einen Lebensberater ist die Frage danach, wie weit ich bereit bin mich zu geben.

Ich möchte Ihnen dazu ein wenig aus meinem Nähkästchen erzählen.

Ich begann vor ca. 30 Jahren mich für die Esoterik zu interessieren und meine Hauptinteressen lagen damals wie auch heute bei dem Handlesen, dem Tarot und der Huna Lehre. Vor 30 Jahren war die Akzeptanz für die Esoterik, besonders hier in Nordhessen, nicht allzu groß. Es galt alles als Humbug und Leuteverdummung.

Heute ist das glücklicherweise anders und die esoterischen Lehren werden viel mehr akzeptiert und integriert. Natürlich habe ich auch damals schon den Menschen die Karten gelegt oder Ihnen aus der Hand gelesen. Nur damals, als ich begann, tat ich dies mehr als Hobby. Mit der Zeit wurden es immer mehr Menschen, die sich an mich wandten und irgendwann war es dann soweit, dass es überhand nahm, dass ich mich entscheiden musste, ob ich weiterhin einen normalen Beruf ausüben oder mich ganz dem Beraten von Menschen widmen wollte. Ich entschied mich für die Menschen und das Handlesen.

Unerfahren wie ich war, glaubte ich das Beste sei natürlich, dass ich mich in jeder Beratung vollkommen hingebe und auch öffne. Denn je mehr ich mich meinem Klienten öffne, desto besser und einfacher bekomme ich die Möglichkeit in die tieferen Bereiche der Seele vorzudringen. Die so gemachten Beratungen waren natürlich alle vom Feinsten. Ich konnte den Menschen sehr helfen und die Dankbarkeit war groß.

Die Dankbarkeit war sogar so groß, dass die lieben Klienten mich zu jeder (wirklich jeder) Tag- und Nachtzeit anriefen und meine Dienste in Anspruch nahmen. Ich war glücklich und zufrieden und die Klienten auch. Dies steigerte sich allmählich so sehr, dass es eines Tages soweit war, dass ich an einem Abend bis zu 20 Anrufe von Klienten erhielt. Sie können sich sicherlich vorstellen, dass dies nicht auf Dauer gut gehen konnte.

Zum anderen habe ich mich immer schön weit geöffnet und natürlich überhaupt nicht daran gedacht mich zu schützen. Das Ergebnis war oft, dass der Klient nachher einen Großteil seiner Probleme los war, wie es ja auch sein sollte, jedoch ich dafür einen Teil dieser Energien in mir aufgenommen hatte und nachher zusehen musste wie ich sie wieder los wurde.

Ich habe damals in Bezug auf Schutz und Distanz so ziemlich alle Fehler gemacht, die man nur machen konnte. Und natürlich habe ich auch noch versucht den einen oder anderen Klienten ans Händchen zu nehmen und Ihnen den Weg zu zeigen. Nur diese Klienten wollten dann mein Händchen natürlich nicht mehr loslassen. Also auch dies war falsch.

Ich habe diese Fehler gemacht und noch viele Andere werden diese Fehler machen. Nur tun Sie sich und mir den Gefallen, dass Sie diese Fehler nicht machen. Es bringt wirklich nichts. Weder Ihnen noch dem Klienten.

Halten Sie eine gewisse Distanz. Für die Dauer der Beratung gehören Sie dem Klienten mit all Ihrem Wissen und Ihrer Aufmerksamkeit. Aber danach muss es das dann auch gewesen sein. Andernfalls kommen Sie niemals zu Ruhe und Erholung, die Sie für die nächsten Beratungen brauchen. Machen Sie Ihren Klienten unmissverständlich klar, dass Sie auch ein Privatleben haben.

Zum anderen sollten Sie lernen sich zu schützen.

Es ist so, dass wenn Sie mit Menschen auf der feinstofflichen Ebene zusammen treffen, dass dann auch ein Austausch der Energien statt findet. Das ist auch vollkommen ok. Es ist sogar sehr schön und begrüßenswert, wenn Sie dem Klienten ein wenig Chi oder Mana mitgeben können. Nicht in Ordnung ist es jedoch, wenn Sie von Ihrem Klienten die negativen Energien nehmen und Sie dann selber im wahrsten Sinne des Wortes am Halse haben. Das geht schneller als Sie denken.

Wenn Sie sich mental schützen wollen, so können Sie dies am Besten mit Techniken wie sie beim Pranaheilen, beim Reiki oder auch beim Huna angewandt werden. All diesen Techniken liegt das Prinzip des Visualisierens zugrunde.

Funktionieren tut das ganze so (erheblich vereinfacht ausgedrückt), dass Sie sich bildlich vorstellen, Sie wären eingehüllt in ein weißes Licht, welches Sie umgibt und schützt. Natürlich ist es jetzt nicht ganz so einfach wie ich es schreibe, denn damit es auch funktioniert gehört schon einiges an Übung dazu. Wenn Sie diese Technik erlernen wollen empfehle ich Ihnen entsprechende Literatur zum Thema Reiki und Energiearbeit aus dem Windpferd Verlag.

Aber Sie können sich auch vorerst mit einem guten Edelstein schützen. Welchen Sie dazu auswählen ist im groben eigentlich Ihnen überlassen. Denn jeder Stein hat zwar seine eigene Grundwirkung aber ist nicht immer für jeden Menschen geeignet.

Ich persönlich trage eine Rosenquarz und einen grünen Turmalin, ab und zu in Kombination mit einem blauen Turmalin. Für mich ist dies die optimale Kombination. Das heißt aber noch lange nicht, dass diese Steine auch für Sie die geeigneten sind. Beim Rosenquarz können Sie eigentlich nichts falsch machen. Er absorbiert die negativen Energien eigentlich recht gut und mir sind keine auftretenden Probleme mit diesem Stein bekannt. Beim Turmalin sollten Sie schon etwas vorsichtiger sein, da der Turmalin schon recht starke Energien freisetzt, mit denen nicht jeder umgehen kann.

Wirkliches Hellsehen aus der Hand

Das ist sogar sehr gut möglich. Voraussetzung ist natürlich ein wenig Begabung. Ich sage bewusst „ein wenig", denn es sind gar nicht einmal so wenige „auserwählte" Menschen, bei denen diese Gabe im Verborgenen schlummert. Eigentlich funktioniert es ganz ähnlich wie das Tarot-Kartenlegen oder andere Orakel, wie z. B. das mit einer Kristallkugel.

Zuerst aber sollte man sich den Begriff *Hellsehen* etwas genauer betrachten. Wörtlich bedeutet es, man *sieht hell*, was für andere im Dunkeln liegt. Dasselbe tun wir ja bereits, wenn wir die Hand als solche lesen. Wirkliches Hellsehen beginnt für mich aber dort, wo ich nicht mehr einzelne Zeichen deute, sondern intuitiv einen medialen Kontakt bekomme, der mir Informationen über meinen Gegenüber, sein Leben und seine Zukunft vermittelt - und zwar auch dann, wenn sie nicht sichtbar in der Hand manifestiert sind. Wichtig ist hierbei, dass Sie einen *definierten* Kontakt haben, also nicht auf irgendeine Assoziation Ihres Unterbewusstseins hereinfallen. Viele gehen hier ihren Projektionen auf den Leim und halten sich gleich für ein „Channeling-Medium".

Ich kann Ihnen in diesem kurzen Abschnitt natürlich keine Anleitung dazu bieten, wie man aus der Hand hellsehen kann. Dazu würde es eines ganzen Buches bedürfen. Aber einen Tipp möchte ich Ihnen mit auf den Weg geben: Wenn Sie fortfahren viele Hände (vielleicht viele hundert) zu lesen, dann kommt irgendwann der Moment, in dem Sie etwas sehen (und dann auch aussprechen), obwohl es nicht definitiv in der Hand steht. Dies sind die ersten Momente des Hellsehens. Bitte erschrecken Sie nicht darüber, sondern lassen Sie es auf sich wirken und warten Sie ab, ob es öfters passiert. Wenn ja, dann sollten Sie nach Möglichkeit versuchen, über entsprechende Techniken diese Fähigkeit oder auch diesen Kanal zu schulen. Das geht eigentlich ganz einfach, es kostet Sie nur Zeit. Methoden, die die Fähigkeit zu verfeinerter Wahrnehmung schulen, gibt es mehr als genug: z. B. jegliche Form der Meditation, des Yoga, oder das Tai Chi. Außerdem kann man über die Ernährung einiges tun, um diese Gabe zu fördern. Wenn es soweit ist und Sie die entsprechende Reife dafür erlangt haben, werden Sie wissen, welche Technik für Sie die richtige ist.

Der Umgang mit dem Klienten

Grundsätzlich seien Sie zuvorkommend und höflich. Dies sind Tugenden die sich immer (auch im restlichen Leben) auszahlen!

Für alles weitere gibt es kein Universalrezept. Jeder Klient ist anders; jede Problematik ist anders. Entscheidend ist also die Frage: Wie erfasse ich schnell und effektiv das Wesentliche am Problem meines Klienten, um ihm entsprechend helfen zu können?

Wenn wir einmal davon ausgehen, dass Sie eine Beratung nicht zu einer Therapie machen wollen (was ich sowieso für absolut unnötig halte), dann ist eines der ersten Probleme die Zeit. Es ist z. B. nicht möglich, die Hälfte der Beratungszeit damit zu verbringen, eine gemeinsame menschliche Ebene aufzubauen und die eigentliche Beratung dann nur in die zweite Hälfte hineinzupressen. Das halte ich dem Klienten gegenüber einfach nicht für fair. Es gehört zu unseren Aufgaben, den Klienten sehr schnell in seiner Ganzheit zu erfassen, und dafür sollte er eigentlich nicht extra bezahlen müssen. Wer eine Stunde braucht, um das Wesentliche zu erfassen, eine zweite Stunde, um nachzudenken und eine dritte, um zu beraten, kann zwar möglicherweise sein Einkommen verdreifachen, muss sich dann allerdings den Vorwurf der Geldschneiderei gefallen lassen.

Die folgenden Ratschläge beziehen sich auf eine Erstberatung; der Klient ist uns also in diesem Fall noch nicht persönlich bekannt.

Bei der **Terminvereinbarung** brauchen wir vom Klienten lediglich den Namen und eine Kontaktmöglichkeit, sonst nichts. Egal, ob die Terminvereinbarung telefonisch oder persönlich stattfindet. Wenn der Klient uns unbedingt schon vorher sein Problem mitteilen möchte, so ist das in Ordnung, aber denken Sie daran: bei der Terminvereinbarung wird noch *nicht* beraten. Auch wenn Ihnen der zukünftige Klient die Hand zehnmal zum Lesen hinstreckt, tun sie es nicht! Die einzige zusätzliche und nützliche Information wäre das Geburtsdatum, dies aber auch nur, wenn Sie etwas von Astrologie oder Numerologie verstehen. Ansonsten brauchen wir keine Informationen.

Für einen einstündigen Termin sollten sie sich zu Beginn zwei Stunden einplanen. Später, wenn Sie gelernt haben Ihre Zeit einzuteilen, reicht es aus, wenn Sie 1 ½ Stunden ansetzen. Planen Sie eher zu reichlich als zu knapp.

Wenn Sie ein Datum und die Uhrzeit besprochen haben, lassen Sie sich die Daten nochmals vom Klienten bestätigen. Bitten Sie Ihren Klienten, ein paar Minuten früher da zu sein. Wiederholen Sie die Daten nochmals zum Schluss des Gespräches: „Wir sehen uns dann am (...) um (...) Uhr." Wenn die Terminvereinbarung persönlich stattfindet, sollten Sie Ihrem Klienten eine Visitenkarte mit dem Termin mitgeben. Wichtig ist, dass auch Sie eine Möglichkeit haben Ihren Klienten zu erreichen. Es kann ja schließlich auch passieren, dass Sie verhindert sind.

Nun steht der Termin also fest und der Kunde kommt zu Ihnen. Erst einmal begrüßen Sie ihn und geben ihm die Hand. Daraus können Sie bereits Ihre ersten Schlüsse ziehen. Ob Sie Ihren Klienten mit „Sie" oder mit „Du" ansprechen wollen, sei Ihnen überlassen, nur bedenken Sie, dass nicht jeder sofort mit dem Du umgehen kann.

Zu Beginn der Beratung erklären Sie Ihrem Klienten kurz und sachlich den Ablauf. Sie sollten ihn bitten, zu Beginn noch nicht seine Problematik zu äußern.

(Wenn Sie entsprechend gut sind, wissen Sie das sowieso spätestens nachdem Sie die Hand gesehen haben.)

Während dieser Anfangsphase der Beratung schauen Sie sich den Klienten genau an. Wichtig sind hier das Gesicht, die Physiognomie, sowie auch die gesamte Körperhaltung. Besonders die Arme sind zu beachten. Hierbei können Sie sehr schnell feststellen, in welcher Verfassung der Klient ist. Ist er gut drauf oder bereits nervlich so am Ende, dass jedes falsche Wort eine Katastrophe auslösen kann.

Wie Sie nun den genauen Ablauf gestalten, können Sie frei bestimmen, jedoch hat es sich bewährt, immer nach einer bestimmten persönlichen Reihenfolge vorzugehen. Unabhängig von der Reihenfolge sollte der Klient wissen, dass er Ihnen absolut vertrauen kann, Ihnen jederzeit Fragen stellen und gegen Ende des Gesprächs noch einmal Probleme und Anliegen besprechen kann, die noch nicht zur Sprache kamen. Das nimmt ihm dann erst einmal den Druck.

Bei der Beratung sollten Sie die Thematik der Lebenserwartung so schnell wie möglich abhandeln. Viele Klienten kommen mit sehr gemischten Gefühlen zu uns, und eine der größten Ängste ist wirklich die, dass ihnen gesagt wird man werde bald sterben. Diese Angst gesteht sich natürlich fast keiner ein, aber wenn Sie das gleich zu Beginn der Beratung klären ist die Sache aus der Welt und der Klient hat den Kopf frei. **Nicht vergessen: Das Datieren des Ablebens eines Klienten ist absolutes TABU!**

Ca. 10 Minuten vor Ende der Beratung sollten Sie Ihrem Klienten nochmals die Möglichkeit geben, Fragen zu Themen zu stellen, die bis dahin noch nicht angesprochen wurden. Auf diese Art und Weise wird das Gespräch abgerundet und der Klient geht nach Hause, ohne das Gefühl zu haben, da wären noch einige Dinge offen.

Machen Sie niemals den Fehler einen Klienten nach Äußerlichkeiten zu beurteilen. Anhand der Kleidung, des Schmuckes oder des allgemeinen Aussehens haben Sie zwar unvermeidlich einen Eindruck, aber der ist normalerweise nicht von Belang und meistens absolut falsch. Glauben Sie mir, verlassen Sie sich nur auf das, was in der Hand steht, auch wenn es dem ersten äußeren Eindruck von der Person widerspricht.

Das liebe Geld

Dies ist ein sehr interessantes, aber auch heikles Thema. Interessant deshalb, weil das liebe Geld doch im wahrsten Sinne des Wortes das Interesse der meisten Menschen berührt. Heikel deswegen, weil das Handlesen - wie übrigens auch andere beratende Tätigkeiten - sehr oft mit „Abzockerei" und „Geldschneiderei" in Zusammenhang gebracht wird. Ich musste mir tatsächlich schon einmal folgenden Spruch gefallen lassen: „Die Hände zu kurz zum Arbeiten, da tut er lieber Hände lesen." Das war schon ein starkes Stück!

Als halbwegs erfolgreicher Handleser arbeiten Sie schon mal genauso viel wie ein normaler Angestellter. Nun überlegen Sie selbst wie viel ein *erfolgreicher* Handleser arbeiten dürfte, dem die Klienten „die Bude einrennen". Da kann schon einmal ein 12- bis 14-Stunden-Tag drin sein. Dies alles „natürlich" ohne Urlaubsanspruch, und wenn Sie mal krank sind und keine Einkünfte haben, ist das auch Ihr Problem. Natürlich kann man sich gegen Verdienstausfall versichern, nur stehen die Beiträge oft in keinem Verhältnis zur Leistung des Versicherers.

Oft wurden mir schon Vorschläge gemacht, die auf ein Tauschgeschäft hinausliefen. Dies sollte dann so aussehen, dass ich eine Beratung durchführe und mein Klient mir diese dann durch eine andere Dienstleistung vergütet. Dagegen ist im Prinzip nichts einzuwenden, aber es sollte auch eine Dienstleistung sein, die ich tatsächlich benötige.

Ich bekam auch schon den Vorwurf zu hören, wenn einem eine solche Gabe mitgeben worden sei, dann dürfe man doch keine Geld dafür nehmen, sondern müsse es aus Nächstenliebe tun. Das hört sich ganz gut an, und ich habe auch grundsätzlich nichts dagegen, etwas aus Nächstenliebe zu tun (Mein Leben basiert auf der Liebe zum Menschen); nur: erklären Sie das einmal meinem Vermieter, oder dem Lebensmittelhändler. Soll ich denen vielleicht erklären, dass ich meine Schuld durch 10-mal Handlesen pro Monat begleichen möchte?

Sie sehen: wir kommen beim besten Willen nicht um das liebe Geld herum. Ich schreibe hier bewusst: das *liebe* Geld. Wir leben zwar in einer absolut materialistischen Konsumgesellschaft, die ich selbst in vielen Bereichen nicht mag, jedoch ist das Geld als solches doch nichts anderes als ein Medium, um Energie auszutauschen.

Was soll man denn nun für eine Beratung berechnen? Letztendlich muss ein jeder wissen, was er wert ist. Bevor wir jedoch von Preisen sprechen, sollten Sie erst einmal entscheiden, ob Sie Ihre Tätigkeit hauptberuflich oder einfach nur nebenbei ausüben. Wenn Sie nur nebenberuflich Menschen beraten, können Sie natürlich nicht dasselbe Honorar verlangen wie ein Profi, denn eine hauptberufliche Tätigkeit ist mit erheblich mehr Kosten verbunden. Da wären, um nur ein Beispiel zu nennen, die Krankenkasse, die Altersvorsorge, die Miete, und das liebe Finanzamt gibt es ja auch noch.

Die mir bekannten Honorare für Handlesungen liegen zwischen ca. € 70,- und € 200,- pro Stunde. Natürlich gibt es auch Ausnahmen, in denen Honorare in astronomischer Höhe verlangt werden. Dabei muss festgehalten werden, dass wir von einer Stunde, also 60 Minuten sprechen. Es gibt auch Spezialisten, bei denen die Beratungsstunde dann 45 Minuten dauert. Auf einem Rummelplatz habe ich schon einmal einen Handleser gesehen, der € 30,- berechnete. Das hört sich gut an, nur dauerte die Beratung nicht länger als 10 Minuten, also auf die Stunde umgerechnet wiederum € 180,-.

Sie selber sollten in der Anfangszeit ein gesundes Mittelmaß finden. Also bitte nicht ganz so bescheiden! Mit € 10 bis € 20 pro Beratungsstunde kann niemand auskommen. Andererseits können Sie nicht gleich mit € 150 die Stunde beginnen. Angebracht wäre hier vielleicht ein Betrag zwischen € 60,- und € 80,-. Wenn Sie dann ein oder zwei Jahre Praxis haben und Ihnen die Erfolge recht geben, dann können Sie Ihr Honorar entsprechend anpassen. Natürlich sollte der allgemeine Lebensstandard der Region, in der Sie leben, mit einbezogen werden. In der Frankfurter oder Münchner City haben Sie ganz andere Kosten als auf dem Lande. Auch das Einkommen der Klienten in diesen Regionen ist dementsprechend hoch bzw. niedrig.

Wenn ein Handleser über entsprechende Erfahrung und Fähigkeiten verfügt, halte ich es für vollkommen legitim, dass er auch ein entsprechend hohes Honorar berechnet. Man bekommt schließlich auch eine entsprechende Gegenleistung dafür.

Ich selber vertrete den Grundsatz, dass es absolut legitim ist, wenn ein Berater ein Honorar erwartet, welches dem eines Handwerkers entspricht. Auch dort gibt es natürlich den Lehrling, den Gesellen und den Meister.

Sollten Sie wirklich ein Problem damit haben, Geld anzunehmen, so sollten Sie sich darüber im Klaren sein, dass es ganz unvermeidlich ist, dass es zwischen zwei Menschen irgendwie zu einem Energieaustausch kommt. Denn wenn Sie eine Beratung durchführen, dann geben Sie Ihrem Klienten Energie. Diese Energie fehlt Ihnen nun erst einmal, während der Klient darüber zusätzlich zu seinem eigenen „Vorrat" darüber verfügen kann. Durch eine Form der Bezahlung bekommen Sie nun diese Energie in anderer Form zurück und der Klient räumt den entsprechenden Platz in seiner „Vorratskammer" leer, um Ihre Energie darin aufzunehmen.

Die Räumlichkeiten

Eigentlich können Sie Hände lesen, wann und wo immer Sie das wollen. Nur sollten Sie darauf achten, dass Sie nicht ganz schnell in den Ruf des Gauklers oder Jahrmarktsartisten kommen.

Sie brauchen also in jedem Fall einen Raum, wo Sie absolut ungestört beraten können. Eine Beratung in der Öffentlichkeit oder an einem Ort, wo man permanent unterbrochen wird, taugt einfach nichts.

Eine solche Räumlichkeit kann unter Umständen die eigene Wohnung sein. Jedoch sollten Sie bedenken, dass auch Sie Ihre Privatsphäre brauchen. Manch einer wird von Ihrer Beratung so begeistert sein, dass ihm dann am nächsten Tag noch einige Fragen einfallen und er plötzlich ganz selbstverständlich unangemeldet vor Ihrer Tür steht.

Die eigene Wohnung ist zwar für den Anfang eine passable Lösung, aber bitte machen Sie Ihrem Klienten freundlich aber unmissverständlich klar, dass Beratungen nur nach vorheriger Terminabsprache möglich sind. Auf jeden Fall ist es aber sinnvoll, wenn man irgendwann über separate Räumlichkeiten verfügt. Selbst wenn man diese erst anmieten muss, ist das eigentlich halb so wild. Sie benötigen ja schließlich keine erstklassige Lage in der Fußgängerzone Ihrer Stadt. Die Mietkosten lassen sich somit absolut in Grenzen halten.

Achten Sie darauf, dass der Beratungsraum nicht zu dunkel ist. Eine angenehme Helligkeit ist gut für die Seele und auch gut für Ihre Augen. Da Kunstlicht die Augen zu sehr anstrengt ist Tageslicht immer die bessere Lösung. Eine Toilette sollte auch vorhanden sein. Vielleicht sollte man auch darauf achten, dass eine Anbindung an die öffentlichen Verkehrsmittel gegeben ist. Viele Klienten kommen von außerhalb und nicht jeder hat ein eigenes Fahrzeug.

Nachdem wir nun einen Raum haben, stellt sich die Frage, wie wir ihn einrichten wollen. Das ist gar nicht so schwer. Zwei Stühle, eine Lampe und ein Tisch bilden die Grundausstattung. Damit haben wir alles, was wir zum Beraten brauchen - aber noch nichts, was dazu beiträgt, dass Klient und Berater sich Wohlfühlen. Eine angenehme Atmosphäre ist bei dieser Tätigkeit von nicht zu unterschätzender Bedeutung. Finden Sie die richtige Mischung aus Helligkeit und etwas gedämpfter, Geborgenheit suggerierender Beleuchtung. Tisch und Stühle sollten auf jeden Fall aus Holz oder einem anderen Naturmaterial sein. Ein runder Tisch ist einem eckigen immer vorzuziehen. Die Farben im Raum (Tapete, Tischtuch usw.) sollten harmonisch aufeinander abgestimmt und nicht zu grell sein. Grundsätzlich sind Pastelltöne den schrillen Farben immer vorzuziehen. Ein schönes Bild oder Poster macht sich auf jeden Fall gut, solange es Ruhe ausstrahlt und zum Thema passt.

Blumen und Pflanzen sind ebenfalls eine Bereicherung. Alle weiteren dekorativen Details wählen Sie einfach nach Ihrem Geschmack. Aber bitte verwenden Sie hierzu nur Dinge, zu denen Sie auch wirklich stehen. Religiöse Symbole finde ich zum Beispiel nur dann angebracht, wenn sie für den Betreffenden wirklich mit Seele und Bedeutung erfüllt sind. Auch die klischeehaft mit „Wahrsagerinnen" in Verbindung gebrachte Kristallkugel hat nichts im Beratungsraum zu suchen, es sei denn, Sie können wirklich mit ihr umgehen.

Es geht hier nicht darum, den Klienten zu beeindrucken oder eine Show abzuziehen, sondern darum, dass Sie und Ihr Besucher sich in angenehmer und ruhiger Atmosphäre wohl fühlen können. Dass der Raum einen sauberen und gepflegten Eindruck machen sollte, ist hierbei wohl selbstverständlich.

Zum Thema Einrichtung möchte ich Ihnen außerdem das *Feng Shui* empfehlen, ein traditionelles System chinesischer Wohnkultur, das auch auf westliche Verhältnisse übertragbar ist. Ein wirklich gutes Buch zu diesem Thema ist von Brigitte Gärtner unter dem Titel *Feng Shui Glückbringer* im Windpferd Verlag erschienen.

Und zum Schluss

wünsche ich Ihnen, liebe Leserin und lieber Leser, dass dieses Buch Ihnen einen positiven Einblick in die Handlesekunst gegeben hat. Das Handlesen ist bei weitem nicht so mysteriös und okkult wie die meisten glauben mögen. Es ist eine Wissenschaft für sich, es ist eine Kunst.

Ich wünsche mir, dass Sie Ihren Nutzen daraus ziehen und vielleicht sich selbst oder auch dem einen oder anderen Menschen damit helfen können.

Wenn Sie nun dieses Buch gelesen haben, so stehen Sie an dem Punkt, an dem Sie sich fragen müssen, ob das Handlesen nun wirklich Ihr Thema ist oder nicht. Falls ja, so möchte ich Ihnen noch den einen oder anderen Rat mit auf den Weg geben:

Bitte bedenken Sie, dass dieses Buch zwar die notwendigen Grundlagen liefert, dass in letzter Instanz jedoch Praxis und Erfahrung über Ihre Eignung zum Handlesen entscheiden. Versuchen Sie also Hände zu lesen: wann und wo immer Sie die Gelegenheit dazu haben. Es muss ja nicht unbedingt immer gleich in eine Beratung ausarten. Lesen Sie jedoch niemals unaufgefordert eine Hand! Interessant ist übrigens auch Hände von solchen Menschen zu lesen, die weder Interesse daran, noch irgendwelche diesbezüglichen Kenntnisse haben. Da können Sie auch ungefragt Hände lesen. Ich meine damit Abbildungen von Händen, von denen es mehr als genug gibt. Schauen Sie sich einmal um: In Illustrierten, in Zeitschriften und im Fernsehen. Achten Sie einmal auf die Hände der dort präsentierten Prominenten oder auch Alltagsmenschen. Besonders oft und gut sichtbar ist dies in der Werbung. Oder in Filmen bei Szenen, wo es ein wenig intim wird. Oft werden dort - statt der erwarteten Stars - „nur" Körperdoubles eingesetzt. An den Händen kann man Sie erkennen.

In diesem Sinne wünsche ich Ihnen alles Liebe und eine gute Zeit.
Ihr Werner Giessing

Adresse und Beratung

Ergänzend zu diesem Buch bietet Werner Gießing Seminare und Ausbildungen im Handlesen und Pendeln an. Darüber hinaus besteht die Möglichkeit, Einzelberatungen in Deutschland, Österreich und der Schweiz zu erhalten.

Eine Liste der aktuellen Termine erhalten Sie, wenn Sie einen frankierten Rückumschlag an

Praxis für Handlesekunst
Werner Gießing
Am Salzborn 1
34537 Bad Wildungen
Tel. 05621/960310
schicken.

Außerdem

Sie können im Internet zu www.der-handleser.de surfen. Dort finden Sie weitere umfangreiche Informationen zum Thema. Sie sind uns herzlich Willkommen.

Anhang

Die folgenden vier Seiten dürfen Sie sich gerne kopieren und als Studienvorlage für Ihre ersten Schritte beim erlernen des Handlesen verwenden.

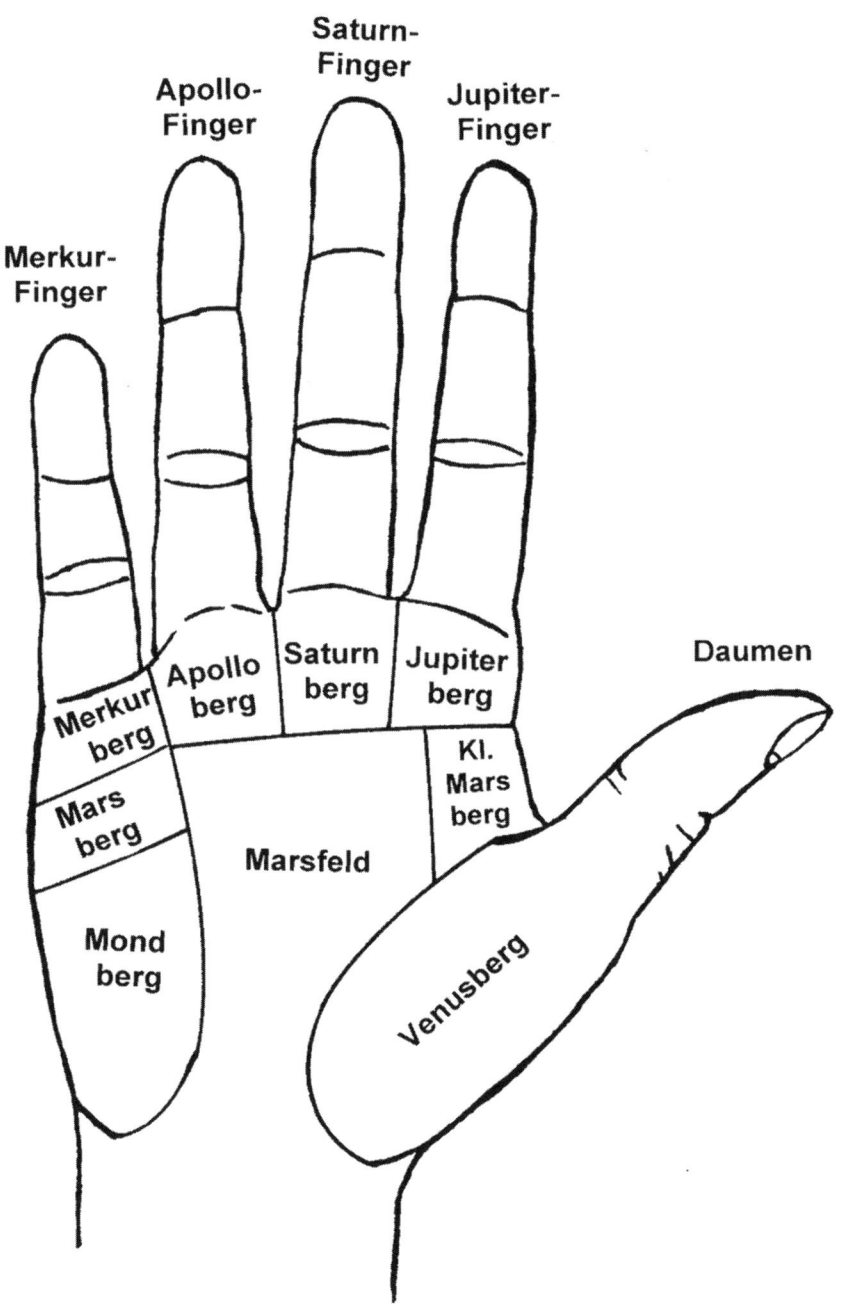

Saturn-Finger

Apollo-Finger

Jupiter-Finger

Merkur-Finger

Daumen

Merkur berg

Apollo berg

Saturn berg

Jupiter berg

Kl. Mars berg

Mars berg

Marsfeld

Mond berg

Venusberg

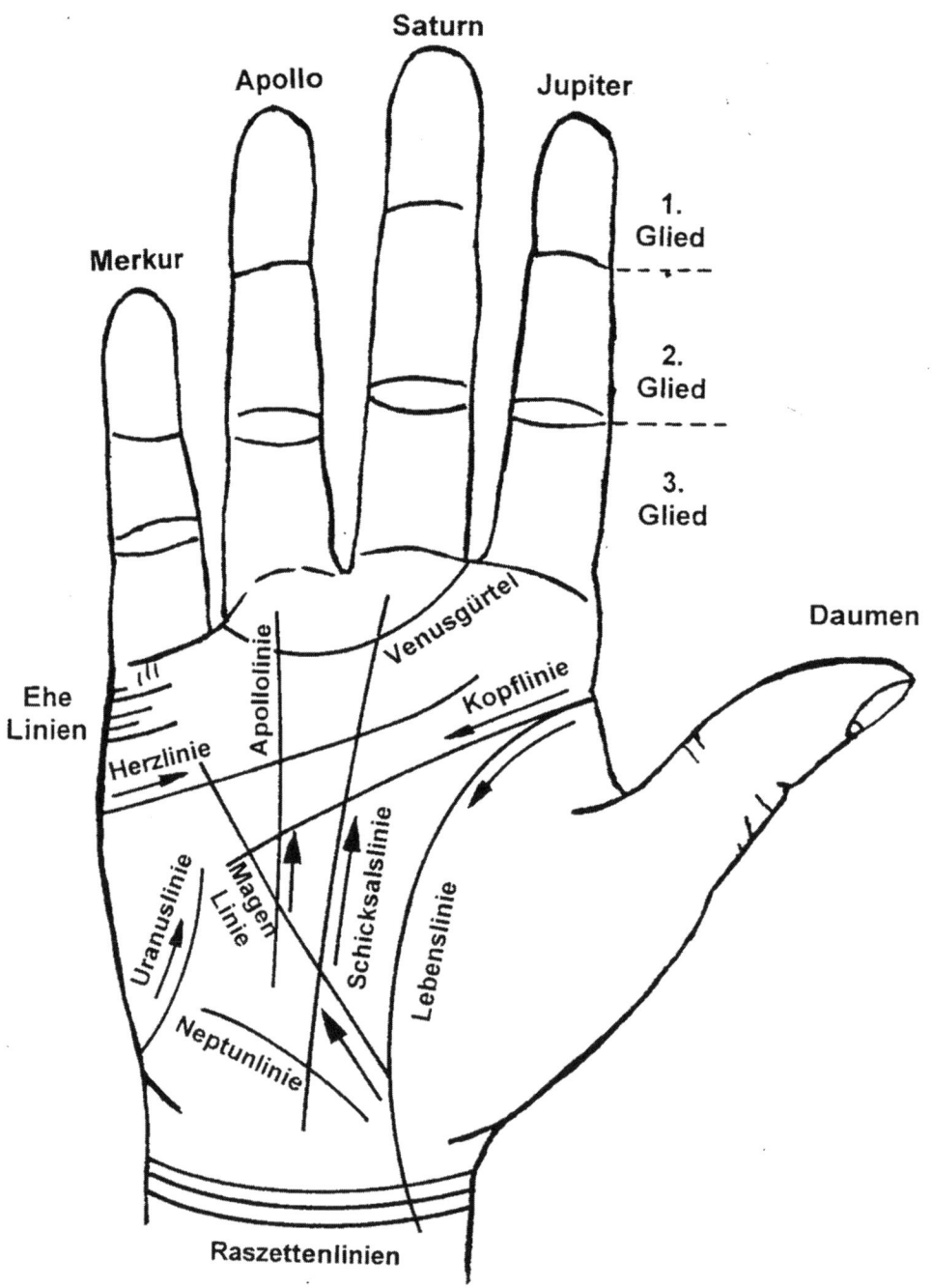

Saturn

Apollo

Jupiter

Merkur

1.
Glied

2.
Glied

3.
Glied

Daumen

Ehe
Linien

Apollolinie

Venusgürtel

Kopflinie

Herzlinie

Uranuslinie

Magen
Linie

Schicksalslinie

Lebenslinie

Neptunlinie

Raszettenlinien

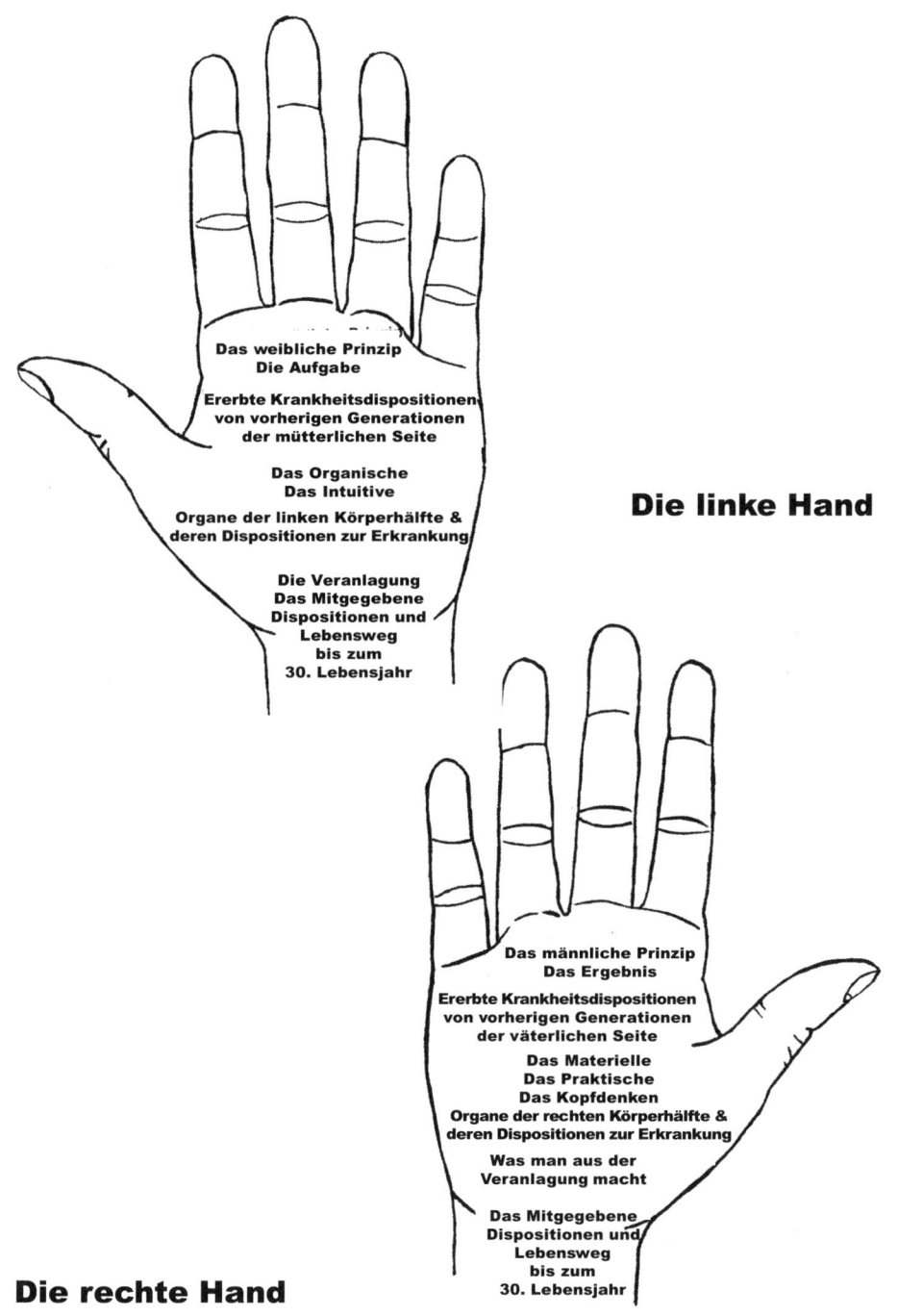

Das weibliche Prinzip
Die Aufgabe

Ererbte Krankheitsdispositionen
von vorherigen Generationen
der mütterlichen Seite

Das Organische
Das Intuitive

Organe der linken Körperhälfte &
deren Dispositionen zur Erkrankung

Die Veranlagung
Das Mitgegebene
Dispositionen und
Lebensweg
bis zum
30. Lebensjahr

Die linke Hand

Das männliche Prinzip
Das Ergebnis

Ererbte Krankheitsdispositionen
von vorherigen Generationen
der väterlichen Seite

Das Materielle
Das Praktische
Das Kopfdenken

Organe der rechten Körperhälfte &
deren Dispositionen zur Erkrankung

Was man aus der
Veranlagung macht

Das Mitgegebene
Dispositionen und
Lebensweg
bis zum
30. Lebensjahr

Die rechte Hand

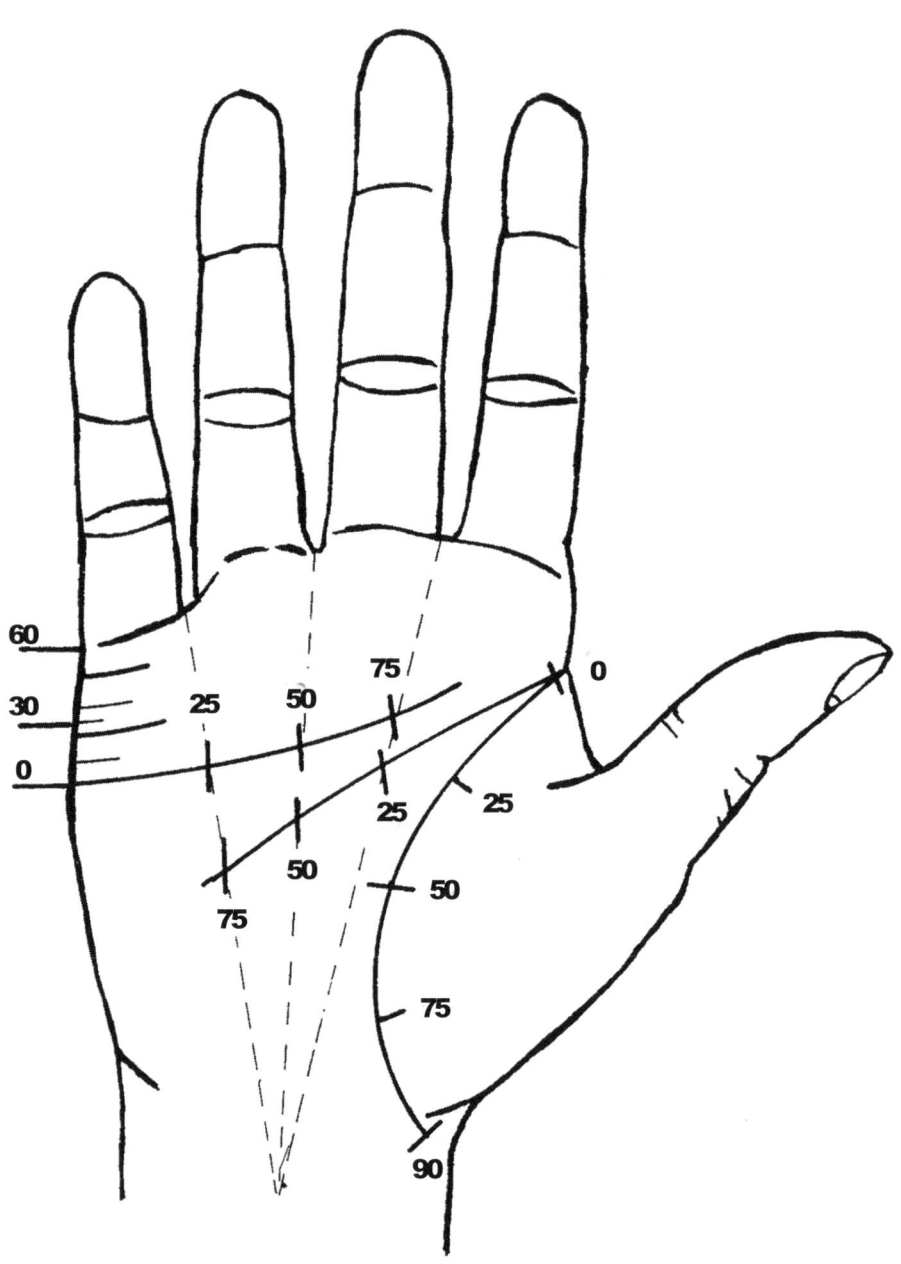

Titel aus unserem Verlagsprogramm

Dick Hellwich
Erwecke die Pendelkraft in Dir
ISBN 978-3-89575-124-0
Der Autor führt behutsam Schritt-für-Schritt in die „Geheimnisse" des Pendelns ein. Einer umfassenden Einführung folgen über 90 Pendeltafeln die viele Bereiche des Lebens abdecken. *96 Seiten*

Renate Gallert
In den Fängen des Guru
ISBN 978-3-89575-140-0
Die Reise nach Indien wird eine Reise in die tiefsten Schichten der menschlichen Seele und es beginnt eine Auflösung des Karmas vieler Jahrhunderte. Doch während die Schüler des Gurus versuchen ihr innerstes Wesen zu entdecken, erfahren sie ungewollt die verborgene Kraft der magischen Sexualität - ein geheimes Wissen, das ursprünglich nur für eingeweihte Brahmanen bestimmt war. *310 Seiten*

Arthur M. Abell
Gespräche mit berühmten Komponisten
ISBN 978-3-89575-047-2
Richard Strauss, Brahms, Puccini, Humperdinck, Max Bruch, Edvard Grieg. Über die Entstehung ihrer unsterblichen Meisterwerke, Inspiration und Genius. *185 Seiten*

Marion Röbkes
Hexen, Götter, Kulte - Orte der Magie
Band 1 - Deutschland Süd
ISBN 978-3-89575-115-8 / *229 Seiten*
Band 2 - Deutschland Nord
ISBN 978-3-89575-118-9 / *242 Seiten*
Lassen Sie sich verzaubern von mystischen Orten, von magischen Stätten, finden Sie Ihre eigenen Kraftorte, tauchen Sie ein in eine Vergangenheit, die Sie faszinieren wird.
Ein esoterischer Reiseführer der Ihnen Plätze näher bringt, die Sie in wenigen Stunden erreichen können und die Sie für ein paar Stunden oder Tage in eine geheimnisvolle Mystik entführen.

Sylvia Barbanell
Wenn Deine Tiere sterben
ISBN 978-3-89575-070-0
Was wird aus meinem Hund, meiner Katze und den anderen Tieren, wenn diese eines Tages sterben? Kann so viel Liebe und Treue ein für alle mal ausgelöscht werden? Sylvia Barbanell beantwortet all die vielen Fragen, die aus Zweifel über eine Weiterexistenz der Tierseelen entstanden sind. Mit einer Vielzahl ergreifender Erlebnisberichte. *256 Seiten*

Estelle Stead
Die blaue Insel
ISBN 978-3-89575-071-7
Ein faszinierender Bericht über das Weiterleben nach dem Tode. Estelle Stead erhielt auf medialem Wege aufrüttelnde Nachrichten ihres Vaters von seinem „Übergang" und von der Zeit „danach". Das Buch gibt Antwort auf die Frage, ob bzw. in welcher Form es ein Weiterleben nach dem Tode gibt. *102 Seiten*

Gaye Muir
Brücke zwischen den Welten
ISBN 978-3-89575-123-3
Gaye Muir - das international anerkannte englische Medium - erstattet über viele Aspekte der Medialität Bericht. Dies reicht von essentiellen Gesprächen mit ihrem Geistführer bis hin zu fundierten Ratschlägen für die Entwicklung ihrer spirituellen Fähigkeiten. *255 Seiten*

Gaye Muir
Mein Weg in die andere Welt
ISBN 978-3-89575-139-4
Gaye Muir erzählt in diesem Buch mit einfachen Worten von ihrem Lebensweg, von den Erfahrungen, die sie mit verschiedensten Klienten gemacht hat und von den seltsamen Erlebnissen, die ihr im Laufe ihrer vielfältigen Reisen und bei ihrer Arbeit zugestossen sind. *300 Seiten*

Marion Röbkes
Weisheit aus einer anderen Welt
ISBN 978-3-89575-113-4
Wie funktioniert „Oui-Ja" - das geheimnisvolle Brettchenrücken? Welche Möglichkeiten bietet es? Mit welchen Wesen kann man Kontakt aufnehmen? Und was sollte man dabei beachten? Und ist es letztlich wirklich so bedrohlich oder bietet sich dadurch möglicherweise ein bisher ungenutztes Potential zur Lebensbewältigung und Problemlösung? Das vorliegende Buch widmet sich diesen und noch weiteren wichtigen Fragen. *92 Seiten*

Maria Elisabeth
Seelenbewußtsein
ISBN 978-3-89575-147-9
Alle Menschen werden ohne besondere Vorbereitung für ihr Leben in diese Welt hinein geboren. Manche brauchen viel Zeit, um sich hier zu integrieren und zurechtzufinden. Dieses Buch ist wie ein kleiner Fahrplan zu Ihrem Leben, sowie zu den Dingen, die Ihnen begegnen. Es zeigt die Ursachen auf, warum Ihr Leben bisher so verlaufen ist und nicht anders. Es stellt eine Methode vor, die Ihnen hilft Ihr Potential und Ihre Talente zu erkennen und diese auch zu leben. So werden Sie Meister Ihres eigenen Lebens. *128 Seiten*

Gudrun Leyendecker
Kartenlegen für jedermann
ISBN 978-3-89575-108-0
Ein Buch mit dessen Hilfe wirklich jeder einen Blick in die Zukunft werfen kann. Unzählige Legebeispiele, ausführliche Erläuterungen und eine kleine Psychologie im Kartenlegen.
Wir lernen Ereignisse unseres Lebens besser zu verstehen und finden in den Karten die Bestätigung unserer Intuition. *361 Seiten*

Gudrun Leyendecker
Kartenlegen für die Partnerschaft
ISBN 978-3-89575-109-7
Glück in der Partnerschaft ist keine Selbstverständlichkeit. Das Buch zeigt neue Wege um dem Partnerschafts-Glück näher zu kommen.
Es bietet Möglichkeiten Probleme zu lösen und gibt Anweisungen, wie man einen Blick in die Vergangenheit und in die Zukunft werfen kann.
Doch auch wer eine gute Ehe oder Partnerschaft führt kann in diesem Buch noch Möglichkeiten finden, seine Partnerschaft zu verbessern. Mit vielen Beispielen. *186 Seiten*

Gertraud M. Schnabel

Die Leichtigkeit eine gesunde und harmonische Partnerschaft zu leben

ISBN 978-3-89575-138-7

Dieser besondere Ratgeber hilft und unterstützt dabei herauszufinden, wo es in der eigenen Partnerschaft krankt und zeigt neue einfache Wege auf, die Partnerschaft wieder in Balance zu bringen.

Die Autorin zeigt anhand einfacher Beispiele und verständlich erklärt, wie jeder selbst wieder Harmonie in die Beziehung zaubern, beziehungsweise von Anfang an erhalten kann. Sie gibt wertvolle Tipps, wie jeder wieder Spannung und Erotik in langjährige Beziehungen bringen kann. *96 Seiten*

Gertraud M. Schnabel

Deine Seele - gleich wie ein Schmetterling

ISBN 978-3-89575-137-0

Dieses Buch soll dazu dienen, jeden Tag der eigenen Harmonie ein Stück näher zu kommen. Es ist einfach und verständlich erklärt, was es mit Themen wie „Lebe dein Feuer", „Höre auf deine Seele" und „Liebe kennt keine Eile" auf sich hat. In Verbindung mit den inspirierenden Fotomotiven haben Sie ein wunderbares Werk in der Hand, um damit über sich selbst hinauszuwachsen. Wenn Sie einmal keine Lust zu lesen haben, dann genießen Sie die wunderbaren Stimmungsbilder und lassen Sie sich verführen, in Ihre eigene Welt der Phantasie.

Es unterstützt Sie bei der eigenen Persönlichkeitsentwicklung und lehrt Sie das Verständnis Ihren Mitmenschen gegenüber. Es ist ein Buch, um seine eigenen Probleme in die Hand zu nehmen und spielend leicht lösen zu können.

Auch Menschen die Sie lieben und denen Sie ein Stück am Weg weiterhelfen möchten, weil Sie sie nicht mit ihren Problemen alleine lassen wollen, wird dieses Buch als Geschenk eine besondere Freude bereiten. *96 Seiten*

Yves Kraushaar

Moses - Grösster Prophet aller Zeiten

ISBN 978-3-89575-134-9 / Großformat 30 x 21,5 cm

Obwohl Moses und sein älterer Bruder, Priester Aaron, mit ihrem Volk niemals auch nur in der Nähe des heute definierten Berg Sinai waren, so besteht kein Zweifel, dass Moses es war, der die 10 Gebote in Empfang nehmen durfte.

Die Bedeutung der 10 Lebensträger, wie man die 10 Gebote besser bezeichnet, bilden ein Kernstück dieses Werkes.

Weitere Themen, mit denen sich der Autor auf 207 Seiten und über 163 Farbbildern auseinandersetzt, sind:

Wie sind die Bücher Moses entstanden?

Was hat der Orden der Essener mit Moses zu tun?

Wohin ging der 40-jährige Wüstenmarsch?

Wie sah die „Wüste" damals aus?

Wovon ernährten sich 2,4 Millionen Flüchtlinge?

Geheimnis des Schöpfungsberichts (Genesis)

Was hat der 7-armige Leuchter (Menora) mit dem Energiebild des Menschen zu tun?

Weshalb wurde sein 6. und 7. Buch unter den Richtern und Königen versteckt und später vernichtet?

Weshalb wurden 24.000 Menschen bei Schittim im Jordantal umgebracht?

207 Seiten

Jacqueline Kahuna
Energien der Emotionen 1
ISBN 978-3-89575-132-5
Was steckt hinter unseren Emotionen?
Wie lenken wir unsere Energien zu einem freudvollen, erfüllenden Leben?
Gestaute Energien zum Fließen bringen, ein gesundes Selbstwertgefühl entdecken, Geheimrezepte zur Findung aufrichtiger Beziehungen, unsere Intuition für uns arbeiten lassen; dies sind einige der spannenden Themenbereiche dieses vorliegenden Werkes.
Steigen Sie ein in das Abenteuer vielfältiger realer Energien und ihrer sichtbaren Auswirkungen!
119 Seiten

Aundh
Das Sonnengebet
ISBN 978-3-89575-096-0
Yoga- bzw. Körper- und Atemübungen die jeder - egal welchen Alters - ausüben kann. Die Übungen beanspruchen nicht nur einen einzelnen Teil des Körpers, sie wirken auf jede Zelle und jede Sehne, verleihen neue Kraft und Harmonie. *96 Seiten*

K.O. Schmidt
Die Götter des Sirius
ISBN 978-3-89575-063-2
Berichtet wird von geistigen Kontakten mit göttergleichen Wesen der Sirius-Welt, von ihrem Aussehen, ihrem Leben, ihrer Evolution, und ihren einstigen Raumfahrten. Von der Verbindung mit wesenverwandten Bewohnern anderer Sternenreiche, ihrem Gedanken- und Erkenntnisaustausch über die Schranken von Raum und Zeit hinweg und vom inneren Aufbau des lebendigen Alls. Ein faszinierender Bericht von den Verbindungen zur Sirius-Welt. *88 Seiten*

K.O. Schmidt
Stern unter Sternen
ISBN 978-3-89575-062-5
Eine faszinierende Wanderung durch die Wunder des Weltalls. Astronomisches Wissen und astrophilosophische Weisheiten. *268 Seiten*

Dr. Joseph Murphy
Glück und Reichtum - ein Leben lang
ISBN 978-3-89575-055-7
Glück und Reichtum - sowohl innerlich als auch äußerlich - müssen durchaus kein Wunschtraum sein. Der weltbekannte Lebenslehrer weist Ihnen hierzu den Weg. *88 Seiten*

Dr. Joseph Murphy
Kernreligion
ISBN 978-3-89575-061-8
Göttliche Universalkraft - Biblische Wahrheiten - Liebe über alle Grenzen. "Kernreligion" ist die Urreligion in ihrer verbindenden Bedeutung für alle Menschen. *56 Seiten*

Stefanie Müller-Dreesen
Mobbing und Bossing - Hilfe was tun -
ISBN 978-3-89575-111-0
Für alle, die zum Mobbingopfer geworden sind und nicht wissen, wie sie diese schwierige Situation überwinden können, sowie für jene, die Betroffenen zur Seite stehen möchten.
Auf den spirituellen Charakter dieses Themas wurde besonderer Wert gelegt. *80 Seiten*

Krishnamurti
Das Netz der Gedanken
ISBN 978-3-89575-059-5
Der Lebenslehrer versucht nicht, den Leser zu einer bestimmten Denkrichtung zu überreden und ihn auch keinem noch so sanften Druck auszusetzen. Er versucht vielmehr, gemeinsam über menschliche Probleme nachzudenken. *98 Seiten*

Krishnamurti
Leben ohne Illusionen
ISBN 978-3-89575-057-1
Krishnamurti befaßt sich in diesem Buch mit dem Gesamtproblem des menschlichen Daseins. Er lenkt die Aufmerksamkeit auf Fragen der Meditation, der Liebe, des Mitleids, der Angst und auf die Schmerzen des Menschenlebens mit all´ seinem Leid, Terror und Gewalt. *109 Seiten*

Krishnamurti
Das Tor zu Neuem Leben
ISBN 978-3-89575-058-8
Das ICH und die Gesellschaft - Das Ende des Leidens - Gesprächsdiskussion - Der Tod gehört zum Leben - Grundlagen der Meditation - Der religiöse Mensch - Wer ist Krishnamurti? *159 Seiten*

Krishnamurti
In Kommunion mit dem Leben
ISBN 978-3-89575-060-1
Das Problem der Freiheit - Aufhebung aller Probleme - Kommunion - Mutation - Lebensangst - Der Quell des Lebens - Vollkommenes Handeln - Einheit von Leben und Tod - Der Grund des Schweigens - Wahre Religiosität. *157 Seiten*

Manfred Kyber
Tierschutz und Kultur
ISBN 978-3-89575-081-6
Tiere müssen bei Versuchen, Zucht, Haltung, Schlachtung, sowie bei Verwertung zu Schmuck und Kleidung unsagbare Qualen erleiden.
Wer dieses Buch liest wird mit Schrecken feststellen, dass sich in den letzten Jahrzehnten nichts geändert hat. *291 Seiten*

Raffael Boriés
Sterben - Wandlung im Leben
ISBN 978-3-89575-107-3
Verschiedene Betrachtungsweisen zu den Themen Sterben und Tod helfen, die Angst zu mindern und mutig das Leben zu meistern. *107 Seiten*

Artha

Grüntenseestr. 30 c
D 87466 Oy-Mittelberg

*Bücher zum Lesen,
Denken und Verändern*